Samen verschillend
Pedagogisch kader diversiteit in kindercentra 0-13 jaar

Samen verschillend
Pedagogisch kader diversiteit in kindercentra 0-13 jaar

Anke van Keulen
Elly Singer

met medewerking van
Ana del Barrio Saiz
Clarine de Leve

Bohn Stafleu van Loghum, Houten 2017

Foto's: Ruben Keestra, www.keestrafotografie.nl

Alle rechten voorbehouden. Niets uit deze uitgave mag worden verveelvoudigd, opgeslagen in een geautomatiseerd gegevensbestand, of openbaar gemaakt, in enige vorm of op enige wijze, hetzij elektronisch, mechanisch, door fotokopieën of opnamen, hetzij op enige andere manier, zonder voorafgaande schriftelijke toestemming van de uitgever.

Voor zover het maken van kopieën uit deze uitgave is toegestaan op grond van artikel 16b Auteurswet j° het Besluit van 20 juni 1974, Stb. 351, zoals gewijzigd bij het Besluit van 23 augustus 1985, Stb. 471 en artikel 17 Auteurswet, dient men de daarvoor wettelijk verschuldigde vergoedingen te voldoen aan de Stichting Reprorecht (Postbus 3060, 2130 KB Hoofddorp). Voor het overnemen van (een) gedeelte(n) uit deze uitgave in bloemlezingen, readers en andere compilatiewerken (artikel 16 Auteurswet) dient men zich tot de uitgever te wenden.

Samensteller(s) en uitgever zijn zich volledig bewust van hun taak een betrouwbare uitgave te verzorgen. Niettemin kunnen zij geen aansprakelijkheid aanvaarden voor drukfouten en andere onjuistheden die eventueel in deze uitgave voorkomen.

NUR 854

Eerste druk, Reed Business bv, Amsterdam 2012
Tweede, ongewijzigde druk, Bohn Stafleu van Loghum, Houten 2017

Bohn Stafleu van Loghum
Het Spoor 2
Postbus 246
3990 GA Houten
www.bsl.nl

Bernard van Leer FOUNDATION

Deze publicatie is tot stand gekomen met ondersteuning van de Bernard van Leer Foundation in Den Haag.

Eerste druk, Reed Business, Amsterdam 2012
Tweede, ongewijzigde druk, Bohn Stafleu van Loghum, Houten 2017

Basisontwerp omslag en binnenwerk: Verheul Communicatie, Alphen aan den Rijn
Redactie: Addie Roetman
Foto's: Ruben Keestra, www.keestrafotografie.nl

ISBN 978-90-368-1832-2

© 2017 Bohn Stafleu van Loghum, onderdeel van Springer Media BV

Basisontwerp omslag en binnenwerk: Verheul Communicatie, Alphen aan den Rijn
Redactie: Addie Roetman

Voorwoord

Wat willen we met de kinderopvang? Wat is diens opdracht? Waarom gaat daar zo veel geld in om?

In dit boek wordt duidelijk stelling genomen. De opdracht van de kinderopvang is een bijdrage te leveren aan een democratische samenleving waarin alle kinderen een plaats hebben. Ieder kind heeft een verhaal en met ieder kind komt een stukje samenleving binnen in de kinderopvang. Een thema als 'samen verschillend' – omgaan met diversiteit – hoort bij de kinderopvang wanneer de opvang wordt gezien als een voorziening die bijdraagt aan de ontwikkeling van een kind en de kwaliteit van de samenleving. Kinderopvang is niet alleen een arbeidsmarktinstrument, maar veronderstelt ook een visie op het kind en de zorg voor het kind. Kinderopvang is van alle kinderen.

Kwalitatieve waarden als participatie, democratie, sociale inclusie en respect voor diversiteit zijn belangrijke waarden op zichzelf. Economen redeneren graag in termen van economische groei, maar dat is niet voldoende. Uiteindelijk gaat het om de kwaliteit van onze samenleving en daarin telt niet alleen het bruto nationaal product, maar gaat het ook om noties als solidariteit, veiligheid, gelijkheid en diversiteit.

Het gaat dus niet alleen om economische groei en het gaat niet alleen om later. Voor kinderen en hun ouders gaat het ook om wat ze op dit moment al zijn: worden ze geaccepteerd zoals ze zijn en zijn ze welkom? In alle discussies lijkt me dit een heel belangrijk uitgangspunt. Een democratische samenleving begint bij het begin. Bij samen leven, samen spelen en samen doen. Goede kinderopvang, waarin ieder kind telt, speelt daarin een buitengewoon belangrijke rol.

Janneke Plantenga
hoogleraar economie Universiteit Utrecht

Inhoud

PORTRET 1
Het kinderdagverblijf is een grote steun voor Melissa — 13

Inleiding — 15
› Waarom dit boek?
› Brede invalshoek
› Samen én verschillend
› Maatschappelijke taak van de kinderopvang
› Totstandkoming en werkwijze
› Voor wie is dit boek?
› Opbouw en leeswijzer

PORTRET 2
Zonder crèche kan er niet gewerkt worden — 21

HOOFDSTUK 1
De basis............23
› De kern
› Diversiteit raakt jouw vak en jezelf
› Samen veilig, samen verschillend
› Een permanent leerproces: competenties
› Diversiteit is leuk en lastig
  › Referentiekader – jouw achtergrond en jouw waarheid
  › Beeldvorming en vooroordelen
  › Waarden en normen
  › Macht en status
  › Vermogen tot aanpassen en empathie
› Waarin je zoal divers kunt zijn
› Balans zoeken tussen draaglast en draagkracht
  › Draaglast: verzwarende factoren
  › Draagkracht: verlichtende factoren
  › Het balansmodel
› Vier visies op diversiteit
› Kindercentrum als ontmoetingsplaats
  › Ontmoetingen binnen het kindercentrum
  › Ontmoetingen buiten het kindercentrum
› Pedagogische handvatten

PORTRET 3
Tommy ontdekt de skippybal   37

HOOFDSTUK 2
Gezinnen in soorten en maten 39

- De kern
- Van eenoudergezin tot grootfamilie
    - Eenoudergezin
    - Samengesteld gezin en stiefgezin
    - Grootfamilie
- Elk gezin zijn eigen opvoedstijl
    - Waarden en idealen in de opvoeding
    - Niet generaliseren, maar communiceren
- Elk gezin zijn eigen achtergrond
    - Opvoedingswaarden per cultuur verschillend
    - Nederlandse en allochtone gezinnen beïnvloeden elkaar
    - Gezinnen en hun taal of talen
    - Gezinnen in verschillende kleuren
- Gezinnen op verschillende welstandsniveaus
    - Meedoen in de samenleving
    - Armoede en draagkracht
- Gelijkwaardigheid in het omgaan met ouders
- Pedagogische handvatten

PORTRET 4
Al die regeltjes... typisch Nederlands!   61

HOOFDSTUK 3
Hoe kinderen omgaan met diversiteit 63

- De kern
- Openheid tegenover anderen
    - Voorkeur voor het vertrouwde
    - Nieuwsgierigheid naar het nieuwe
    - Een veilige basis creëren
- Onderscheid leren maken: waar hoor ik bij?
    - Ontstaan van wij- en zij-gevoel
    - Negatieve opmerkingen komen hard aan
    - Kinderen gaan zich met elkaar vergelijken
- Ontwikkelen van een identiteit
    - Sociale identiteit en reacties van de buitenwereld
    - Persoonlijke identiteit en vriendschappen
    - Sekse-identiteit
    - Seksestereotiep gedrag in de groep
    - Seksespecifiek gedrag en cultuurfactoren
- Ruziemaken en verzoenen
    - De wens samen te spelen
    - Spelen met macht
- Pesten en gepest worden
    - Antipestbeleid
    - Als pesten ontaardt in discriminatie

- Elkaar leren begrijpen
    - Het goede voorbeeld geven
    - Je blik verruimen
    - Kinderparticipatie en rekening houden met elkaar
- Pedagogische handvatten

PORTRET 5
Boris is al het gevraag weleens zat 83

HOOFDSTUK 4
Ouders ondersteunen bij het in balans blijven..................................85

- De kern
- Terminologie en pedagogische houding
- Iedereen krijgt ermee te maken
- De komst van een kind met beperkingen
    - Reacties van ouders op slecht nieuws
    - Aanpassen aan de nieuwe situatie
- Kinderen met beperkingen in de groep
    - Doorbreken van isolement
    - Wat kan en wat niet
    - Inclusieve kinderopvang is goed voor álle kinderen
    - Waar nodig het pedagogisch handelen aanpassen

- Ouders steunen op praktisch en emotioneel gebied
    - Luisteren en meeleven
    - Ervaringsdeskundigheid erkennen
    - Partnerschap met ouders
- Gezinnen uit balans, kinderen in de knel
    - Hoe vaak komt kindermishandeling of -verwaarlozing voor?
    - Risicofactoren voor kindermishandeling en -verwaarlozing
    - Signaleren van kindermishandeling of -verwaarlozing
    - Signalen en wat ze kunnen betekenen
    - Delen van zorgen met ouders en collega's
- Kinderopvang als ontmoetingsplaats
    - Omgaan met emoties
    - Samen staan we sterk
- Pedagogische handvatten

PORTRET 6
Doortje past niet in een hokje 103

HOOFDSTUK 5
Kwetsbare kinderen in de groep............................105

- De kern
- Kwetsbare kinderen en hun groepsgenootjes
    - Talenten van kinderen benutten

- Omgaan met nieuwsgierigheid van kinderen
- Vragen van kinderen beantwoorden
- Kinderen uitleg en informatie geven
- Kinderen leren om te gaan met reacties op hun beperking
- Empathie ontwikkelen voor mensen met specifieke behoeften
- Samen met kinderen naar oplossingen zoeken
- Relativeren en humor benutten
- Kinderen met gedragsproblemen in de groep
  - Praten met kinderen, ouders, collega's en leidinggevende
  - Balans zoeken tussen draaglast en draagkracht
  - Niemand is een klier voor zijn plezier
  - Gedragsproblemen uitleggen aan groepsgenootjes en ouders
  - Blijven zoeken naar het sleuteltje dat past
  - Zoeken naar bronnen van troost en rust
  - Alert zijn op spiegelgedrag en zondebokeffect
  - Bedacht zijn op culturele misverstanden
  - Systematisch observeren
- Reflecteren op het pedagogisch klimaat
- Pedagogische handvatten

PORTRET 7
Colet doet gewoon mee! 121

HOOFDSTUK 6
Omgaan met diversiteit in het team..........................123

- De kern
- Het team als democratische oefenplaats
  - Samen werken aan verbondenheid
  - Reflecteren
  - Elkaars kwaliteiten benoemen
  - Werken met een maatje
  - Contextgericht werken: van incident naar beleid
  - Omgaan met emoties en conflicten
- Samen verschillend in het team
  - Diversiteit binnen teams erkennen en benutten
  - Leren van collega's uit andere culturen
  - Zo doen we het hier!
  - Leren van mannen
- Handvatten om samen verschillend te zijn in het team
  - Hoe werk je als pedagogisch medewerker aan diversiteit?
  - Hoe werk je als leidinggevende aan diversiteit?
- Diversiteitscompetenties verwerven, te beginnen in de opleidingen

PORTRET 8
Babyopvang, is dat
wel goed?   143

PORTRET 9
Alleen op studiedagen
valt Jaco op   145

HOOFDSTUK 7
Kinderopvang als actieve
speler in de wereld...........147

› De kern
› De buitenwereld naar binnen halen
  › Inclusief kinderopvangbeleid op basis van visie
  › Voorwaarden voor een inclusief kinderopvangbeleid
  › Inclusief personeelsbeleid

› Kinderopvang als partner in de jeugdketen
  › Kinderopvang en onderwijs
  › Kinderopvang en jeugdzorg
  › Kinderopvang en opvoedingsondersteuning via sociale netwerken
› Handvatten voor inclusief beleid

PORTRET 10
De pedagogisch
medewerkers kun je
vertrouwen   161

Literatuur   163

Dankwoord   171

Over de auteurs   173

PORTRET 1

Het kinderdagverblijf is een grote steun voor Melissa

Romaisha is 3 jaar en gaat vier dagen in de week naar het kinderdagverblijf. Haar moeder Melissa zit dan op school. Zij doet een opleiding en volgt een stage om maatschappelijk zorgverlener te worden.

Melissa: 'Ik was 19 toen Romaisha werd geboren. Ze was niet gepland, maar wel gewenst! Wij hadden nog geen huis toen ik zwanger was. Daarom verhuisden we naar Enschede, waar we wel een huis konden krijgen. Dat was fijn. Maar ja, al mijn familie woont ver weg in het westen van het land.'

Melissa moest in het begin erg wennen aan haar nieuwe leven en aan de grote afstand tot haar familie. 'Ik had mijn opleiding nog niet afgerond, dus ik ging weer naar school en Romaisha naar de crèche.'

Romaisha gaat ongestoord haar gang: op het fietsje, in de zandbak. Ze vindt het heerlijk als ze Melissa mag duwen op de schommel. En hard dat het gaat! Bijna té hard!

Melissa geniet enorm van haar dochtertje. Ze is ook blij met het kinderdagverblijf. Het is een goede opvangplek terwijl zij naar school gaat, maar ook een plek waar je andere ouders ontmoet en waar je een praatje kunt maken met de medewerkers.

Melissa is tevreden over het dagverblijf. 'Eerst zat Romaisha op een andere crèche, maar deze is beter,' vindt ze. 'Er is meer contact met de medewerkers. Ze helpen je met instanties of als je een probleempje hebt.'

Inleiding

Ieder kind is er een, ieder kind maakt deel uit van onze samenleving. En met ieder kind komt een stukje van die samenleving binnen in onze kindercentra en centra voor buitenschoolse opvang (bso). *Samen verschillend* gaat over ons: over kinderen, ouders[1], pedagogisch medewerkers en leidinggevenden. Dit boek gaat over onze overeenkomsten en onze verschillen. Wij zijn samen verschillend!

Waarom dit boek?

Deze publicatie hoort bij *Pedagogisch kader kindercentra 0-4 jaar* en *Pedagogisch kader kindercentra 4-13 jaar*. *Samen verschillend* gaat over kinderen en hun bijzonderheden, hun familiecontext en hun achtergrond. En over hoe de kinderopvang kan bijdragen aan een democratische samenleving waarin ieder kind een plaats heeft. Het gaat over het binnensluiten van kinderen en ouders met een diversiteit van achtergronden, talenten en behoeften. Dit is een andere invalshoek dan die in de andere twee *Pedagogische kader*-titels: daarin staan de pedagogische principes en doelen bij het opvoeden van kinderen in een groep centraal. Van daaruit wordt ook aandacht besteed aan verschillen. In *Samen verschillend* staat de diversiteit centraal, in samenhang met de samenleving. Ieder kind heeft zijn of haar eigen verhaal. En in elk kindercentrum en elk centrum voor buitenschoolse opvang komen in het klein de thema's aan bod die in de samenleving spelen, zoals de omgang met verschillen in talent, macht, status, culturele achtergrond en voorkeuren. De kinderopvang, met kinderen, ouders en collega's, is een oefenplaats in democratie.

Samen verschillend is om verschillende redenen een nuttig boek voor de kinderopvang.

› De uitgave sluit aan bij de *maatschappelijke taak* van de kinderopvang om kinderen goed voor te bereiden op de maatschappij en hun te leren wat daarvoor nodig is:
  » respect voor elkaar hebben;
  » kunnen omgaan met diversiteit;
  » rekening met elkaar houden en verantwoordelijk zijn voor elkaar;
  » durven zeggen wat je belangrijk vindt.
  Deze maatschappelijke taak is belangrijk in kindercentra en centra voor buitenschoolse opvang en raakt de emoties, normen en waarden van kinderen, ouders en (pedagogisch) medewerkers.
› *Samen verschillend* biedt handvatten om de *kwaliteit* van de opvang te verbeteren. Het beschrijft hoe diversiteit eruitziet vanuit kinderen, ouders en medewerkers; daarnaast geeft het kindercentra een aanvullend pedagogisch kader om verbondenheid te creëren en bewuster om te gaan met verschillen tussen volwassenen en kinderen. Om zo een balans te bieden tussen ieders eigenheid en gezamenlijkheid. Dit kan kindercentra en beleidsmakers helpen keuzen te maken – zowel in het beleid als in de praktijk – over samen leven, samen doen en samen beslissen.
› Dit boek coacht iedere pedagogisch medewerker bij haar of zijn taak professioneel om te gaan met diversiteit. Dat is vaak leuk, maar geregeld ook behoorlijk lastig. Wie aan de slag gaat met diversiteit, komt ook zichzelf tegen. Hoor ik erbij? Vind ik iets anders dan de

---

[1] Daar waar 'ouder(s)' in de tekst staat, kan er ook 'verzorgende(n)' worden gelezen.

anderen? Hoe breng ik mijn voorkeur het best onder woorden? Hoe kan ik beter naar de ander luisteren? Je zult hierin niet alleen op professioneel vlak groeien, maar ook op persoonlijk vlak. *Samen verschillend* biedt talloze tips hierbij.
› De publicatie ondersteunt leidinggevenden en managers bij het begeleiden van teams en bij hoe de verschillende talenten en achtergronden in een team kunnen worden benut.
› Ook geeft *Samen verschillend* handreikingen hoe de kinderopvang bij kan dragen aan een samenleving waarin verschillen tussen mensen een verrijking zijn in plaats van een bron van ongenoegen. Alle kinderen profiteren van kinderopvang die aan alle kinderen een goede start geeft, vroege achterstanden beperkt, het schoolsucces van alle kinderen verbetert en investeert in democratisch burgerschap. Als diversiteit de norm is (en niet het gemiddelde kind centraal staat), leren kinderen begrip, respect en waardering op te brengen voor de gediversifieerde maatschappij waarin ze leven. Dit helpt hen daar later beter en meer ontspannen in te functioneren.

Brede invalshoek

Het onderwerp van *Samen verschillend* is *diversiteit*. Misschien breng je dit begrip vooral in verband met onze multiculturele samenleving. Die komt zeker aan bod in dit boek, maar onze invalshoek is breder. We verstaan onder diversiteit alle verschillen tussen mensen in voorkeuren, talenten of temperament en alle verschillen in culturele achtergrond, leef- en opvoedingsstijl, sekse, religie, sociaal milieu, beroep of opleiding. In dit boek is veel plaats ingeruimd voor de omgang met kwetsbare kinderen. Ook kinderen met een lichamelijke of cognitieve beperking of kinderen met een gedragsprobleem dragen bij aan de diversiteit in de kinderopvang. Deze brede invalshoek heeft ook gevolgen voor het beleid van de organisatie.

Samen én verschillend

Met *Samen verschillend* bouwen we voort op *Pedagogisch kader kindercentra 0-4 jaar* en *Pedagogisch kader kindercentra 4-13 jaar*. We gaan uit van de pedagogische principes in die boeken en werken het pedagogische principe van respect voor diversiteit verder uit. Dit betekent concreet dat we in het kindercentrum en de buitenschoolse opvang steeds een evenwicht zoeken tussen:
› gezamenlijkheid en een wij-gevoel binnen de groep kinderen, ouders en medewerkers en de kinderopvangorganisatie;
› aandacht en ruimte voor verschillen tussen anderen en onszelf (zowel individueel als in groepen).

Daarbij gaat het vooral om onze houding: de houding van de pedagogisch medewerker, leidinggevende en andere managers is hierbij cruciaal. Zo'n 'respect-voor-diversiteit-houding' bevorderen we als we:
› luisteren en communiceren;
› weerstanden, vooroordelen en angst voor het onbekende overwinnen;
› zoeken waar we elkaar raken;
› pedagogische competenties verwerven om kinderen samen verschillend te leren zijn;
› bijdragen aan een organisatiecultuur waarin er ruimte is om samen verschillend te zijn;
› nauw samenwerken in teams en elkaar steunen;
› nauw samenwerken met ouders en andere betrokkenen.

Dit boek biedt handvatten om aan deze voorwaarden te werken.

KENNIS

Dit boek sluit aan bij het Verdrag inzake de rechten van het kind

› Het kind heeft recht op ontwikkeling, opvang en onderwijs, ongeacht de sekse, beperkingen of sociale en culturele achtergronden.
› Het kind heeft recht op bescherming en emotionele en fysieke veiligheid.
› Het kind heeft recht op participatie en om gehoord te worden.
› Kinderen hebben recht op verbondenheid met hun ouders en respect voor de culturele identiteit van hun familie.
› Kinderen, ouders en professionals hebben recht op kwalitatief goede kinderopvangvoorzieningen, vrij van elke vorm van discriminatie vanwege hun huidskleur, cultuur, religie, taal, sekse, politieke of andere overtuiging, nationale, etnische of sociale afkomst, handicap, geboorte of andere geaardheid.

Bron: artikel 2 van het VN-verdrag (Verenigde Naties 1989), DECET/ISSA (2011).

Maatschappelijke taak van de kinderopvang

Samen verschillend sluit nauw aan bij de maatschappelijke taak van de kinderopvang. Die taak krijgt – naast de economische en de pedagogische functie – al volop aandacht in de sector. Onder de maatschappelijke taak verstaan we:
› kinderen voorbereiden op de samenleving door aandacht te hebben voor democratische vaardigheden en kinderparticipatie;
› samenwerken met diverse ouders, onder wie ouders die steun nodig hebben. Dat betekent ook samenwerken met instellingen voor opvoedingsondersteuning en jeugdzorg;
› gemeenschapszin bevorderen, zowel binnen het kindercentrum als daarbuiten. Dit heeft consequenties voor de samenwerking met het onderwijs en de buurtinstellingen.

De initiatiefgroep Context Kinderopvang formuleerde de maatschappelijke taak in een manifest (zie het kader 'Het maatschappelijk belang van de kinderopvang'). Veel kinderopvanginstellingen zijn actief in de buurt of binnen de bredeschoolbeweging. Andere zetten zich in voor de opvang van kinderen met beperkingen en voor de

---

KENNIS

Het maatschappelijk belang van de kinderopvang

› De kinderopvang legt bij kinderen de basis voor hun ontwikkeling tot evenwichtige leden van de samenleving: individuen die over voldoende sociale antennes en sociale competenties beschikken.
› In de kinderopvang krijgt de talentontwikkeling een eerste impuls. Daar heeft zowel het individu als de samenleving baat bij.
› Als kinderen ook door anderen dan hun ouders worden verzorgd, biedt dit een vangnet onder kinderen uit probleemgezinnen.
› De kinderopvang bevordert gemeenschapszin. Kinderen hebben de toekomst, maar kunnen de verantwoordelijkheid voor onze samenleving pas goed overnemen als ze daarvoor zijn toegerust. De opvoeding van kinderen tot – in aanzet – democratische burgers is daarom een urgente pedagogische verantwoordelijkheid.

Bron: Context Kinderopvang (2008).

samenwerking met de jeugdzorg. Met *Samen verschillend* kunnen kindercentra hun maatschappelijke taak vormgeven.

Totstandkoming en werkwijze

Naarmate meer kinderen gebruikmaken van de kinderopvang, wordt de diversiteit zichtbaarder. De kinderopvang is een algemene voorziening en moet algemeen toegankelijk zijn en geen groepen kinderen voortrekken of buitensluiten. Zo ontstond de behoefte *Pedagogisch kader kindercentra 0-4 jaar* en *Pedagogisch kader kindercentra 4-13 jaar* uit te breiden met een verdiepend deel over het omgaan met diversiteit. De Bernard van Leer Foundation was bereid *Samen verschillend* te financieren en gaf Anke van Keulen (Bureau MUTANT) en Elly Singer (Universiteit Utrecht) hiertoe de opdracht. Zij startten in 2009 met een literatuurstudie en inventariseerden hoe het thema 'diversiteit' in het kinderopvangveld speelt, zowel nationaal als internationaal. Ze lanceerden de website www.kinderopvangsamenverschillend.nl om de dialoog met het kinderopvangveld op gang te brengen; om dezelfde reden brachten ze regelmatig de nieuwsbrief 'Samen verschillend' uit.

Vanaf het begin tot aan de publicatie van dit boek hebben de auteurs de samenhang bewaakt tussen de drie onderdelen van het landelijk Pedagogisch kader (0-4 jaar, 4-13 jaar en *Samen verschillend*) en hebben ze nauw samengewerkt met Bureau Kwaliteit Kinderopvang. Voor de verschillende onderdelen van de uitgave zijn subgroepen ingesteld met als taak de conceptteksten mee te lezen en erover mee te denken. Daarnaast volgde een steungroep de grote lijnen van het project. Behalve een genoegen was het ook een verrijkende ervaring met zo veel verschillende mensen samen verschillend te mogen zijn in de aanloop naar dit boek.

Dit boek is er gekomen dankzij de bijdrage van een grote groep stafpedagogen, managers, pedagogisch medewerkers en docenten van beroepsopleidingen. Dank jullie wel voor die inzet. Bedankt dat jullie al op voorhand met ons samen verschillend wilden zijn!
Voor hoofdstuk 5, 'Kwetsbare kinderen in de groep', en hoofdstuk 6, 'Omgaan met diversiteit in het team', is gebruikgemaakt van de deskundigheid van coauteurs, respectievelijk Clarine de Leve en Ana del Barrio Saiz. De eindredactie was in goede handen bij Addie Roetman.

Voor wie is dit boek?

Zoals gezegd, is *Samen verschillend* een aanvulling op *Pedagogisch kader kindercentra 0-4 jaar* en *Pedagogisch kader kindercentra 4-13 jaar*. Het boek is bedoeld voor medewerkers in de kinderopvang: leidinggevenden, managers en pedagogisch medewerkers. Daarnaast is het nuttig voor docenten van beroepsopleidingen en voor studenten, trainers en begeleiders. Managers, directieleden en bestuurders vinden adviezen en indicatoren voor beleidsontwikkeling in hoofdstuk 7.

Met *Samen verschillend* kunnen pedagogisch medewerkers en leidinggevenden:
› kennis en inzicht verwerven over de diversiteit onder kinderen, ouders en collega's;
› reflecteren op hun eigen rol bij het bevorderen van verbondenheid en verminderen van uitsluiting;
› inspiratie opdoen voor hoe zij in hun eigen beroepspraktijk met verschillen kunnen omgaan;
› gaan oefenen met de hiervoor benodigde pedagogische vaardigheden.

Leidinggevenden en begeleiders kunnen aan de hand van dit boek:
› pedagogisch medewerkers inspireren en ondersteunen in het professioneel omgaan met diversiteit onder kinderen en ouders;
› verbondenheid creëren in teams en gebruikmaken van de aanwezige talenten.

Samen verschillend stelt managers in de kinderopvang in staat:
› beleid te ontwikkelen om *samenleven en verbondenheid* vorm te geven en diversiteit hierin op een respectvolle manier te integreren;
› diversiteitsbeleid te ontwikkelen voor kinderen, ouders en medewerkers;
› de *maatschappelijke functie* van de kinderopvang in te vullen, naast de economische en pedagogische functie.

Opbouw en leeswijzer

Samen verschillend beschrijft hoe diversiteit er in de dagelijkse praktijk van kindercentra uitziet vanuit het perspectief van ouders, kinderen, pedagogisch

medewerkers en leidinggevenden. Het boek telt zeven hoofdstukken. Hoofdstuk 1 verschaft de basis en gaat in op diversiteit, wat diversiteit te maken heeft met jezelf, hoe je erover kunt nadenken en ertegen aan kunt kijken en hoe je er in de beroepspraktijk mee kunt werken. Hoofdstuk 2 gaat over gezinnen en over waarin ze kunnen verschillen: in gezinsvorm, in opvoedingsstijl, in culturele achtergrond en in welstandsniveau. In hoofdstuk 3 staan de kinderen centraal: hoe gaan kinderen om met verschillen in gezinsachtergrond en in talent? Hoe kunnen pedagogisch medewerkers het best aansluiten bij wat onder kinderen leeft? Hoofdstuk 4 zoomt in op de balans van ouders. Als de opvoeding of zorg voor hun kinderen voor hen een zware last is, hoe kunnen ze hierin dan in het kindercentrum worden ondersteund? Hoofdstuk 5 gaat over kwetsbare kinderen. Hoe kunnen kindercentra en de buitenschoolse opvang ieder kind bieden wat het nodig heeft? In hoofdstuk 6 wordt het perspectief een slag gedraaid. Hier ligt de focus op de samenwerking in het team: hoe kunnen pedagogisch medewerkers professioneel omgaan met verschillen en hoe kunnen leidinggevenden dat stimuleren? Ten slotte geeft hoofdstuk 7 in grote lijnen weer hoe er in de sector en kinderopvangorganisaties wordt gewerkt aan zogeheten inclusieve kinderopvang, aan diversiteitsbeleid en aan hoe dit verder ontwikkeld kan worden.

Samen verschillend is een gebruiksboek. Daarom bieden tal van gekleurde kaders extra inspiratie en handvatten om met diversiteit aan de slag te gaan:
› oranje KENNIS-kaders bieden achtergrondinformatie;
› in roodbruine REFLECTIE-kaders staan opdrachten om te reflecteren op jouw eigen verschillend-zijn;
› in paarse PRAKTIJK EN TIPS-kaders vind je voorvallen of citaten uit de praktijk en pedagogische tips.

Bovendien staat aan het einde van elk hoofdstuk een opsomming van (pedagogische) handvatten. Deze opsommingen bevatten een combinatie van belangrijke inzichten en dingen die pedagogisch medewerkers en leidinggevenden kunnen doen.

Dit pedagogisch kader is opnieuw rijk geïllustreerd, waarmee we een goede traditie voortzetten. Als extra beeldend element bevat dit boek ook een serie portretten van ouders, kinderen en pedagogisch medewerkers. Deze portretten sluiten aan bij de thema's in het boek.

Veel succes en plezier met samen verschillend zijn!

PORTRET 2

Zonder crèche kan er niet gewerkt worden

Pim is 2 jaar en gaat samen met zijn zusje Isa (7 maanden) drie dagen per week naar het kinderdagverblijf. Eén dag is zijn mama Geertje thuis en één dag komen opa en oma oppassen.
'Zonder crèche kan er niet gewerkt worden,' zegt Geertje. Papa Dirk voegt eraan toe: 'Je zou dan minder moeten werken, waardoor je minder carrière kunt maken.'
'Een dagverblijf is echt veel meer dan oppas, hoor,' ontdekte Geertje. 'Het is ook educatief en sociaal belangrijk. Kinderen leren er veel dingen die je thuis niet doet, zoals muziek en creatieve activiteiten. Ze leren veel door de sociale contacten. Ik ben echt geen voorstander van een nanny of een au pair, want dan mis je al die dingen.'
Tevredenheid alom over het dagverblijf. Er is een maximum van drie pedagogisch medewerkers per groep, zodat Pim ze alle drie goed kent. Pim is net verhuisd van de dreumes- naar de peutergroep, dat is nog even wennen.
Geertje vertelt: 'Op het dagverblijf zie je eigenlijk alleen tweeverdieners zoals wij – een beetje eenzijdig. Maar als Pim straks naar de basisschool gaat, komt hij gelukkig in een meer gemengde groep kinderen.'
Wat betreft de ouderparticipatie hebben Dirk en Geertje wel tips voor het dagverblijf, want de huidige aanpak spreekt hen niet zo aan. 'Ouderavonden over brandveiligheid of EHBO, tja... En dan dat schriftje met dagelijkse belevenissen van Pim en Isa. Daar zijn wij echt te nuchter voor,' aldus Dirk. 'Waarom niet even inloggen op internet,' zegt hij, 'dan zie je direct op je telefoon of iPad hoe het met je kind is. Qua professionaliteit kan de kinderopvang nog wel wat leren.' Geertje is iets minder nuchter; ze is heel blij met het fotoboekje dat Pim kreeg bij zijn afscheid van de dreumesgroep.

HOOFDSTUK 1

De basis

Stefan (2 jaar) gaat voor het eerst naar het kinderdagverblijf. Stefan is geboren met één hand en zijn moeder is bezorgd over hoe de kinderen op hem zullen reageren. Pedagogisch medewerker Petra bereidt de komst van Stefan voor met de kinderen; zij introduceert de pop Latifa die één hand heeft en vraagt de kinderen hoe ze met Latifa kunnen spelen. De kinderen doen een balspel waarbij iedereen één hand gebruikt, en ze doen andere activiteiten met één hand. Als Stefan in de groep komt, vinden de kinderen dat niet vreemd: o ja, we weten al hoe dat is met één hand.

De kern

Samen verschillend zijn is een uitdaging. Diversiteit is leuk en lastig en gaat niet vanzelf. In *Pedagogisch kader kindercentra 0-4 jaar* en *Pedagogisch kader kindercentra 4-13 jaar* kun je lezen hoe je in kindercentra het werken in een groep kunt combineren met aandacht voor individuele verschillen. *Samen verschillend* gaat dieper in op groepsprocessen en mechanismen waarmee pedagogisch medewerkers en leidinggevenden rekening moeten houden. Deze uitgave gaat ook over alle kinderen: ze hebben er allemaal baat bij met verschillen te leren omgaan, omdat ze die nu en later in de maatschappij tegenkomen. Leren samen verschillend te zijn is een permanent leerproces, dat al in de opleiding begint en in de beroepspraktijk doorloopt. Het vereist competenties in het omgaan met ouders en kinderen, maar ook in het kijken naar je organisatie en je beroep. Omgaan met kinderen en ouders die anders zijn dan jezelf kan allerlei gevoelens oproepen: nieuwsgierigheid en instemming, maar ook angst of irritatie. Dit boek gaat over wat verschillen met je doen: ze kunnen je confronteren met je eigen achtergrond en je eigen waarden. *Samen verschillend* gaat ook over hoe je samen in balans blijft en hoe je ouders kunt ondersteunen bij wie de draaglast groter is dan de draagkracht. Communicatie is hierbij een sleutelwoord: communicatie met collega's, met ouders en met kinderen. Ook de buitenwereld speelt hierbij een rol.

Een kindercentrum dat in een open relatie staat tot de buurt, wordt een echte ontmoetingsplaats.

Diversiteit raakt jouw vak en jezelf

Leren omgaan met diversiteit, waarom is dat leuk of nuttig? Wat denk je van de volgende redenen?
› Het hoort bij een professionele uitoefening van je beroep.
› Het is een onderdeel van de maatschappelijke taak van de kinderopvang.
› Je wilt een klimaat scheppen waarin alle kinderen zich welkom voelen.
› Het is leuk bij ieder kind en iedere collega het sleuteltje te vinden dat past.
› We zijn allemaal verschillend, dus diversiteit gaat over anderen én over jezelf.

Omgaan met diversiteit is een onderdeel van je vak. Wie kinderopvang van goede kwaliteit wil leveren, is alert op mechanismen die uit deze verschillen kunnen voortkomen, bijvoorbeeld binnen- en buitensluiten, en gaat om met verschillen op een manier die ten goede komt aan álle kinderen. Alle kinderen hebben er immers baat bij als ze leren omgaan met verschillen, omdat ze die nu en later in de maatschappij tegenkomen. Dit is ook allemaal terug te vinden in het Verdrag inzake de rechten van het kind, opgesteld door de Verenigde Naties, zie de inleiding.

Omgaan met diversiteit raakt ook je eigen drijfveren en emoties. Waarschijnlijk heb je het pedagogische vak gekozen omdat je graag met kinderen omgaat. Als je bereid bent jezelf te laten zien in je team en je groep, wordt je werk interessanter doordat je er ook persoonlijk in kunt groeien. Diversiteit is dus niet alleen maar tolerant leren zijn tegenover anderen die anders zijn dan jij, maar ook anderen de kans geven jouw verschillen te leren kennen. Ook grenzen stellen hoort hierbij:
› gezamenlijke grenzen die voortvloeien uit de afspraken, normen en waarden die gelden op het kindercentrum of de buitenschoolse opvang;
› persoonlijke grenzen – wat kun jij als pedagogisch medewerker of leidinggevende aan, wat wil je met anderen delen en wat kun je met jouw geweten verenigen?

Samen veilig, samen verschillend

Zorgen voor veiligheid en gezamenlijkheid is een voorwaarde om samen verschillend te kunnen zijn. Een kind durft pas relaties aan te gaan als het zich veilig voelt en weet: ik mag er zijn en ik hoor erbij. In *Pedagogisch kader kindercentra 0-4 jaar* en *Pedagogisch kader kindercentra 4-13 jaar* wordt emotionele veiligheid in verband gebracht met vertrouwde relaties tussen pedagogisch medewerkers en kinderen en tussen kinderen onderling.

> **REFLECTIE**
>
> ### Wat betekent diversiteit voor jullie en voor je vak?
> Je leest in deze paragraaf dat diversiteit jouw vak en jezelf raakt. Hoe is dat voor jullie? Praat hier eens over met jouw teamleden aan de hand van de volgende vragen:
> › Wat heeft voor jou diversiteit met jezelf te maken?
> › Wat heeft voor jullie als team diversiteit met jullie zelf te maken?
> › Wat heeft diversiteit volgens jullie te maken met je vak?
> › Welke kennis of vaardigheden hebben jullie nog nodig om op dit onderdeel beter in je vak te worden?

Een basis van veiligheid en verbondenheid is ook voor een team een voorwaarde om goed te kunnen werken. Verbondenheid betekent dat iedereen in een team erbij hoort en teamleden onderling solidariteit en saamhorigheid ervaren. Verbondenheid betekent echter niet dat alle teamleden hetzelfde denken en handelen.
In een team voer je samen met collega's het pedagogisch beleid van een kindercentrum uit, maar daarin kom je ook elkaars verschillen tegen. Tenslotte is een team een verzameling mensen met verschillende kwaliteiten, achtergronden, ervaringen en perspectieven. In die verscheidenheid bouw je verbondenheid op door ervaringen en inzichten uit te wisselen en door veel met elkaar te praten over je werk. Je kunt je ook verbonden met elkaar voelen als je het niet met elkaar eens bent, maar wel elkaars eigenheid erkent en samen nadenkt over de onderlinge verschillen. Daardoor ontstaat ruimte om problemen op te lossen én ontstaat nieuw plezier in de samenwerking. Kortom: verbondenheid is iets waar je als team hard aan moet werken. In hoofdstuk 6, 'Omgaan met diversiteit in het team', lees je hier meer over.

Een permanent leerproces: competenties

Pedagogisch medewerkers en leidinggevenden die willen werken aan diversiteit, hebben daar allerlei competenties bij nodig. Die verwerven ze in een permanent leerproces. Dit proces begint bij hun opleiding en loopt door in de beroepspraktijk. We maken onderscheid in:
› *Kind- en oudergebonden competenties* waarmee de beroepskracht alle ouders en kinderen tot hun recht laat komen in de kinderopvang;
› *Organisatiegebonden competenties* die de (aankomende) beroepskracht nodig heeft om goed te functioneren in zijn of haar organisatie;
› *Professiegebonden competenties* waarmee de (aankomend) beroepskracht aan de buitenwereld laat zien dat de kinderopvang een professionele sector is, waarin bekwame professionals hun beroep goed uitvoeren en waarbij omgaan met diversiteit een integraal onderdeel ervan is (DECET/ISSA 2011, NJi/Movisie 2010, Van Keulen & Del Barrio Saiz 2010). In hoofdstuk 6 gaan we uitgebreid in op wat deze competenties inhouden.

Diversiteit is leuk en lastig

Omgaan met diversiteit is leuk én niet leuk, het is uitdagend én lastig. Zo is het werken met al die verschillende kinderen en ouders nooit saai; het is juist een uitdaging met allemaal om te gaan en hen te leren kennen! Tegelijk vraagt het ook veel van je om steeds maar open te staan voor andere mensen en onbekende gewoonten.

Referentiekader – jouw achtergrond en jouw waarheid

Het kan niet anders of je stuit daarbij ook geregeld op je eigen grenzen. Vaak zijn dat de grenzen van je referentiekader. Een referentiekader wil zeggen: een achtergrond van opvattingen en zekerheden. Iedereen heeft zijn eigen achtergrond, zijn eigen referentiekader, zijn eigen 'waarheid'. Daar zijn je eigen ervaringen in verwerkt, maar ook de ervaringen van de groep waartoe je behoort. Dit referentiekader bepaalt hoe jij je voelt in allerlei situaties, of je voelt dat je erbij hoort of niet, hoe je oordeelt over anderen en hoe je reageert op nieuwe mensen en dingen. Daarbij spelen allerlei processen een rol, die het omgaan met diversiteit soms behoorlijk lastig maken. Voorbeelden van zulke processen zijn:
› *Binnen- en buitensluiten,* vanwege het feit dat mensen en kinderen keuzen maken in de relaties die ze aangaan: als je een band sluit met de een, maak je ook zichtbaar dat je met de ander een losser contact hebt of dat je niet zo bij elkaar past.

Dit is prima. Het hoort bij families, bij groepen en bij vriendschappen dat je met de een gemakkelijker omgaat dan met de ander. Ieder mens haalt andere mensen binnen en sluit andere personen buiten. Dit proces van binnen- en buitensluiten speelt een belangrijke rol in de sociale ontwikkeling van jonge kinderen. In hoofdstuk 3 lees je meer over binnen- en buitensluiten in de kindergroep: hoe het werkt, wanneer buitensluiten een probleem wordt en hoe je als pedagogisch medewerker en leidinggevende dit proces goed begeleidt.

› *Erbij horen:* overal waar zich groepen vormen, spelen de processen van erbij horen of buitengesloten worden. Er ontstaat een probleem als een volwassene of kind systematisch wordt buitengesloten en alsmaar de boodschap krijgt: jij hoort niet bij ons. Binnen groepen – ook op kindercentra – ontstaan voortdurend meningen, bijvoorbeeld over goed opvoeden, over wat normaal en wat gezond is. Dit maakt echter iedereen kwetsbaar die afwijkt van wat maatschappelijk geaccepteerd is en van wat de meerderheid vindt. Bijvoorbeeld tweemoedergezinnen, gezinnen die kampen met armoede, gezinnen met een andere culturele achtergrond. Ook bovengemiddelde talenten, erg veel geld hebben of heel mooi zijn kunnen redenen zijn waarom mensen worden buitengesloten, als zij bijvoorbeeld te arrogant, te eigenwijs of te zelfingenomen worden gevonden.

› *Eigenheid en verbondenheid ervaren:* mensen ervaren hun eigenheid (identiteit) door zich te verbinden met andere mensen. Ze voelen zich man of vrouw, Nederlander of Turk, moeder of professioneel opvoeder. Ieder mens voelt zich met meer groepen verbonden. Een pedagogisch medewerker is bijvoorbeeld ook moeder, Nederlandse omdat ze in ons land is opgegroeid en Surinaamse omdat haar familie daarvandaan komt. Die eigenheid en verbondenheid kunnen botsen. Stel dat deze pedagogisch medewerker zich door de kinderen in de bso laat aanspreken met haar voornaam, dan kan ze bang zijn dat iemand uit haar eigen sociale omgeving dit hoort. Die zou haar dan een slechte opvoeder vinden, want kinderen die volwassenen bij de voornaam noemen, zijn naar Surinaamse maatstaven brutaal.

Samen verschillend zijn betekent dat je nieuwsgierig bent naar elkaar, maar het betekent niet dat je er recht op hebt alles over elkaar te weten. Het staat mensen vrij zaken voor zichzelf te houden. Het recht op privacy is evenveel waard als het belang van informatie en communicatie. Sommige

verschillen zijn dus gewoon privé en dan getuigt het juist van respect om mensen ermee in hun waarde te laten.

> **REFLECTIE**
>
> ## Eigenwaarde die niet ten koste gaat van respect voor anderen
> In het dagelijks leven merken kinderen vaak dat de ene cultuur, sekse of klasse meer gewaardeerd wordt dan de andere. Op grond daarvan ontwikkelen zij gevoelens van minderwaardigheid of meerderwaardigheid. Het is een uitdaging hier pedagogisch goed mee om te gaan. Denk eens na over de volgende vragen.
> - Hoe kun je bij alle kinderen een positief zelfbeeld stimuleren, op zo'n manier dat:
>   » zij geen negatieve beelden opbouwen over andere groepen, op basis van verschillen in geslacht, godsdienst of etniciteit?
>   » ze zichzelf niet beter vinden dan anderen en anderen gaan uitsluiten en discrimineren?
> - Hoe maak je duidelijk dat Jonathan er trots op kan zijn dat hij een jongen is, maar dat hij geen meisjes mag pesten? Of dat Tülay trots kan zijn op haar Turkse afkomst, maar geen Surinaamse kinderen mag uitschelden?

Beeldvorming en vooroordelen

Beeldvorming is het beeld dat mensen zich van iemand vormen op grond van uiterlijke kenmerken en op grond van hoe er over ze gepraat wordt. Je bent een man, dus... Zij is een vrouw, dus... Hij rijdt in een Mercedes, dus... Dat kind zit in een rolstoel, dus... Stereotiepe beelden zijn handig, omdat je daardoor snel een idee hebt van wat je van iemand kunt verwachten. Iedereen heeft ze en niemand kan ze helemaal missen. Maar ze hebben het grote nadeel dat je er ook flink naast kunt zitten. Als je iemand beter leert kennen, moet je je eerste beeld bijna altijd bijstellen. Dan blijkt die vrouw bijvoorbeeld ook kostwinner te zijn en moeder van een kind met beperkingen. En die Mercedesrijder coacht elke zaterdagochtend pupillen op het voetbalveld.

Een vooroordeel kan negatief maar ook positief zijn. Je hebt dan niet alleen een stereotiep beeld van iemand, maar je verbindt daar ook een oordeel aan, voordat je iemand hebt leren kennen. Daarbij houden mensen vaak hardnekkig vast aan hun ideeën: 'Ze heeft altijd nieuwe kleren, waar doet ze dat van als bijstandsmoeder?' 'Die ouders willen gewoon geen Nederlands spreken.' Vooroordelen zijn emotioneel geladen en zorgen ervoor dat mensen selectief gaan waarnemen, denken en voelen. Ze kijken en luisteren niet meer met een open *mindset*. Positieve vooroordelen kunnen je blind maken voor wat iemand fout doet. Bijvoorbeeld dat een persoon wel erg aardig doet tegen de baas, maar niet tegen mensen die een lagere positie in de organisatie hebben.

> **REFLECTIE**
>
> ## Nadenken over vooroordelen
> Vooroordelen kunnen betrekking hebben op allerlei aspecten van groepen of individuen. Dat merk je waarschijnlijk direct als je met een paar mensen de volgende opdrachten bespreekt:
> - Geef voorbeelden van vooroordelen die te maken hebben met:
>   » religie;
>   » ziekte of handicap;
>   » gewicht;
>   » gezinsvorm.
> - Noem een vooroordeel over de groep waar jij bij hoort?
> - Noem een vooroordeel dat je zelf had, maar waarvan je hebt ontdekt dat het niet klopte.

Waarden en normen

Waarden zijn opvattingen of ideeën over wat goed of slecht is. Voorbeelden van waarden zijn eerlijkheid, respect voor de eigendommen van anderen, regelmaat of vrijheid.

Normen zijn de verwachtingen die mensen van elkaar hebben over hoe ze zich behoren te gedragen. Voorbeelden van normen – die horen bij de hiervoor genoemde waarden – zijn:
- het is slecht om te liegen;
- het is slecht om te stelen;
- het is goed om een vaste dagindeling te hebben;
- het is goed om zelf je tijd in te delen.

Waarden en normen leren we van jongs af aan. Vaak ontdekken we onze waarden en normen pas als iemand heel anders denkt. Wat onbelangrijk is voor de een, is voor de ander een principezaak. Denk bijvoorbeeld aan de vraag onder ouders of kinderen wel of niet op snoep mogen trakteren: wel snoep omdat het bij een verjaardag hoort of geen snoep omdat het slecht is voor de gezondheid.

Macht en status
Verschillen in macht en status hebben invloed op hoe we naar anderen kijken en hoe we ons voelen in het contact met anderen. Kinderen in een groep leren al op jonge leeftijd met macht om te gaan en ze verwerven een sociale status ten opzichte van elkaar. Maar kinderen worden ook beïnvloed door verschillen in macht en status. Ze leren van hun opvoeders of van elkaar wie meetelt en wie niet. Ze leren macht ook te verbinden aan culturen, sociale klassen, sekse en fysieke mogelijkheden. Ze ontwikkelen gevoelens van minderwaardigheid of meerderwaardigheid. Als deze gevoelens sterk worden, vormen ze een risico voor de identiteitsontwikkeling van alle kinderen in de groep.

Vermogen tot aanpassen en empathie
Het mooie van een referentiekader is dat het niet statisch is, maar dat je het steeds kunt aanpassen en uitbreiden. Inspiratie hiervoor doe je vooral op in contacten met allerlei verschillende soorten mensen. Wat dit betreft, zit je in de kinderopvang dus helemaal goed! Mensen kunnen hun kaders verruimen, doordat ze het vermogen hebben anderen te begrijpen, zich te verplaatsen in het perspectief van de ander en verschillen te overbruggen. Als mensen dezelfde achtergrond of hetzelfde ontwikkelingsniveau hebben, is dit vaak relatief gemakkelijk. Hoe groter de verschillen, hoe meer we ons moeten inspannen om ons in te leven in anderen en anderen te begrijpen.

Waarin je zoal divers kunt zijn

Dit boek gaat over de maatschappelijke diversiteit in de kinderopvang, die tot uitdrukking komt in een rijke schakering van verschillen tussen kinderen, ouders, pedagogisch medewerkers en leidinggevenden. Daarbij kan het gaan om maatschappelijke en persoonlijke verschillen. Veel verschillen kunnen door mensen ook anders beleefd worden: wat voor de een iets persoonlijks is, ziet de ander als een maatschappelijk of religieus kenmerk.

Om inclusief te kunnen werken vanuit het uitgangspunt dat iedereen erbij hoort, is het belangrijk dat je weet op welke punten kinderen, ouders en pedagogisch medewerkers verschillen, met andere woorden wat ieders leuke en lastige kanten zijn, bijvoorbeeld:
› deze jongen is moslim en daarom eet hij geen varkensvlees;
› die pedagogisch medewerker is Jehova's getuige. Vanuit haar geloof viert ze geen feestjes, maar bij vieringen op de groep zit ze er gewoon bij;
› dit meisje raakt snel van streek als er iets onverwachts gebeurt;
› die moeder kan prachtig voorlezen;

> **REFLECTIE**
>
> ### Referentiekader – jouw waarheid
>
> In je werk kom je opvattingen en leefstijlen tegen, bijvoorbeeld van ouders of van collega's, die heel anders zijn dan die van jou. Daarin staan verschillende waarheden centraal. Wat is jouw waarheid? Wat is mijn waarheid? Wiens waarheid telt eigenlijk en waarom? Neem een stoel in gedachten. Wat zie je? Is hij om op te zitten? Ja, natuurlijk, stoelen zijn voorwerpen om op te zitten. Dat is een feit. Dat is een waarheid. Of niet? Sta nu stil bij de volgende beweringen over een stoel en zijn waarheden. Verplaats je in een rol.
> 1 Een stoel en zijn waarheden: je bent 4 jaar en je gebruikt deze stoel vaak als trein om naar je oma te gaan die in het noorden woont. Deze stoel is voor jou een vervoermiddel dat je naar een dierbare brengt.
> 2 Een stoel en zijn waarheden: je bent de eigenaar van een meubelfabriek. Je bedrijf maakt een stoel die niet goed verkoopt. Als je de productie niet stopzet, riskeer je een faillissement. Deze stoel staat voor jou gelijk aan een ramp.
> 3 Een stoel en zijn waarheden: je bent 50 jaar en in deze stoel zat jouw opa vroeger naast de kachel. Je hebt de stoel al drie keer opnieuw bekleed. Als je deze stoel ziet, denk je aan de warmte en geborgenheid uit je jeugd.
>
> Bron: Mutant, K2 (2008), MacNaughton (2004).

- dat meisje woont bij haar oma. Haar ouders kunnen niet voor haar zorgen, want ze zijn drugsverslaafd;
- deze jongen helpt graag met huishoudelijke taken;
- deze collega heeft een hekel aan kou en regen;
- dit kind speelt vooral ontspannen als zijn vriendje er ook is;
- deze ouder vindt afscheid nemen erg moeilijk;
- die jongen woont in een internaat voor schipperskinderen;
- pedagogisch medewerker Peter woont samen met zijn vriend Erwin – volgende maand gaan ze trouwen;
- dit meisje speelt het liefst alleen met puzzels;
- deze jongen is dol op een boterham met pindakaas;
- Lamilla draagt altijd een hoofddoek: zij is moslima en ze vindt een hoofddoek ook mooi staan.

Balans zoeken tussen draaglast en draagkracht

Kinderen verschillen ook in de aandacht en zorg die ze nodig hebben van hun ouders en pedagogisch medewerkers. Als er kinderen met een lichamelijke of geestelijke beperking, met een ziekte of met gedragsproblemen in de groep zijn, kan het een zware belasting zijn deze kinderen te bieden wat zij nodig hebben. *Samen verschillend* gaat ook over deze kinderen en hun ouders. Het uitgangspunt is dat het in de dagelijkse opvoeding gaat over het hele kind en hoe dat kind functioneert in de groep.

Er bestaat ook een grote diversiteit in wat mensen aankunnen. Dat geldt zowel voor teams als voor individuele pedagogisch medewerkers, leidinggevenden, ouders en kinderen. Als mensen overbelast raken, ontstaan er problemen. In *Samen verschillend* werken we met het zogeheten balansmodel. In het kort komt dit model op het volgende neer. Wie hard gewerkt heeft, doet weer energie op in de weekenden en vakanties. Wie problemen of zorgen heeft, stort af en toe zijn hart uit bij een vriend of vriendin. Iedere volwassene en ieder kind zoekt steeds de balans tussen draaglast en draagkracht.

Al je taken in het leven (werk en privé) en de problemen of zorgen die je hebt, noemen we hier je draaglast. Alle middelen die je hebt om die last te dragen, vormen de draagkracht. De draaglast moet in balans zijn met de draagkracht. Of je problemen nu klein of groot, gewoon of bijzonder zijn. Hoe zwaarder de draaglast, hoe meer draagkracht en hoe meer ondersteuning van andere mensen nodig zijn.

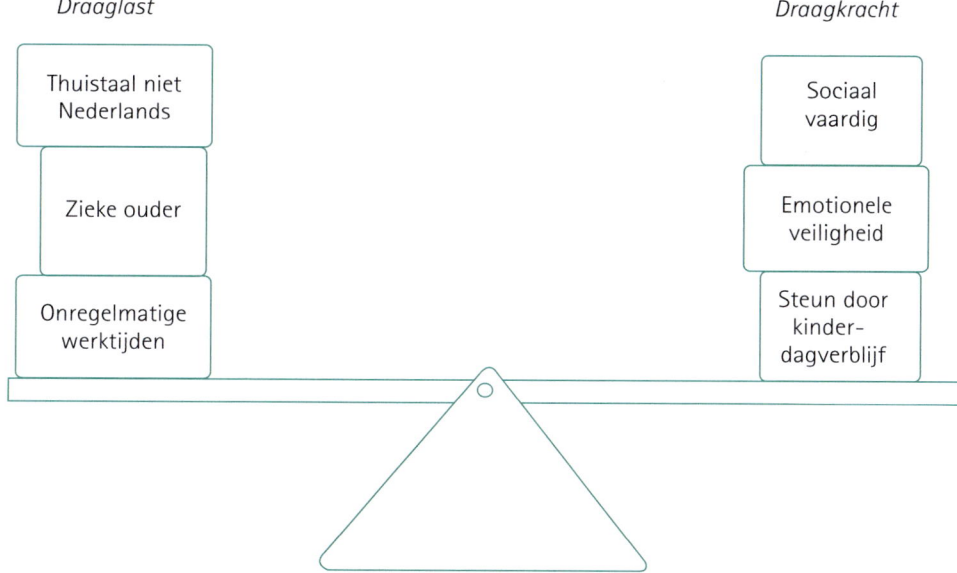

Samen verschillend werkt om twee redenen met het balansmodel.
1. In de samenleving verschillen gezinnen wat betreft de mogelijkheden het leven aan te kunnen. Kinderopvang kan een positieve rol spelen in het versterken van de gezinsopvoeding. Door het aanbod van opvang en opvoeding vergroot de kinderopvang de draagkracht van de gezinnen.
2. Problemen in gezinnen, teams en bij individuele kinderen hebben te maken met een verstoorde balans tussen draagkracht en draaglast. Er wordt niet alleen gekeken naar de oorzaken van problemen, maar vooral ook hoe de draagkracht vergroot kan worden. Veel oorzaken van problemen liggen buiten de macht van pedagogisch medewerkers en leidinggevenden. Denk bijvoorbeeld aan heel energieke kinderen ('stuiterkinderen') die nauwelijks stil kunnen zitten. Aan de oorzaken hiervan kunnen pedagogisch medewerkers of leidinggevenden niets doen, maar ze kunnen wel bekijken hoe ze in de groep goed om kunnen gaan met beperkingen of 'lastig' gedrag.

Draaglast: verzwarende factoren

Hoe zwaar de draaglast is, wordt bepaald door:
- persoonlijke factoren, bijvoorbeeld beperkingen op meer domeinen, gebrek aan weerbaarheid, weinig strategieën om met heftige negatieve emoties of gebeurtenissen om te gaan (copingstrategieën);
- sociale factoren, bijvoorbeeld sociaal isolement, conflicten, echtscheiding, verlies van ouders, kinderen of vrienden door overlijden, verhuizing of emigratie, andere taal en culturele achtergrond dan de omgeving;
- financiële problemen, bijvoorbeeld schulden, geen geld voor een goede woning, geen geld voor aanpassingen;
- geen bevredigende tijdsbesteding, bijvoorbeeld werkloos, opleiding of school mislukt, niet lid van clubs, geen liefhebberijen behalve de tv en de pc.

Draagkracht: verlichtende factoren

De draagkracht bestaat uit factoren die helpen de last te dragen:
- persoonlijke kenmerken, bijvoorbeeld humor, opgewektheid, energie, intelligentie, doorzettingsvermogen, goede manieren om met het probleem om te gaan (copingstrategieën);
- steunende sociale relaties, bijvoorbeeld familie en vrienden die steun geven, pedagogisch medewerkers die een stukje van de zorg overnemen, vriendjes die het kind helpen en ontspanning bieden;
- financiële situatie, bijvoorbeeld middelen om aanpassingen en extra zorg te betalen en om goede huisvesting en ontspanning te bekostigen;
- bevredigende tijdsbesteding, bijvoorbeeld bevredigend werk, studie, school en liefhebberijen, waardoor iemand goed kan functioneren op andere gebieden dan waar het probleem wordt ervaren;
- bredere sociale context, bijvoorbeeld inclusief beleid, religieuze overtuigingen.

Het balansmodel

Sommige gezinnen hebben een zware draaglast, doordat ze kampen met armoede of werkloosheid of een kind met specifieke behoeften hebben. Als de draaglast van deze gezinnen groter is dan hun draagkracht, kunnen (opvoedings)problemen ontstaan. Kinderopvang kan veel betekenen voor ouders en kinderen met een zware draaglast. Ouders vinden er

Draaglast	Draagkracht
Bijzondere last Overgang naar nieuwe groep Tegenslagen/problemen op school	Bijzondere talenten
Slechte sfeer thuis Slechte sfeer in de groep Onveilige gehechtheid Weinig vrienden	Goede sfeer thuis Goede sfeer in de groep Veilige gehechtheid Vrienden
Zwakke gezondheid Cognitief beperkt Niet sociaal vaardig Beperkte copingstrategieën	Goede gezondheid Intelligentie Sociaal vaardig Goede copingstrategieën

een luisterend oor en ondersteuning in de zorg om hun kind en ze kunnen zo nodig doorverwezen worden naar andere instanties. Kinderen kunnen in het kindercentrum en de buitenschoolse opvang spelen met andere kinderen en uit hun isolement komen. Pedagogisch medewerkers kunnen zowel bij ouders als bij kinderen hun kracht en het positieve benadrukken en zo hun draagkracht helpen vergroten. Het balansmodel biedt hierbij een perspectief. In het balansmodel worden de draaglast- en de draagkrachtfactoren elk aan een eigen kant van de weegschaal (de balans) gelegd.
Als de draaglast te zwaar wordt voor de draagkracht, zakt de weegschaal door naar de kant van de last en ontstaan er problemen. Een beperking of een gedragsprobleem hoeft op zichzelf geen zware belasting te zijn voor het kind en diens omgeving. In *Samen verschillend* zoeken we steeds naar mogelijkheden de draagkracht van kinderen, ouders en pedagogisch medewerkers te vergroten en hun draaglast juist te verminderen. Dit uitgangspunt loopt als een rode draad door het boek heen.

Vier visies op diversiteit
Tegen diversiteit kun je verschillend aankijken. Diversiteit is namelijk geen neutraal begrip. Uit een vergelijkend literatuuronderzoek kwamen vier denkrichtingen of visies naar voren wat betreft het omgaan met diversiteit (MacNaughton 2006).
1 We zijn allemaal hetzelfde.
2 Speciale behoeften en aanpassing.
3 Jij bent anders dan ik (begrip voor verschillen).
4 Gelijke kansen, antidiscriminatie.

In de tabel hierna zijn deze vier visies uitgewerkt vanuit pedagogisch perspectief. Er is gefocust op kinderen. Dezelfde onderverdeling kun je echter ook toepassen op pedagogisch medewerkers en leidinggevenden (zie hoofdstuk 7, 'Kinderopvang als actieve speler in de wereld') of op ouders.

Hierna lees je hoe deze vier visies toepasbaar zijn op kinderen, ouders en medewerkers.
Visie 1, 'We zijn allemaal hetzelfde', kun je toepassen als het gaat om gelijke rechten, vanuit het idee: voor de wet is iedereen gelijk. Zo hebben alle medewerkers dezelfde rechten als het gaat om het inkomen en de arbeidsvoorwaarden, hebben alle kinderen rechten volgens het Verdrag inzake de rechten van het kind en hebben alle ouders recht op een inkomensafhankelijke bijdrage voor kinderopvang.
Visie 2 gaat over gelijke kansen in het bestaande systeem. Daarbij kun je denken aan het leren van Nederlands door allochtone kinderen of aan bijscholing van medewerkers. Het risico is dat de norm, bijvoorbeeld Nederlands leren, een absolute status krijgt en dat andere talen worden genegeerd of afgekeurd. Een ander risico is dat de aandacht alleen uitgaat naar de groepsleden die nog niet voldoen aan de norm, in plaats van naar iedereen.
In *Samen verschillend* wordt ervan uitgegaan dat er binnen de kwaliteitskaders en regelgeving (visie 1 en 2) actief ruimte wordt gegeven aan visie 3 en 4.
In visie 3 leren kinderen, ouders en medewerkers oog te hebben voor overeenkomsten en verschillen en maken ze daar gebruik van. In visie 4 worden de eigenheden en talenten van iedereen gezien en gebruikt. Er is ook aandacht voor buitensluiten, pesten en discriminatie.

KENNIS

Vier visies op diversiteit ten aanzien van kinderen

1 We zijn allemaal hetzelfde	2 Speciale behoeften en aanpassing (doelgroepgericht)	3 Jij bent anders dan ik	4 Gelijke kansen, antidiscriminatie
Uitgangspunt Alle kinderen zijn gelijk en worden gelijk behandeld. Diversiteit wordt gezien als een probleem.	Veranderingen zijn gericht op een kind of een groep kinderen die afwijkt van de gemiddelde norm.	Respect voor diversiteit betekent begrip hebben voor onze overeenkomsten en verschillen.	Respect voor diversiteit betekent machtsrelaties bestrijden en visies bestrijden die ongelijkheid in stand houden.
Doel Veranderingen zijn niet nodig en minderheden moeten zich aanpassen.	Kinderen gelijke kansen geven binnen het reguliere systeem.	Begrip en tolerantie bij het individu vergroten, begrip tussen verschillende groepen kinderen vergroten.	Gelijke kansen creëren voor iedereen en onrechtvaardigheid bestrijden.
Pedagogie Alle kinderen hetzelfde behandelen en sociale, culturele, gender- en fysieke verschillen negeren. De pedagogische aanpak die goed is voor de meerderheid, geldt voor alle kinderen. Als kinderen daaraan niet kunnen voldoen, horen ze niet thuis in het kindercentrum of de bso.	Kinderen 'upgraden' tot de heersende norm, zodat zij beter passen in het reguliere onderwijs, de kinderopvang en andere voorzieningen, bijvoorbeeld kinderen met taalachterstand in het Nederlands een vve-programma (= voor- en vroegschoolse educatie) aanbieden of kinderen met gedragsproblemen individuele hulp bieden.	Kinderen leren omgaan met de verschillen tussen mensen, meestal gericht op verschillen in kleding, eten en leefwijze. *Valkuil 1* De 'folkloristische' benadering: dat er vooral eenmalige activiteiten worden georganiseerd, zoals een Marokkaanse maaltijd of een bezoek aan een voorziening voor mensen met lichamelijke beperkingen. *Valkuil 2* Kinderen met beperkingen zitten wel in de groep en er is begrip voor hun beperkingen, maar er wordt niets gedaan om hen op hun manier overal aan mee te laten doen.	Alle kinderen worden ondersteund in hun zelfrespect, zodat zij kunnen opkomen voor respect voor diversiteit en voor *fairness*. Ieder kind mag op zijn of haar manier excelleren (de beste zijn), zonder dat de andere kinderen zich daardoor minder voelen.
Kenmerk *Speciale behoeften van kinderen worden onderkend, maar kinderen hebben geen recht op een speciale behandeling.*	*De speciale behoeften van kinderen worden erkend en er wordt hulp geboden, zodat ze zich beter kunnen aanpassen.*	*Kinderen krijgen meer begrip voor de overeenkomsten en verschillen tussen mensen.*	*Deze benadering bouwt voort op de voorgaande benaderingen en voegt hier de ongelijke kansen en de maatschappelijke machtsrelaties aan toe.*

Kindercentrum als ontmoetingsplaats

We begonnen dit hoofdstuk met de maatschappelijke taak van de kinderopvang: kinderen leren rekening te houden met anderen en op te komen voor zichzelf. Om dat goed te kunnen moeten ze ook leren met verschillen om te gaan. Dit lukt alleen als alle verschillende kinderen, ouders, pedagogisch medewerkers en leidinggevenden elkaar tegenkomen, met elkaar kunnen praten en samen dingen kunnen doen. Een kindercentrum is bij uitstek geschikt als zo'n ontmoetingsplaats. In *Samen verschillend* staan dan ook het kind én zijn familie én zijn omgeving centraal. Ouders, kinderen en medewerkers kunnen elkaar zowel binnen als buiten het kindercentrum ontmoeten.

Ontmoetingen binnen het kindercentrum

Zet de deuren wijd open voor de ouders, familieleden en mensen uit de buurt. Laat ze zien waar 'hun' kinderen spelen. Kinderen ontmoeten elkaar natuurlijk in de kindergroep. Soms hebben ze daar ondersteuning en 'georganiseerde uitdaging' bij nodig. Ook ouders kunnen soms wel een duwtje in de rug gebruiken om contact te leggen. In hoofdstuk 2, 'Gezinnen in soorten en maten', vind je tips over hoe je dit als pedagogisch medewerker kunt aanpakken. De methodiek *Families in beeld* (Doeleman 2006) is een mooi hulpmiddel in de ontmoeting met ouders.

Ontmoetingen buiten het kindercentrum

Zorg dat je als pedagogisch medewerker de buurt kent waarin het kindercentrum staat, dat je weet wie er wonen en welke voorzieningen er zijn. Dat is nuttig voor jezelf en in je contact met ouders en kinderen. Het kindercentrum als ontmoetingsplaats kan – in samenwerking met andere organisaties in de buurt – ontmoetingen stimuleren tussen ouders onderling en tussen ouders en buurtbewoners. Dit verlaagt de drempel om van buurtvoorzieningen gebruik te maken. Aandacht voor de omgeving betekent ook aandacht voor het pedagogisch netwerk rondom gezinnen. Sommige ouders hebben weinig contacten met andere opvoeders en kunnen opvoedingssteun gebruiken. Onderzoek toont aan dat ouders behoefte hebben aan een laagdrempelige uitwisseling met andere opvoeders en deskundigen (Pels 2010).

PRAKTIJK EN TIPS

Maak een familiemuur

Een familiemuur is een muur in het kindercentrum waarop foto's hangen van alle gezinnen. Deze muur biedt een aanleiding voor gesprekken met ouders en geeft kinderen en ouders het gevoel dat zij als familie gewaardeerd worden. Met een familiemuur werk je als kindercentrum inclusief en sluit je niemand uit. De beroepskrachten nemen het initiatief tot gesprekken bij de familiemuur, want dit hoort bij hun professionele rol. De ouders en de kinderen bepalen welke foto's ze willen ophangen en wat ze willen vertellen over hun privéleven.
'Met de familiemuur kom je meer te weten over de thuissituatie van de kinderen. Via de foto's is het gemakkelijk om vragen aan de ouders te stellen en ook stelt de ouder gemakkelijker vragen aan jou. De meeste ouders komen gemakkelijker binnen, bieden spontaan hulp aan of komen met ideeën.'

Bron: Doeleman (2006).

PRAKTIJK EN TIPS

Breng de buurt in beeld

'Stel dat je een nieuwe ouder krijgt die hier net is komen wonen. Breng voor deze ouder het kindercentrum en de buurt om het kindercentrum heen in beeld. Kijk met nieuwsgierigheid en maak foto's.' Met deze opdracht ging een team pedagogisch medewerkers aan de slag. Het resultaat was een kennismakingsboekje voor nieuwe ouders. Deze opdracht bracht veel beroepskrachten iets nieuws:
'Wij hebben het kennismakingsboekje bijna af en het format zal binnen de hele organisatie gebruikt worden. Iedereen was verrast door de hoeveelheid activiteiten die blijkbaar in de omgeving gedaan kunnen worden. [...] Er bleek bijvoorbeeld bijles voor oudere kinderen te zijn, maar ook activiteiten voor vrouwen en taalles. Die informatie kunnen we nu ook aan ouders doorgeven.'

Bron: Van Keulen & Del Barrio Saiz (2010).

Ouders die behoefte hebben aan opvoedingsondersteuning, verwachten dat pedagogisch medewerkers adviezen kunnen geven voor bepaalde opvoedingssituaties, als professional of omdat zij zelf ook moeder of vader zijn. Ouders verwachten dat pedagogisch medewerkers die zelf ouder zijn, kunnen aanvoelen dat een ouder zich soms onzeker voelt (De Graaff, Singer & Devillé 2006). Kinderopvang als ontmoetingsplaats komt verder aan bod in hoofdstuk 4, 'Ouders ondersteunen bij het in balans blijven', en in hoofdstuk 7, 'Kinderopvang als actieve speler in de wereld'.

› wil leren over diversiteit en wil leren met verschillen om te gaan, om kinderopvang van hoge kwaliteit te kunnen bieden;
› mogelijkheden zoekt de draagkracht van kinderen, ouders en pedagogisch medewerkers te vergroten en hun draaglast te verminderen (het balansmodel);
› ervan uitgaat dat ieder kind en iedere ouder erbij hoort en gezamenlijkheid wil creëren;
› eraan werkt dat dit aan alle kinderen ten goede komt.

Omgaan met diversiteit vraagt ook dat medewerkers:
› respecteren dat sommige verschillen privé zijn en mensen daarmee in hun waarde laten;
› de pedagogische uitgangspunten en werkwijze van het kindercentrum uitleggen aan ouders en kinderen en er respect voor vragen;
› hun persoonlijke grenzen kunnen aangeven;
› bereid zijn hun oordelen en vooroordelen kritisch te bezien;
› bereid zijn hun referentiekader zo nodig aan te passen of uit te breiden.

PRAKTIJK EN TIPS

Groepsdiscussies

Jenny, pedagogisch medewerker: 'We organiseren groepsdiscussies met ouders en medewerkers. Zo krijgen we een beter zicht op specifieke behoeften en kunnen we beter aansluiten bij de plaatselijke gemeenschap.'

Bron: DECET (2007).

PRAKTIJK EN TIPS

Wat doe jij dan?

'Ik ben vader van drie kinderen, maar je hoopt bij een ander soms een antwoord te vinden. "Wat doe je met een kind dat zo boos is; ik vraag me af wat ik dan moet doen." Ik zei: "Jij bent professional, wat doe jij dan?"'

Bron: De Graaff, Singer & Devillé (2006).

Pedagogische handvatten

De kinderopvang voert zijn maatschappelijke taak goed uit als iedere medewerker:
› zich ervan bewust is dat zij of hij zelf verschilt van de mensen om hem of haar heen en hier persoonlijk in wil groeien;
› ieder kind een veilige basis wil geven om verschillend te durven zijn;
› zichzelf veilig voelt in het kindercentrum en in de buitenschoolse opvang;

PRAKTIJK EN TIPS

Verder lezen

Child Care International (2012), *OpStap naar de samenleving. Over diversiteit en sociale inclusie in voorzieningen voor jonge kinderen*. Uitgeverij SWP, Amsterdam.
DECET (2007), *Zin verlenen aan praktijk. Gelijkwaardigheid en respect voor diversiteit*. DECET, Brussel (te downloaden op www.decet.org).
Derman-Sparks, L. & J. Olsen Edwards (2010), *Anti-bias education for young children and ourselves*. NAEYC, Washington.
Keulen, A. van (2004), *Jonge kinderen discrimineren niet?! Omgaan met diversiteit in kindercentra en op school*. Uitgeverij SWP, Amsterdam.
Kimpe, C. de, K. Govaert, e.a. (2009), *Kinderopvang met sociale functie. Een plaats waar kinderen, ouders, medewerkers en buurt elkaar ontmoeten*. Uitgeverij SWP, Amsterdam.

PORTRET 3

Tommy ontdekt de skippybal

Tommy is 4 jaar, hij is nieuwsgierig en lacht veel. Hij gaat graag naar de bso. Zijn ouders zijn van Chinese afkomst. Rui, Tommy's moeder, vertelt: 'Tommy heeft een spierziekte, waardoor hij langzaam en waggelend loopt. Ook zijn mondspieren zijn aangetast. Daardoor praat hij moeilijk. Hij kan niet goed articuleren vanwege zijn spieren. Maar Tommy gebruikt veel gebarentaal. Kijk, nu geeft hij aan dat hij met mij met de skippybal wil spelen. En nu wijst hij naar mij en naar zijn eigen hart. Dat betekent dat hij mij lief vindt.'

Tommy gaat naar een mytylschool en heeft vaak fysiotherapie. Rui: 'Ik ben heel blij met deze bso. Hij leert hier veel, meer dan op school! Ik vind het belangrijk dat hij op een gewone bso zit. Hij kan hier meedoen met de andere kinderen, en de medewerkers helpen hem goed. Tommy begrijpt de Nederlandse taal nog niet heel goed. Thuis praten we Chinees met elkaar; ik vind het heel belangrijk dat hij dat leert. De medewerkers hier proberen zo veel mogelijk Nederlands met hem te spreken. Ze merken dat hij hard vooruitgaat.'

In de bso worden de gymtoestellen klaargezet en al snel is het klimmen, rennen en springen op en over de toestellen! Tommy kijkt het aan en gaat aan een rekstok hangen. Ellen, de pedagogisch medewerker, helpt hem bij het lopen over een bank, en daarna ontdekt Tommy de skippybal. Hij geniet.

Tommy heeft een eigen plek in de groep. De andere kinderen weten wat hij kan en niet kan; hij wordt niet omvergelopen of genegeerd. Wel is Tommy echt boos als een van de kinderen (per ongeluk) zijn superhoge blokkentoren omduwt! Maar wie zou daar nu niet boos om zijn?

HOOFDSTUK 2

Gezinnen in soorten en maten

Het regent pijpenstelen en niemand van de bso-groep heeft zin om naar buiten te gaan. 'Laten we iets gaan knutselen voor Vaderdag,' stelt Issa voor. Zijn vader is militair en is al maanden ver weg op een vredesmissie. Hij wil heel graag een cadeautje naar hem opsturen. Iets vrolijks voor boven zijn bed bijvoorbeeld. Jamai zit er een beetje stilletjes bij. 'Jij mag natuurlijk iets maken voor je opa,' zegt begeleider Wim, die weet dat Jamai geen vader heeft. Jarissa zegt aarzelend: 'Ik geloof dat wij dat niet vieren thuis, kan ik dan wel meedoen?' 'Natuurlijk wel, meid,' zegt Wim, 'je maakt wat leuks en dan beslis je zelf aan wie je het geeft.' Even later zit iedereen knus te knippen en te plakken.

De kern

In dit hoofdstuk gaan we dieper in op verschillen tussen gezinnen. Verschillen in gezinsvormen en opvoedstijlen, gezinnen met verschillende etnische en culturele achtergronden en gezinnen met verschillende welstandsniveaus. Door rekening te houden met deze verschillen zorgen pedagogisch medewerkers ervoor dat alle kinderen en ouders zich welkom voelen in het kindercentrum en de buitenschoolse opvang. Zo geeft de kinderopvang invulling aan zijn maatschappelijke taak om bij te dragen aan een democratische samenleving waarin de rechten van kinderen, ongeacht afkomst of beperkingen, worden gerespecteerd.

In *Pedagogisch kader kindercentra 0-4 jaar* (hoofdstuk 4) en *Pedagogisch kader kindercentra 4-13 jaar* (hoofdstuk 6) wordt veel aandacht besteed aan een goede samenwerking met de ouders en worden suggesties gedaan voor overleg met de ouders over hun kind en uitwisseling over het pedagogisch beleid in de groep en het kindercentrum. Met de ouders hebben pedagogisch medewerkers een belangrijk gezamenlijk belang: hun kind dat zij mede opvoeden. Beiden willen een vlot contact met elkaar, een veilig klimaat voor het kind en een leerzame omgeving voor het kind. Allemaal belangen waarbij het kind centraal staat. Ouders en medewerkers vullen die belangen gedeeltelijk anders in.

> **REFLECTIE**
>
> ### Opvoeden in gezin en kindercentrum
> › Wat zijn de verschillen in opvoeden tussen een gezin en kindercentrum?
> › Wat zijn de overeenkomsten in opvoeden tussen een gezin en kindercentrum: welk belang hebben ze gemeen?

> **KENNIS**
>
> ### Kinderen definiëren hun gezin ruim
> Kinderen hadden hun gezin getekend en vertelden elkaar erover. 'Dit is mijn moeder, dit ben ik, dit is mijn zus en dit is Dok,' zei Joris. 'Dok lijkt op een hond,' zegt Ellen, de pedagogisch medewerker. Joris: 'Ja! Je zei toch dat we ons gezin gingen tekenen.'
>
> Bron: Derman-Sparks & Olsen Edwards (2010).

Van eenoudergezin tot grootfamilie

In de kinderopvang krijg je te maken met een diversiteit van gezinsvormen. Behalve het gezin met man, vrouw en twee of drie kinderen zijn er ook alleenstaande ouders, gescheiden ouders van wie de kinderen in twee huizen wonen, grootfamilies waar grootouders of andere familieleden een groot deel van de opvoeding op zich nemen, lesbische of homo-ouderparen en samengestelde gezinnen waar kinderen uit verschillende huwelijken samenwonen. Sommige gezinsvormen kunnen op beroepskrachten vreemd overkomen of een emotionele reactie bij hen oproepen; deze beroepskrachten vinden het dan niet goed of zielig dat een kind in zo'n gezinsvorm opgroeit.

Jonge kinderen maken hun eigen definitie van familie of gezin. Voor hen bestaat het gezin uit iedereen die in hun leven belangrijk is: ouders, broers en zusjes, grootouders, ooms en tantes, neefjes en nichtjes, goede vrienden van hun ouders en soms ook de poes en de hond.

Als pedagogisch medewerker en leidinggevende is het nuttig jouw definitie van gezin zo ruim mogelijk te maken: er zijn meer gezinsvormen en die zijn allemaal oké. Ook is het belangrijk onderscheid te maken tussen de gezinsvorm en hoe het gezin functioneert. Een gezinsvorm als alleenstaand ouderschap is op zichzelf niet goed of slecht; het gaat erom of het gezin een stabiele en veilige omgeving biedt aan de ouderfiguren en de kinderen die in het gezin leven.

> **PRAKTIJK EN TIPS**
>
> ### Nieuwsgierige vragen
> Kinderen zijn nieuwsgierig en stellen allerlei vragen over familievormen:
> › 'Waarom woont Sara's papa niet bij haar?'
> › 'Woont Niels in twee huizen?'
> › 'Heeft Nathans oma geen huis?' (Ze woont in hetzelfde huis als Nathans ouders.)

> **REFLECTIE**
>
> ### Gezinsvormen en opvoeding
> Wat betekenen de verschillende gezinsvormen voor jou? En wat heeft dat met jouw opvoeding te maken?
> › In welke gezinsvorm ben jij opgegroeid?
> › In welke gezinsvorm woon je nu?
> › Werd jouw gezin vroeger geaccepteerd of juist buitengesloten?
> › Hoe werd er bij jou thuis gepraat over andere gezinsvormen?
> › Met welke gezinsvormen voel jij je het meest vertrouwd? Met welke minder?
>
> Als je de vragen hiervoor hebt beantwoord, wat betekent dit dan voor je werk:
> › Herken jij eigen ervaringen van vroeger nu in je werksituatie of in je contact met ouders?
> › Als een gezinsvorm voor jou onbekend is, wat doe je dan om die toch te begrijpen?
> › Hoe kun je kinderen uit gezinnen waarmee jij je minder vertrouwd voelt, toch steunen?
>
> Bron: Vandenbroeck (2002).

Eenoudergezin

In een eenoudergezin combineert één ouder de zorg en het werk in zijn of haar eentje.

Bijna één op de tien baby's in Nederland heeft een alleenstaande moeder en vormt met haar een eenoudergezin. Er zijn ook tienermoeders. Sinds 2001 is hun aantal in Nederland gedaald (Bucx 2011).

Het merendeel van de eenoudergezinnen ontstaat doordat de moeder en vader niet samenwonen of zijn gescheiden. Deze gezinsvorm komt vooral voor in de grote steden. Veel alleenstaande moeders hebben het financieel moeilijk. Zij hebben de kinderopvang keihard nodig, niet alleen omdat ze moeten werken, maar ook als steun en vraagbaak bij opvoedingsvragen.

Ouders kunnen ook alleenstaand zijn doordat de andere ouder is overleden. De kinderen worden door de overgebleven ouder opgevoed en missen hun overleden vader of moeder. In zo'n eenoudergezin zijn veel vertrouwdheden weggevallen en krijgen de kinderen soms een tijdlang weinig aandacht.

Zowel kinderen van gescheiden ouders als kinderen met een overleden ouder kunnen het moeilijk hebben met het verlies van dagelijks contact met de ouder die er niet (meer) is. Kinderen maken

> **PRAKTIJK EN TIPS**
>
> ### Onze hele mentaliteit is dat de vrouw het kan
>
> Onder Surinaamse, creoolse en Antilliaans-Nederlandse gezinnen komen veel alleenstaande moeders voor. Onderzoeken tonen aan dat Surinaams-creoolse moeders minder moeite hebben met het alleenstaand moederschap dan Nederlandse moeders:
>
> 'Ik heb het nooit als zwaar ervaren. Onze hele mentaliteit is dat de vrouw het kan. Zo werd het altijd al gezien. De Surinaamse vrouw is altijd al geëmancipeerd geweest. Dat er hier zo'n nadruk op wordt gelegd, is typisch iets Nederlands. Bij ons is het vanzelfsprekend. Dat geef ik door aan mijn kinderen.'
>
> – Middelbaar opgeleide alleenstaande moeder met twee kinderen, eerste generatie
>
> Bron: Distelbrink. In: Van Keulen, Van Beurden & Pels (2010).

dan een rouwproces door, wat allerlei emoties kan oproepen: boosheid dat hun vader of moeder hen heeft verlaten, angst dat de andere ouder hen ook zal verlaten of zal doodgaan of schuldgevoel omdat ze denken dat de scheiding of het overlijden is gebeurd doordat zij iets stouts gedaan hebben.

Jonge kinderen tot ongeveer 3 jaar kennen het begrip 'dood' nog niet, ze begrijpen niet dat iets wat dood is nooit meer levend wordt. Maar zij voelen een gemis wel en kunnen onrustig of prikkelbaar reageren. Jonge kinderen uiten hun emoties vaak via een omweg: ze kunnen agressief worden en onhandig of juist heel behulpzaam en aanhankelijk. Een rouwproces verloopt positiever naarmate er meer ruimte is voor de gevoelens en vragen van het kind en naarmate een ouder of andere belangrijke volwassenen het kind een veilige basis bieden. Bij kinderen gaan groot verdriet en de drang om verder te leven en plezier te maken hand in hand.

PRAKTIJK EN TIPS

Omgaan met kind na overlijden ouder

› Het kind heeft steun nodig van de overgebleven ouder, maar deze kan die soms niet geven vanwege het eigen verdriet. Vertel het kind dat het verdriet van de ouder weer overgaat. Het is niet de schuld van het kind dat de ouder zo verdrietig is.
› In een periode van rouw heeft het kind de steun van de pedagogisch medewerker hard nodig. Deze steun geeft het kind het houvast dat het zich vertrouwd voelt bij familieleden en pedagogisch medewerkers.
› Na een verlies door overlijden proberen de meeste kinderen manieren te vinden om de overleden ouder vast te houden, om herinneringen niet te verliezen. Ze koesteren bijvoorbeeld een fotoboekje of voorwerpjes die bij hun overleden ouder horen. Veel kinderen praten ook met hun overleden ouder en hebben het gevoel dat die tegen hen terugpraat. Dit is op die leeftijd een heel normaal verschijnsel dat troost en nabijheid geeft. Ook plezier maken en lachen is een manier die dient als tegenwicht tegen het verdriet.

Samengesteld gezin en stiefgezin

In totaal krijgt een kwart van alle Nederlandse kinderen te maken met veranderingen in de gezinssamenstelling, vaak doordat hun ouders besluiten uit elkaar te gaan. Het aantal stiefgezinnen is de laatste tien jaar toegenomen (Bucx 2011). In 2010 woonden zeker 500.000 kinderen na een echtscheiding in een samengesteld gezin of stiefgezin.
Door echtscheiding verandert niet alleen het contact van kinderen met hun vader en moeder, maar de nieuwe gezinssamenstelling beïnvloedt ook in mindere of meerdere mate hun ontwikkeling. Dit geldt nog meer als gescheiden ouders gaan hertrouwen of gaan samenwonen met een nieuwe partner (Spruijt & Kormos 2010).

In de meeste van deze gezinnen blijven de kinderen bij hun moeder en haar nieuwe partner wonen en zien ze hun vader in de weekenden. Daarnaast komen er ook steeds meer co-ouderkinderen: zij pendelen tussen twee (stief)gezinnen en wonen de helft van hun tijd bij hun moeder en de andere helft bij hun vader. Deze groep is in tien jaar gegroeid van 5 naar 20 procent.
Kinderen zijn in een scheidingsproces altijd de zwakste partij. Ze moeten afwachten wat hun ouders beslissen en hebben daar weinig invloed op. Als kinderen na de echtscheiding in een samengesteld gezin gaan wonen, kan dat lastig zijn als:
› de nieuwe vriend of vriendin van de ouder er snel bij komt wonen;
› er niet wordt geluisterd naar de beleving en ervaringen van de kinderen;
› de nieuwe vriend of vriendin van de ouder te snel gaat opvoeden;
› er te veel tegelijk verandert voor het kind: verhuizen, andere school, andere vriendjes én andere gezinssituatie;
› er nauwelijks contact meer is met de ouder bij wie het kind niet woont, veelal de vader;
› het kind zich schuldig voelt als hij of zij liever iets anders wil dan wat tijdens de co-ouderbesprekingen is afgesproken. Bijvoorbeeld een weekend niet naar zijn of haar vader of liever bij vader wonen dan bij moeder met haar nieuwe vriend.

Kinderen voelen zich gekwetst als hun familie niet wordt erkend als een deel van henzelf.

> **KENNIS**
>
> ## Kinderen en hun gezinsbeleving
>
> Maaike woont in een samengesteld gezin en haar moeder en stiefvader hebben een baby gekregen. Haar vriendin Brenda noemt de baby Maaikes halfbroertje. Maaike schrikt daarvan en raakt in de war. Medewerkster Anne hoort dit en zegt: 'Ja, hoor, het klopt. Brenda heeft gelijk.' Haar collega komt erbij en zegt: 'Maaike, je echte broertje is het broertje van wie je houdt. Brenda bedoelde dat jouw broertje een andere papa heeft dan jij. Maar hij is toch je echte broertje!'
>
> Bron: Derman-Sparks & Olsen Edwards (2010).

> **PRAKTIJK EN TIPS**
>
> ## Omgaan met echtscheidingssituaties
>
> - Bij gezinnen met alleenstaande ouders: vind uit wie een ondersteunende rol speelt in het leven van het kind. Als kinderen in twee huizen wonen, erken dan beide plekken. Vraag niet: 'Wat is je echte huis?' Praat ook niet over 'gebroken gezinnen'.
> - Kinderen van gescheiden ouders kunnen twee adressen hebben. Stuur beide ouders informatie, zoals nieuwsbrieven en uitnodigingen.
> - Sommige kinderen hebben baat bij contact met lotgenoten. Hier bestaan verscheidene programma's voor:
>   » KIES (Kinderen In Echtscheiding Situatie): www.kiesinfo.com;
>   » SO&T (kwaliteit in opvoeden en opgroeien): www.kwaliteitinopvoeden.nl;
>   » Zandkastelen (ondersteuning van kinderen bij echtscheiding): www.zandkastelen.nl;
>   » De Kindertelefoon (voor oudere kinderen): www.kindertelefoon.nl;
>   » Over verlies van een ouder: www.kindenrouw.nl.

> **KENNIS**
>
> ## Reacties pedagogisch medewerkers op lesbisch ouderpaar
>
> Recent is onderzocht hoe pedagogisch medewerkers tweemoedergezinnen beoordelen, vergeleken met traditionele gezinnen met een vader en moeder. Aan 212 pedagogisch medewerkers (merendeels wonend en werkend in een grote stad) werden twee bijna dezelfde verhaaltjes voorgelegd over een gezin dat in een restaurant eet met een 2-jarig kind. Dit kind misdraagt zich en gooit zijn eten op de grond. De ouders roepen het kind tot de orde. Eerst gaat het kind gillen, maar na een tijdje is het gekalmeerd en eet netjes verder. De pedagogisch medewerkers bleken hetzelfde gedrag van het kind bij tweemoedergezinnen negatiever te beoordelen dan bij vader-moedergezinnen. De pedagogisch medewerkers:
> - vonden in de tweemoedergezinnen vaker dat het door de gezinssituatie kwam dat het kind zich niet wist te gedragen;
> - beoordeelden de reactie van de twee moeders op het kind negatiever dan die van de vader en moeder;
> - beoordeelden het gedrag van het kind in de tweemoedergezinnen vaker als niet-normaal.
>
> Bron: Van der Putten (2010).

Grootfamilie

Als we het hebben over gezinnen, denken we in de regel aan één of twee ouders en één of meer broers of zussen. Maar in de beleving van veel kinderen horen meer mensen erbij. Grootouders, ouders en kinderen wonen weliswaar zelden bij elkaar in huis, maar ze hebben wel veel contact. Kinderen logeren bij opa en oma, opa en oma passen op als de ouders werken en de ouders vragen en krijgen geregeld advies van de grootouders. Informele opvang en steun bij het opvoeden spelen een belangrijke rol: 21 procent van de grootouders past wekelijks één of meer keren op de kleinkinderen en 32 procent van de ouders bespreekt maandelijks één of meer keren opvoedingsvragen met de grootouders (Bucx 2011).

Binnen deze familieverbanden worden samen praten over de kinderen, zorgen delen en adviezen krijgen over het algemeen hoog gewaardeerd.

De grootouders zijn naast de kinderopvang de belangrijkste bron van emotionele en praktische steun voor ouders. Veel kinderen worden wekelijks

KENNIS

Kinderen uit een pleeggezin of internaat

Als kinderen een andere gezinsachtergrond hebben, bijvoorbeeld als ze in een pleeggezin of internaat wonen, moeten de andere kinderen goed geïnformeerd worden. Anders gaan de raarste fantasieën en roddels de ronde doen. Bespreek met de pleegouders en kinderen hoe zij willen dat de andere kinderen geïnformeerd worden.
In een onderzoek vertellen pleegkinderen over hun ervaringen als ze in een nieuwe groep of klas komen:
'Ik legde hun uit over het pleeggezin en dan begrepen ze dat niet. Dan gingen ze er hun eigen verhaaltje van maken en dat gingen ze doorvertellen aan iemand anders en dan kwam er een heel ander verhaal uit. Toen moest ik van anderen horen waarom ik in een pleeggezin zat. En dat verhaal klopte van geen kant.'
'Heel veel ouders waren niet gewend dat een kind van het internaat op hun basisschool zat en een paar ouders hadden dan zoiets van: met haar mag je niet omgaan omdat ze steelt en zo ging dat dan.'
'Die kinderen keken toch raar tegen mij aan, omdat ik in een pleeggezin zat. Toen heb ik een paar meisjes van de bso mee naar huis gevraagd. En de pedagogisch medewerker heeft samen met mij verteld over pleeggezinnen en een paar boeken erover meegenomen. Na een tijdje was het gewoon en praatte niemand er meer over.'

Bron: Lopend onderzoek pleegkinderen Singer, nog ongepubliceerd.

zowel door grootouders als pedagogisch medewerkers opgevangen.

De banden tussen de generaties zijn in het hedendaagse gezin vaak zeer hecht. Daarom is het goed wanneer pedagogisch medewerkers en leidinggevenden de grootouders zien als belangrijke personen in het leven van het kind. Misschien worden ze soms gehaald of gebracht door grootouders. Misschien komen grootouders mee tijdens de wenperiode en staan ze ook op de foto's aan de familiemuur (voor meer informatie over de familiemuur, zie het vorige hoofdstuk). Verscheidene organisaties voor kinderopvang hebben jaarlijks een opa-en-omadag, waarop grootouders het kindercentrum of de buitenschoolse opvang mogen bezoeken en informatie krijgen. Grootouders zijn vaak ook welkom op gezamenlijke ouderavonden. In sommige culturen spelen naast de grootouders ook ooms en tantes een rol bij de opvoeding, bijvoorbeeld in Antilliaanse en Surinaamse gezinnen. Zij nemen opvoedingstaken over, brengen het kind naar het kindercentrum en kennen het kind goed. Het is in die gevallen goed ook hen te betrekken bij de oudercontacten.

Elk gezin zijn eigen opvoedstijl

Waarden en idealen in de opvoeding

Behalve verschillende gezinsvormen zijn er ook verschillen in leef- en opvoedingsstijlen. In sommige gezinnen staat een religie of ideologie centraal. Denk maar aan orthodox-christelijke gezinnen, antroposofische gezinnen en Jehova's getuigen. Maar ook als dit niet zo is, heeft iedere opvoeder, bewust of onbewust, eigen opvoedingswaarden en opvoedingsidealen. Dit geldt voor ouders, voor pedagogisch medewerkers en voor leidinggevenden. Je neemt de opvoedingswaarden van je ouders over of je kiest juist heel andere. De ene ouder heeft bijvoorbeeld als ideaal dat zijn kind het ver schopt, de andere wil vooral dat het een sociaal mens wordt en weer een andere hoopt dat zijn kind zich volledig ontplooit en al zijn talenten gebruikt.

Hoe weten ouders hoe ze moeten opvoeden? Waar halen zij hun visie en hun kennis vandaan? En hun voorbeelden? Als je zelf gaat opvoeden, spelen je eigen ouders en familie een belangrijke rol. De normen en

> **PRAKTIJK EN TIPS**
>
> ## Zo veel ouders, zo veel stijlen
>
> Pedagogisch medewerkers komen in hun werk allerlei ouders tegen.
> › De moeder van Jamie houdt van 'netjes en fatsoenlijk'. Jamie heeft altijd nette kleren aan en moet mij altijd antwoorden met: 'Ja, Lieke', 'Graag, Lieke'.
> › Joyce' ouders zijn een beetje kunstzinnig. Ze vragen steeds of we wel creatieve dingen doen, en dan niet gewoon een plaatje kleuren, hoor.
> › Halils moeder vraagt altijd of hij goed geluisterd heeft en gehoorzaam is geweest. Nou, Halil zou juist weleens meer zijn eigen mening mogen zeggen, volgens mij.
> › De oma van Sam is heel precies op zijn eten: hoeveel boterhammen, wat zat erop, heeft hij genoeg gedronken?

waarden die vroeger in het gezin werden gehanteerd, gedrag dat werd gewaardeerd of juist werd afgekeurd, identificatie met vader of moeder, hun karakter en opvoedingsstijl – dit alles neem je mee in je rugzakje als opvoeder.

Niet generaliseren, maar communiceren

Ook al horen mensen tot een bepaalde groep, dan nog zijn ze niet hetzelfde. We kunnen niet zomaar zeggen: 'de Nederlanders' voeden hun kinderen zo op en 'de Antilliaanse Nederlanders' doen het zo. Alleen al tussen hoe Nederlanders hun kinderen opvoeden, bestaan er enorme verschillen: tussen stad en platteland, tussen generaties, tussen hoog- en laagopgeleide ouders en tussen mensen met verschillende religieuze opvattingen. Al die verschillen beïnvloeden de opvoedingswaarden en de opvoedingsstijl. Als je generaliseert op basis van informatie over opvoeding in bepaalde groepen, ga je voorbij aan het individu en de individuele situatie. Ga daarom altijd na of een situatie of probleem veroorzaakt wordt door de opvoedingsstijl van de groep of door andere factoren. Bijvoorbeeld:

› Is deze Nederlandse moeder echt niet geïnteresseerd in onze nieuwsbrief of kan ze hem misschien niet lezen?
› Ligt het probleem in dit Somalisch-Nederlandse gezin wel aan het oorlogsverleden of toch aan de krappe behuizing?
› Heeft deze Nederlandse vader het echt altijd te druk voor een praatje over zijn dochter of zijn er spanningen in het gezin?
› Komen deze Marokkaans-Nederlandse ouders uit desinteresse niet op een ouderavond of voelen zij zich niet (persoonlijk) uitgenodigd?
› Gunnen deze Nederlandse ouders hun zoon dat bso-zomerkamp niet of kunnen ze het misschien niet betalen?

Spanningen, conflicten en dilemma's met ouders kunnen allerlei oorzaken hebben. Als jij denkt te weten waar iets aan ligt, check je vooronderstellingen dan altijd bij je collega's en liefst bij de ouders zelf. Alleen dan kun je met ouders blijven communiceren over waar het om gaat.

> **REFLECTIE**
>
> **Hoe divers is jouw cultuur?**
> *Doel*: generalisaties voorkomen door bewustwording van de verschillen binnen de eigen culturele gemeenschap.
> *Opdracht*: verken de diversiteit binnen je eigen cultuur.
> › Geef een opsomming van (sub)culturele verschillen binnen je eigen familie. Kijk naar verschillen in leefstijl, opvoedingswijzen en waarden en normen tussen je grootouders, ooms en tantes of broers en zussen.
> › Vergelijk je uitkomsten met die van een collega die antwoorden gaf vanuit een andere culturele groepering. Wat valt je op? Wat leer je hieruit?
>
> Bron: Van Keulen, Van Beurden & Pels (2010).

Elk gezin zijn eigen achtergrond

Er wonen in Nederland veel groepen met een verschillende culturele achtergrond. Wat vinden zij belangrijk in de opvoeding? We gaan hierop in aan de hand van de vier opvoedingswaarden en de uitkomsten uit onderzoeken van Pels: prestatie, conformiteit, autonomie en sociaal gevoel. Nederlandse ouders vinden over het algemeen autonomie belangrijk. Ze hechten veel belang aan onafhankelijkheid in denken en doen, maar vinden het normaal dat hun kinderen financieel afhankelijk blijven tot ze bijna dertig zijn, dat ze tot die tijd thuis blijven wonen en verwachten dat hun ouders de was doen, eten koken en zorgen voor een gevulde koelkast. Ouders met een niet-oorspronkelijk Nederlandse achtergrond streven ook vaak naar autonomie, maar denken dan aan heel andere dingen, bijvoorbeeld voor jezelf kunnen zorgen en verantwoordelijkheid dragen voor je eigen taken en verplichtingen en voor anderen (bijvoorbeeld jongere broers en zusjes).

> **KENNIS**
>
> ## Onderzoek naar opvoedingswaarden van ouders
>
> Trees Pels en haar collega's deden onderzoek naar de opvoedingswaarden van ouders: welke waarden staan bovenaan bij Nederlandse ouders en welke bij ouders met een andere etnische achtergrond? Het ging om de pedagogische waarden prestatie, conformiteit, autonomie en sociaal gevoel en de associaties die ouders hierbij hadden.
>
> ## Prestatie (maatschappelijk presteren)
>
> Goede schoolresultaten hebben, een goede opleiding voltooien, ijverig en ambitieus zijn. Voor Surinaams-creoolse ouders betekent 'prestatie' vaak ook: financieel onafhankelijk zijn. Voor Marokkaanse, Chinese en Surinaams-creoolse ouders: serieus aan de toekomst denken.
>
> ## Conformiteit (aanpassen aan de normen van de eigen groep)
>
> Respect hebben voor ouderen, goede manieren hebben, ouders gehoorzamen. In de Turkse en Marokkaanse gemeenschap betekent 'conformiteit' ook: zich aan de islamitische voorschriften houden en gevoel voor schaamte hebben. Voor de Chinese en Surinaams-creoolse ouders betekent dit begrip bovendien vaak: het rechte pad volgen.
>
> ## Autonomie
>
> Verantwoordelijkheidsgevoel hebben betekent voor autochtone Nederlandse ouders: zelfstandig oordelen, voor zichzelf opkomen, open zijn in contact, zelfvertrouwen hebben. In de Marokkaanse en Chinese gemeenschap betekent het ook: eerlijk zijn en voor jezelf kunnen zorgen en zelfredzaam zijn.
>
> ## Sociaal gevoel
>
> Omgaan met anderen, behulpzaam zijn, verdraagzaam zijn, rekening houden met anderen.
>
> Bron: Pels (2000, 2010).

> **PRAKTIJK EN REFLECTIE**
>
> Turks-Nederlandse moeder van 14-jarige dochter over haar opvoedingsideaal: 'Als ze dan goed afgestudeerd is, dat ze dan zelfstandig is. Dat ze een goede baan heeft. Niet te brutaal, niet te beleefd. Dat ze niet alles moet pikken. Maar dat ze ook een beetje beleefd is als je iets vraagt. Een grote mond, daar houd ik ook niet van. Je kunt het ook op een andere manier uiten. Op een heel zachte manier: "Mam, dat doe ik wel dadelijk."'
>
> Bron: Pels (2000).

> **PRAKTIJK EN REFLECTIE**
>
> ### Tips van ouders
>
> 'Mijn ouders geven mij goeie tips. Ze kijken naar mijn toekomst. Ze willen voor mij het beste. Niet als andere Marokkanen die zeggen: "Je bent groot, ga maar trouwen." Maar juist: goed leren, goeie toekomst, gelukkig leven.'
> – Marokkaans-Nederlands meisje, 14 jaar
>
> Bron: Pels (2000).

> **KENNIS**
>
> ### Respecteer gevoeligheden en cultuurverschillen
>
> Tips van Joyce Kwidama (van Antilliaanse afkomst):
> 'Heb oog en respect voor de cultuurverschillen. Vraag als professional tijdens de eerste contacten niet naar de vader en zijn rol in het gezin – bij Antilliaanse families ligt dat in veel gevallen nogal gevoelig. Vooral in de lagere milieus zijn de kinderen vaak opgevoed door alleen een moeder. Zelf heb ik de ervaring dat ik bestempeld werd als iemand die niet goed voor haar kind zorgde, omdat mijn kind op de crèche geen onderhemdje aanhad. De leidsters spraken mij hierop aan. Hier in Nederland draagt iedereen een onderhemd. Dit is een cultuurverschil: wij dragen nooit onderhemden.
> Ook praten wij vaak in de gebiedende wijs: "Pak dat ding voor mij" of "Roep je moeder voor mij", en dan doen we dit ook nog luidruchtig en met veel gebaren. Dit kan leiden tot misverstanden, want Nederlanders gieten zoiets meer in een vragende vorm.'
>
> Bron: Van Keulen, Van Beurden & Pels (2010).

Opvoedingswaarden per cultuur verschillend

Er is een verschil tussen ouders met een hoge en een lage opleiding. Hoger opgeleide allochtone ouders hebben vaker dezelfde opvoedingsdoelen als hoogopgeleide autochtone Nederlandse ouders. Bij alle groepen allochtonen is er binnen de groep een verschil tussen hoog- en laagopgeleiden en tussen de eerste, tweede en derde generatie in Nederland. De onderzoeken van Pels tonen aan dat er:

› verschillen zijn *tussen* culturele groepen;
› verschillen zijn *binnen* culturele groepen;
› overeenkomsten zijn tussen hoogopgeleiden dwars door culturele groepen heen, evenals tussen laagopgeleiden.

Nederlandse en allochtone gezinnen beïnvloeden elkaar

De opvoedingsdoelen van allochtone en autochtone gezinnen veranderen voortdurend onder invloed van school, televisie, vriendjes en maatschappelijke ontwikkelingen. In allochtone gemeenschappen zien we vooral veranderingen bij meisjes: ze genieten een steeds hogere opleiding, ze trouwen later en krijgen later kinderen.

Veel allochtone jongeren kiezen voor een dubbelstrategie: ze behouden de traditionele waarden binnen het gezin en gedragen zich buiten het gezin autonoom en komen dan voor zichzelf op. Niet alleen allochtone jongeren, maar ook hun ouders zien het nut van verschillend gedrag binnen en buiten het gezin. Binnenshuis verwachten deze ouders conformiteit, maar zij stimuleren hun kinderen zich

> **KENNIS**
>
> ### Mondigheid
>
> 'De docent wil niet dat de kinderen stil zijn, maar wil dat de kinderen hun mond opendoen. Als de kinderen later de samenleving in gaan, moeten ze dat ook kunnen. Als ze dat niet doen, gaan de andere mensen hen plagen, volgens de docent.'
> – Chinees-Nederlandse moeder, eerste generatie, basisonderwijs, twee kinderen
>
> Bron: Van Keulen, Van Beurden & Pels (2010).

buitenshuis mondig en assertief op te stellen, omdat zij dit nodig vinden voor succes in de Nederlandse maatschappij. Leven in Nederland kan ook heel moeilijk zijn voor sommige gezinnen. Bij vluchtelingen heeft de periode van vlucht en asiel op veel gezinnen een stempel gedrukt. Veel ouders zijn daardoor somber en kunnen onvoldoende aandacht opbrengen voor hun kinderen.

respect voor de familie en ouderen. Die waarden kunnen echter veranderen in de loop der tijd. Respect voor de ouders is bijvoorbeeld niet meer onvoorwaardelijk en absoluut. Ook allochtone ouders willen een minder afstandelijke en meer open relatie met hun kinderen en willen hun kinderen meer bewegingsvrijheid en meer onderhandelingsruimte geven.

> **PRAKTIJK EN REFLECTIE**
>
> 'Als ik onder de indruk ben van mijn gedachten en dromen, vooral nachtmerries, ben ik vaak afwezig als de kinderen mij dingen over school vertellen. Ik ben er niet bij.'
> – Iraanse vrouw, 41 jaar, middelbaar opgeleid

> **KENNIS**
>
> ### Geen trotse ouders
> Mustafa, een Turks-Nederlandse jongen, kreeg een vwo-advies, maar thuis was er niemand trots op hem: 'Mijn moeder en vader weten niet wat het verschil is tussen de schoolniveaus. Zelf hebben ze helemaal geen opleiding gehad. Ze vinden alles best, zolang ik maar naar school ga en straks een vast inkomen heb.'
>
> Bron: Van Voorst (2010).

> **KENNIS**
>
> ### Respect voor ouderen
> 'Molukse kinderen leren dat ze respect moeten hebben voor ouderen. Hoe ouder je bent, hoe meer je te zeggen hebt. Een docent op school spreek ik daarom aan met u, en ik spreek met twee woorden. Mijn Nederlandse klasgenoten beginnen direct te jijen en noemen zo iemand bij de voornaam. Ik denk dan: hoe kun je dat nu doen? De man heeft gestudeerd en jij komt net kijken! Vreselijk, dat respectloze gedrag.'
> – Moluks-Nederlandse jongen
>
> Bron: Van Voorst (2010).

Allochtone ouders waarderen de invloed van de Nederlandse samenleving veelal zowel positief als negatief. Alle opvoedingsonderzoeken laten zien dat zij ontevreden zijn over de losheid van zeden en de toegeeflijkheid ten opzichte van kinderen. Zij vragen zich af of hun opvoeding wel voldoende tegenwicht biedt: 'Nederlandse kinderen zijn vrijer dan Turkse kinderen. Hierdoor ontstaan er problemen. Hoewel wij haar al vrijheid geven, wil ze nog meer. Als dit ter sprake komt, praat ik met haar en zeg tegen haar dat wij een andere cultuur hebben' (moeder, eerste generatie, basisonderwijs, dochter 18 jaar). Allochtone vrouwen en kinderen hebben in de praktijk relatief meer invloed gekregen in het gezin. Ook de manier waarop de Nederlandse ouders hun zeer jonge kinderen leren gehoorzamen zonder ze te slaan, namelijk door consequent te zijn en duidelijke regels te hebben, wordt gewaardeerd. Allochtone ouders willen graag hun eigen waarden behouden, zoals gemeenschapszin, gastvrijheid en

> **KENNIS**
>
> ### Blijf jezelf en stel vragen
> Tips van Refika Ozmuk (van Turkse afkomst): 'Blijf jezelf. Ga je niet net zo gedragen als de leden van die andere cultuur. Dan voelt de ander zich apart en blijft deze dit ook volhouden. Ga aan de andere kant ook niet hun levensstijl afwijzen. Zeg bijvoorbeeld niet: "Je moet je kind altijd om acht uur naar bed brengen, dat is veel beter," maar stel vragen. "Wat houdt jou tegen om je kind om acht uur naar bed te brengen?" Spreek geen afkeuring uit, maar vertel dat wanneer je dat doet, het kind uitgeslapen op school komt, zich beter kan concentreren en niet in slaap valt midden op de dag onder de les.'
>
> Bron: Van Keulen, Van Beurden & Pels (2010).

De komst van allochtone gezinnen heeft ook invloed op de Nederlandse samenleving en op autochtone gezinnen. Denk aan nieuwe gewoonten en gebruiken, eten uit allerlei landen en andere muziek en kleding. Bovendien komen autochtone Nederlanders hierdoor in contact met nieuwe religies zoals de islam of het hindoeïsme. Vooral kinderen in de grote steden komen van jongs af aan in aanraking met diverse leefstijlen en doen daarmee zowel positieve als negatieve ervaringen op. Er ontstaan ook zwarte en witte wijken, met als gevolg dat er soms weinig contact is tussen allochtone en autochtone Nederlanders. Onbekend maakt onbemind. Er zijn Nederlandse ouders die zich zorgen maken over het schoolsucces van hun kind op een zwarte school en hun kind daarom naar een witte school laten gaan. Er zijn ook ouders die het juist belangrijk vinden dat hun kind op de kinderopvang en op school ook kinderen ontmoet uit andere culturen. Zij kiezen dan voor een gemengde opvang of een gemengde school.

Gezinnen en hun taal of talen

Veel kinderen komen in aanraking met verschillende talen: binnenshuis met een of meer talen of een dialect en buitenshuis met Nederlands. Veel ouders vinden het belangrijk dat hun kinderen meer talen leren: hun thuistaal of dialect voor het contact met de familie en het land of de streek van herkomst en het Standaardnederlands voor alle minder intieme contacten op school, in de buurt of op het werk.

Ontwikkeling in meer talen

Meertaligheid wordt soms gezien als bedreiging voor het goed leren van Nederlands. Alsof de moedertaal van de kinderen als een grote ballon de hersenen opvult, waardoor de tweede taal er nog maar als een half opgeblazen ballonnetje naast past. Dit beeld klopt niet. Een kind slaat meer talen in het brein op en die ondersteunen elkaar. Het brein van een jong kind is bovendien zo flexibel dat het meer dan twee talen kan verwerven! Meertalige ontwikkeling hoeft daarom niet problematisch te zijn, maar ze vraagt wel specifieke aandacht van de pedagogisch medewerker en de leidinggevende. In *Pedagogisch kader kindercentra 0-4 jaar* geeft Dorian de Haan aan dat een meertalige taalontwikkeling verschilt van een eentalige ontwikkeling door:

› een lager taalleertempo;
› een tijdelijke vermenging van twee talen;
› een stille periode waarin kinderen eerst de twee talen proberen te begrijpen en pas daarna gaan spreken.

Stimulerende taalomgeving

Allochtone kinderen kunnen thuis het best hun moedertaal spreken en daarin worden voorgelezen. Anna Scheele deed hier onderzoek naar en ontdekte dat allochtone kleuters die thuis Nederlands spreken, het Nederlands niet beter beheersen dan kinderen die thuis hun moedertaal spreken, bijvoorbeeld Turks of Berber. Het gaat namelijk vooral om de manier waarop ouders met hun kinderen praten. Verklaren ze dingen? Leggen ze verbanden tussen gebeurtenissen? Praten ze over wat er eerder is gebeurd? Maken ze samen plannen met het kind? Praten ze over wat ze op de televisie zien? Praten ze over gevoelens en gedachten? Allochtone kinderen die veel worden voorgelezen en met hun ouders in de moedertaal over van alles spreken, kunnen die manier van denken en praten ook gebruiken als ze in het Nederlands met anderen van gedachten wisselen. Alle kinderen op het kindercentrum of de bso hebben een stimulerende taalomgeving nodig. Dit is trouwens net zo belangrijk voor kinderen uit Nederlandse gezinnen. Ook zij hebben een stimulerende taalomgeving nodig om hun taal te kunnen ontwikkelen. Als kinderen zo'n aanbod te weinig krijgen, komen ze met een taalachterstand op school.
Een stimulerende taalomgeving betekent concreet:
› veel met de kinderen praten: over dingen (een beker melk, een blokkentoren), belevenissen (oma's verjaardag, de poes heeft jongen) en gevoelens (Thomas is boos, omdat..., Mia is blij, want...);
› veel voorlezen uit boeken die aansluiten bij de interesse van kinderen of die hun interesse kunnen wekken;
› plannen maken voor wat de kinderen (kunnen) gaan doen. Wat heb je nodig om een taart te bakken? Zullen we een hut bouwen? Zijn er materialen die we daarvoor kunnen gebruiken? Kijk, Tamira is heel verdrietig, zullen we vragen wat er aan de hand is? Hoe kunnen we een plan maken dat jullie niet meer boos op elkaar zijn? (De Haan in *Pedagogisch kader kindercentra 0-4 jaar*, Scheele 2010).

Taalerkenning

Als meertalige kinderen in een eentalige omgeving komen, waar hun thuistaal niet wordt erkend, kunnen ze zich onzeker gaan voelen en niet actief deelnemen aan spel- en groepsactiviteiten. Stel dat een Turkssprekend kind in een groep komt met alleen Nederlandssprekende kinderen en merkt dat talen een verschillend waardeoordeel krijgen: Nederlands is belangrijker dan Turks. Dit beïnvloedt het zelfbeeld van álle kinderen in deze groep: het Turks-Nederlandse kind kan zich minderwaardig voelen en de Nederlandse kinderen kunnen zich beter voelen dan een 'Turk'. Daarom is het belangrijk de thuistaal van ieder kind te erkennen en als gelijkwaardig te zien.

KENNIS

Taal en gelijke kansen

Leerkrachten en pedagogisch medewerkers hebben de neiging kinderen die weinig Nederlands spreken, aan te spreken op een lager ontwikkelingsniveau. Ze beginnen dan harder te praten als het kind hen niet begrijpt – alsof het doof is. En ze worden vaak directiever. Ze zeggen in korte zinnen wat het kind mag of moet. Terwijl ze met kinderen die goed Nederlands spreken, vaker een gesprekje voeren en aan het kind vragen wat het wil. Tegenover kinderen die slecht Nederlands spreken:
› zijn medewerkers vaak meer sturend;
› reageren medewerkers vaker negatief;
› herhalen medewerkers wat ze willen, in plaats van iets nog eens uit te leggen in andere woorden.

Bron: Singer & De Haan (2006).

PRAKTIJK EN TIPS

Omgaan met meertalige kinderen

› Behandel ieder kind als een individu, met eigen interesses en mogelijkheden.
› Laat je niet misleiden als kinderen het Nederlands op een laag niveau beheersen. Zoek actief naar wat kinderen kunnen, begrijpen en bedoelen. Praat veel tegen alle kinderen over dingen, belevenissen en gevoelens. Schat kinderen niet te laag in. Dit kan hun ontwikkelingsmogelijkheden schaden. Sluit aan bij wat ze kunnen en bij wat ze misschien al kunnen.
› Geef andere moedertalen dan het Nederlands af en toe aandacht op een speelse manier: zing een liedje of vertel een verhaal eens in meer talen (samen met een collega of een ouder); luister naar meertalige verhalen of gebruik meertalige kinderboeken.

PRAKTIJK EN TIPS

Omgaan met meertalige ouders

› Adviseer meertalige ouders om thuis met hun kinderen de taal te spreken die zij het best beheersen! Het werkt niet goed als meertalige ouders met een beperkte beheersing van het Nederlands thuis Nederlands met hun kind praten, want dan krijgt een kind alleen taalaanbod in korte zinnen of gebrekkig Nederlands. Zo'n taalarme omgeving schaadt de sociaal-emotionele en cognitieve ontwikkeling van het kind.
› Neem de tijd om een gesprek te voeren met ouders die weinig Nederlands spreken. Nodig ze eens uit op een rustig moment van de dag. Bij het halen of brengen is er vaak te veel haast of stress om rustig te praten.
› Gedraag je respectvol tegenover ouders die geen of weinig Nederlands spreken. Vermijd een betuttelende bejegening of toon.

Gezinnen in verschillende kleuren

Mensen verschillen in huidskleur en die verschillen zijn op elk moment zichtbaar in het maatschappelijk verkeer. Gezinnen met een andere huidskleur dan de blanke kleur die in Nederland veel voorkomt, lopen daardoor het risico gediscrimineerd te worden. Discriminatie gebeurt bewust of onbewust en subtiel of direct. Wie kinderen opvoedt, kan bij hen een basis leggen om discriminatie tegen te gaan, namelijk door hun te leren trots te zijn op hun afkomst en huidskleur en dat de verschillen hierin oké zijn. Als dit lukt, leren kinderen zowel trots te zijn op hun eigen identiteit (datgene waarin ze van anderen verschillen) alsook andere kinderen mooi te vinden en te accepteren (verbondenheid). Ook blanke kinderen moeten leren dat hun huidskleur goed is en niet beter dan die van andere kinderen. Veel mensen denken dat jonge kinderen nog geen verschil in huidskleur zien, maar dreumesen merken al een verschil op tussen een lichte en een donkere huidskleur en 3- tot 4-jarige kinderen maken er al opmerkingen over. Peuters en kleuters zijn nieuwsgierig naar lichamelijke kenmerken, zoals de huidskleur, de kleur en vorm van de ogen of de haarkleur. Hoe kinderen de verschillen in huidskleur waarderen, leren ze van hun omgeving.

KENNIS EN REFLECTIE

Kinderen kiezen een kleur

In een onderzoek laten kinderen – zowel blanke als zwarte – zien dat ze de voorkeur geven aan blanke poppen, blauwe ogen en blond haar. Kinderen van 4 tot 6 jaar kregen een zwarte en een blanke pop te zien, met de vraag met welke ze het liefst wilden spelen. Ze kregen ook de vraag welke kleur ze wilden gebruiken voor het haar op een kleurplaat: blond/geel of bruin? Van de zwarte kinderen koos 75 procent de blanke pop en het blonde haar. Ze zeiden deze pop mooier en leuker te vinden. Waarom? Redenen waren: ze heeft een lichtere huid, ze heeft een witte huid, ze heeft blauwe ogen. Enkele zwarte kinderen zeiden: 'Ik houd niet van zwarte poppen.'
Vragen:
› Welke invloed heeft deze keuze (deze identificatie) op zwarte kinderen, denk je?
› Wat betekent dit voor het zelfbeeld van zwarte kinderen?
› Wat zeggen deze gegevens over blanke kinderen? Over hun zelfbeeld?
› Hoe vind jij het als een kind iets zegt over zijn huidskleur of die van een ander? Wat helpt jou om daar zo goed mogelijk op te reageren?

PRAKTIJK EN TIPS

Huidskleur en vooroordelen

› Soms hebben kinderen duidelijke vooroordelen. Een kind zegt dan bijvoorbeeld: 'Ik wil niet met jou spelen, omdat je bruin bent.' Wat doe je dan? Een pedagogisch medewerker vertelt: 'Dan zeg ik: "Echt? En waarom is dat een probleem? Wat kan die ander dan niet omdat hij of zij een andere huidskleur heeft? Laten we daar eens naar kijken. Wat voor dingen vind jij leuk om te doen, en kan het kind met die andere huidskleur dezelfde dingen doen?" En dan komen we tot een logische conclusie die het kind begrijpt. Als het iets is wat het kind thuis hoort ("Wij gaan niet met dat soort mensen om"), is dat een zaak van volwassenen. "Thuis is er misschien niemand met een donkere huidskleur, maar hier op school wel. Je hebt een keuze, op school kun je met deze vriend spelen en thuis kan dat misschien niet." Het is ook van belang de ouders hierop aan te spreken.'

› Ga op een speelse manier om met lichamelijke verschillen tussen de kinderen. Haal niet één speciaal kind naar voren als je een activiteit doet over lichamelijke verschillen zoals de huidskleur. Iedereen heeft een kleur huid, ogen en haar, maar die kunnen heel verschillend zijn. Wij zijn samen verschillend.

› Ga op een speelse manier op zoek naar de lichamelijke verschillen in je groep, ook als die niet divers lijkt. Ook als een groep kinderen helemaal blank of bruin lijkt, ontdek je veel verschillen!

› Gebruik een liedje, een prentenboek of een poppenspel als aanleiding om over het uiterlijk te praten. Benoem de overeenkomsten en de verschillen tussen kinderen. Elk type haar (steil of kroezend, zwart of rood) en elke huidsoort (sproeten, pukkeltjes, donker of licht) zijn goed.

› Laat kinderen zichzelf tekenen, eventueel met behulp van een spiegel. Oudere kinderen kunnen zichzelf en elkaar tekenen.

Gezinnen op verschillende welstandsniveaus

Aan gezinnen is op veel manieren te zien hoeveel geld ze te besteden hebben. Aan de wijk en het huis waar ze wonen, de kleren die ze dragen, de boodschappen die ze kopen, de soort vakantie die ze houden en de auto waarin ze rijden. Dit zijn precies ook de dingen waarmee mensen – en ook kinderen – tot uitdrukking brengen wie ze (willen) zijn.

› Kijk mij eens in mijn dure auto; hier heb ik altijd van gedroomd.
› Het is altijd rumoerig in mijn flat. Daar baal ik van, maar ik kan niet meer huur betalen.
› Ik koop het liefst boeken; met mijn kleren doe ik zo lang mogelijk.
› Ik moest gewoon een weekje naar de zon; ik heb maar even wat bijgeleend.
› Ik wil niet naar school op die oude gympen. Ze hebben allemaal Nikes.
› Hooguit twee keer per week kan ik fruit kopen; vaker wordt echt te duur.

In deze paragraaf gaat het over arme en rijke gezinnen en alles ertussenin. Kinderen uit gezinnen die weinig te besteden hebben, worden vaak buitengesloten door de beoordeling van anderen of doordat ze niet kunnen meedoen met sporten, bepaalde kleding of computerspelletjes. Ouders die weinig te besteden hebben, schamen zich vaak ervoor dit te bekennen. En daardoor maken zij vaak ten onrechte geen gebruik van voorzieningen of regelingen waar zij recht op hebben. De kinderopvang kan bijdragen aan het versterken van de ouderrol en kan doorverwijzen naar instanties die ondersteuning bieden bij de opvoeding of die problemen helpen oplossen (zie ook hoofdstuk 1, 'De basis', en hoofdstuk 7, 'Kinderopvang als actieve speler in de wereld').

Wat armoede is, hangt af van de context en is daarom alleen te definiëren binnen een bepaalde samenleving. In dit boek noemen we gezinnen arm als ze door hun beperkte middelen uitgesloten (dreigen te) raken (zie ook de definitie in het kader 'Wat is armoede?').

KENNIS

Wat is armoede?

Armoede is de situatie waarbij de financiële middelen van een persoon of gezin zo beperkt zijn dat de betrokkenen materieel, cultureel en sociaal uitgesloten zijn van de minimaal aanvaardbare levenspatronen in Nederland.

Als kinderen opgroeien in armoede, hebben ze minder kansen op een goede toekomst, doordat ze niet kunnen meedoen in de samenleving zoals de meeste kinderen. Armoede krijgt in onze maatschappij weinig aandacht en wordt in ons rijke land niet snel als een ernstig probleem ervaren. Toch is de kinderarmoede in Nederland de laatste vijftien jaar toegenomen.
Hoeveel arme gezinnen zijn er eigenlijk? Uit diverse rapporten (Bucx 2011, Roest, Lokhorst & Vrooman 2010, Jehoel-Gijsbers 2009) blijkt dat:
› een substantieel aantal gezinnen moeite heeft om rond te komen en in armoede leeft;
› ruim 6 procent van alle jeugdigen opgroeit in een gezin waar niet voldoende geld is voor basisbehoeften als voeding, kleding, wonen, persoonlijke verzorging en vervoer;
› wanneer we de kosten voor ontspanning en sociale participatie meerekenen, ruim 9 procent van alle jeugdigen opgroeit in een gezin waar onvoldoende geld is;
› zowel het aantal als het aandeel kinderen dat in armoede opgroeit, sinds 2008 weer gestegen is;
› kinderen van eenoudergezinnen een kans van 50 procent hebben op armoede;
› de volgende gezinnen het meeste risico van armoede lopen:
  » eenoudergezinnen;
  » bijstandsgerechtigde gezinnen;
  » gezinnen met langdurig werkloze ouders;
  » allochtone gezinnen.
› zes van de tien bijstandskinderen niet sporten, omdat daar geen geld voor is.

> **REFLECTIE**
>
> ## Hoe denk jij over arm en rijk?
> › Wat heb jij van je ouders/familie geleerd over de waarde van geld, over de economische status en over arm en rijk? Wat vond jij als kind van de economische status van je gezin?
> › Heb jij of heeft iemand van je familie weleens een sociale uitkering ontvangen? Zo ja, wat vond je daarvan? Zo nee, wat vind je van mensen die deze wel ontvangen?

> **PRAKTIJK EN TIPS**
>
> ## Niemand is toch arm in Nederland?
>
> 'Ben jij ook weleens gepest?' vraagt Rani aan Maryam. 'Ja,' zegt Maryam, 'toen ik op de basisschool zat.' 'Waarom dan?' 'Vooral... omdat we nogal arm waren.' 'Arm?' vraagt Rani verbaasd en hij kijkt om zich heen in de kamer. 'Maar niemand is toch arm in Nederland?' Niet zoals in Somalië, denkt Maryam, het land waar ze vandaan komt. Hier is het anders, maar toch... Ze weet niet hoe ze het uit moet leggen. 'Ik hoef nooit met honger naar bed, als je dat bedoelt. Het is meer een gevoel van – hoe zal ik het zeggen – dat ik er niet bij hoor. En omdat ik niet kan doen wat ik het allermooist vind.'
>
> Bron: Opmeer (2008).

Niet mee kunnen doen, ofwel uitsluiting, kan voor kinderen betekenen dat ze:
› niet goed en niet gezond eten;
› geen toegang hebben tot computers of internet;
› niet op een sportclub zitten;
› geen moderne kleren hebben;
› niet naar verjaardagsfeestjes kunnen;
› niet op vakantie gaan.

> **PRAKTIJK EN TIPS**
>
> ## Niemand mag zien dat wij arm zijn
>
> Als de bel gaat, laat Daniëls moeder Jari binnen, de vriend van Daniël. Daniël kijkt zijn moeder boos aan. Hij wil niet dat er vrienden bij hem thuis komen, dat weet ze toch? Zij wil toch ook niet dat iemand weet hoe moeilijk ze het hebben? Waarom hoopt ze anders altijd dat ze geen bekenden ziet bij de voedselbank?
>
> Bron: Opmeer (2008).

> **KENNIS**
>
> ## Meedoen in de buitenschoolse opvang
>
> Voor kinderen uit arme gezinnen is het extra belangrijk deel te nemen aan de buitenschoolse opvang, want dat is vaak hun enige vrijetijdsvoorziening. Onderzoek toont aan dat er net zo veel kinderen uit arme als uit niet-arme gezinnen deelnemen aan bso en buitenschoolse activiteiten. De bso is dus een belangrijk middel om kinderen te betrekken bij de samenleving en de tweedeling tussen kansarme en kansrijke jeugd te verkleinen.
>
> Bron: Roest, Lokhorst & Vrooman (2010).

Meedoen in de samenleving

Meedoen in de samenleving is meer dan te eten hebben en een dak boven je hoofd. Het betekent ook lid zijn van een sportvereniging, het sinterklaasfeest vieren, naar een feestje of de film gaan, een cursus volgen en op vakantie gaan. Als er in een gezin te weinig geld is voor dit soort dingen, kunnen de gezinsleden niet goed meedoen in de samenleving. We spreken dan van armoede. Armoede in gezinnen heeft grote invloed op het leven van kinderen.

Armoede en draagkracht

In sommige gezinnen die moeten rondkomen van een laag inkomen, redden de ouders zich prima, in andere gaat dat veel moeilijker. Arm zijn is niet hetzelfde als je arm voelen. Ouders die zich arm vóélen, denken snel dat ze minder goede ouders zijn, hebben dikwijls weinig sociale contacten en ondervinden weinig steun bij de opvoeding. Ze kunnen zich machteloos gaan voelen of apathisch worden. Armoede is hoe dan ook een zware last voor gezinnen om te dragen. Hoe goed dat lukt, hangt altijd ook af van de draagkracht die daartegenover staat. Steun en begrip van familie, vrienden, onderwijzers en pedagogisch medewerkers kunnen hierbij veel verschil maken.

> **PRAKTIJK EN TIPS**
>
> ## Nooit meer erwtensoep
>
> Vanavond eten ze erwtensoep, de tweede keer deze week. Erwtensoep in augustus. Maar ja, het is het eind van de maand. 'Dan eten we uit de voorraadkast,' zegt Sems moeder. Later wil Sem een eigen zaak beginnen. En als hij dan rijk is, krijgt zijn moeder zo veel geld als ze wil. Dan hoeft ze nooit meer erwtensoep te eten.
>
> Bron: Opmeer (2008).

> **PRAKTIJK EN TIPS**
>
> ### Liever korfbal dan dure tv
>
> Sabina vindt het oké dat haar moeder nooit dure spullen koopt, zoals een nieuwe televisie: 'Die oude van opa en oma is nog best goed, al lopen er soms rare strepen door het beeld. "Als ik met geld ga smijten, moet jij van korfbal af," zei mam een keer. En dat wil ik niet.'
>
> Bron: Opmeer (2008).

> **REFLECTIE**
>
> ### Hoe beloon jij kinderen?
>
> Let eens op je reacties en je woorden: hoe vaak 'beloon' jij de kinderen in je groep door aandacht te geven aan hun nieuwe broek of nieuwe speelgoed? Veel kinderen worden thuis beloond met cadeautjes en leren zo liefde en aandacht te koppelen aan materiële dingen. De onderliggende boodschap is dat 'lieve' kinderen veel nieuwe spullen hebben en dat hun ouders hun liefde tonen door nieuwe dingen voor hen te kopen. Probeer kinderen eens te belonen door – in de kring of individueel – aandacht te schenken aan hun beleving.

Gelijkwaardigheid in het omgaan met ouders

Bij het omgaan met al die verschillende ouders bestaat de kans in een ongelijkwaardige relatie terecht te komen. In een gelijkwaardige relatie behandelen pedagogisch medewerkers en ouders elkaar met wederzijds respect en ze benaderen elkaar vanuit hun eigen rol en verantwoordelijkheid. In een ongelijkwaardige relatie worden elkaars kwaliteiten niet erkend en ontstaat afstand en soms ook strijd. Er zijn ouders die pedagogisch medewerkers onheus bejegenen of onderwaarderen. Omgekeerd kunnen pedagogisch medewerkers zich een oordeel aanmatigen over ouders en over hoe zij hun kinderen opvoeden. In ongelijkwaardige relaties speelt macht een rol: wie is de baas, wie heeft gelijk?

Onderzoek toont aan dat hoger opgeleide ouders anders naar pedagogisch medewerkers kijken dan lager opgeleiden (De Graaff, Singer & Devillé 2006). Veel ouders met een lage opleiding kijken tegen de pedagogisch medewerkers op en dragen hun kind vol vertrouwen over. De pedagogisch medewerkers hebben er immers voor doorgeleerd. Ouders met een hogere opleiding kunnen pedagogisch medewerkers soms neerbuigend behandelen, omdat ze zichzelf belangrijk vinden of omdat ze niet weten dat het beroep veel meer inhoudt dan op kinderen passen.

> **PRAKTIJK EN TIPS**
>
> ### Oordelen over ouders
> › 'Ik vind het zo vervelend voor Gaby. De meeste peuters hebben lekkere speelkleding aan, maar zij komt altijd in haar netste jurkjes. Ik zou willen dat haar moeder eens rekening hield met Gaby in plaats van met zichzelf.'
> › 'Die moeder wil zich niet aanpassen. Ze blijft altijd Turks praten tegen haar dochter, hoe vaak ik ook zeg dat ze Nederlands moet praten.'
>
> Bron: Van Keulen (2006).

In het kader 'Oordelen over ouders' lees je uitspraken van pedagogisch medewerkers waaruit blijkt dat zij ouders niet erkennen als gelijkwaardige partner. Hun boodschap is: 'De ouder weet niet wat goed is voor haar of zijn kind, maar ik weet het wel.'

Om ongelijkwaardige relaties te doorbreken is zelfreflectie nodig (wat is mijn gedrag in deze relatie?) en vertrouwen in het eigen kunnen (hoe kan ik als professional de relatie herstellen?). Ook beroepstrots (ik ben een gediplomeerde professional) en het durven geven van uitleg leveren hierbij een positieve bijdrage. Het initiatief ligt altijd bij de professional. Je kunt niet wachten tot de ouder het initiatief neemt. Het hoort bij je werk om met ouders samen te werken, daarin aan gelijkwaardigheid te werken en machtsverschillen te overbruggen. In hoofdstuk 6, 'Omgaan met diversiteit in het team', gaan we verder in op de professionele rol van de pedagogisch medewerker.

Pedagogische handvatten

Respectvol omgaan met allerlei gezinsvormen
› Bevestig kinderen in hun verlangen naar beide ouders. Ook al zien zij een ouder weinig, het blijft hun vader of moeder.
› Benadruk dat alle familievormen oké zijn en dat er in elke gezinsvorm lieve mensen zijn die voor de kinderen zorgen.
› Respecteer het recht op privacy: vraag aan kinderen wat ze wel en wat ze liever niet willen vertellen aan de andere kinderen.
› Vraag aan de ouders hoe zij hun gezinsvorm noemen en gebruik dan dezelfde woorden. Bij adoptiegezinnen en pleegkinderen kan jouw woordgebruik zelfs verwarring en angst veroorzaken: bedoel je met je 'echte mama' de biologische moeder of de adoptie- of pleegouder? De laatste is voor een kind meestal 'de echte ouder'.
› Nodig familieleden die een belangrijke opvoedende rol hebben uit op ouderbijeenkomsten.
› Leer alle kinderen dat er verschillende gezinsvormen zijn en dat al die vormen prima zijn. Hang foto's op van verschillende gezinsvormen in de groepsruimte en

> **PRAKTIJK EN TIPS**
>
> ### Beroepstrots
> Het werk van een pedagogisch medewerker is niet alleen leuk, maar ook belangrijk voor kinderen, voor de ouders van die kinderen en tevens voor de maatschappij. Kortom: een beroep om trots op te zijn! Laat die beroepstrots dan ook zien aan de ouders die in het kindercentrum of de buitenschoolse opvang komen. Vertel hun eens iets over je werk en je opleiding.
>
> Desondanks kun je te maken krijgen met ouders die je neerbuigend behandelen, omdat ze zichzelf belangrijk vinden of omdat ze niet weten dat jouw beroep veel meer inhoudt dan op kinderen passen. Laat je dan niet in een ongelijkwaardige positie drukken, maar pak dit soort vervelende situaties professioneel aan.
> › Nodig de ouders uit voor een presentatie over je groep en jouw beroepsmatige rol daarin. Spreek hen aan op hun ouderbetrokkenheid: zeg dat ze vast meer willen weten over wat hun kind meemaakt op de kinderopvang en jouw pedagogische inbreng daarbij.
> › Maak hier samen met je collega's in het team een plan voor: zo gaan we ons presenteren en deze dingen gaan we laten zien.
> › Verdeel de taken slim op de ouderbijeenkomst. Laat iedere collega doen waar zij of hij het best in is: mensen ontvangen, presenteren of juist een-op-eencontacten.
> › Richt je op de ouders die op je uitnodiging zijn ingegaan en wees niet teleurgesteld over ouders die weggebleven zijn; die kiezen er zelf voor een kans te missen.

in de kantoorruimte of ontvangstruimte voor ouders. Zo geef je de boodschap dat alle gezinnen welkom zijn.

Omgaan met ouders en kinderen van verschillende achtergronden

› Gebruik muziek en kunstzinnige activiteiten als universele talen. In kunst en muziek ontmoet je elkaar en ontstaat een groepsgevoel waarvoor geen woorden nodig zijn. Door te luisteren naar muziek uit allerlei landen leren kinderen wie de pophelden zijn in bijvoorbeeld Marokko, op de Antillen of in Polen.
› Houd rekening met voedingsgewoonten die te maken hebben met een overtuiging of geloof: moslims eten geen varkensvlees, hindoes geen rundvlees, enzovoort. Zorg ervoor dat ouders erop kunnen vertrouwen dat hun kinderen eten volgens hun geloofsregels.
› Organiseer in de bso eens een kookactiviteit, waarbij gerechten uit allerlei landen worden klaargemaakt én opgegeten.
› Kijk eens naar de inrichting van je ruimte. Zijn in het spelmateriaal en in de inrichting van de ruimte verschillen zichtbaar in gezinsvormen, cultuur, huidskleur

of sekse? En zijn die verschillen op een positieve manier zichtbaar of herken je stereotyperingen?
› Laat kinderen op internet informatie zoeken over bekende personen uit een in Nederland wonende bevolkingsgroep, bijvoorbeeld op het gebied van sport, muziek, literatuur, politiek, media of film. Wat spreekt de kinderen aan, wat vinden zij belangrijk aan het succes van deze personen?
› Maak diversiteit zichtbaar met behulp van boeken waarin gekleurde kinderen voorkomen, waarin kinderen in verschillende gezinsvormen wonen of waarin kinderen met beperkingen de held zijn. Of gebruik hiervoor poppen en poppenverhalen. De methodiek 'Poppen zoals wij' is een goed hulpmiddel om met jonge kinderen (1 tot 7 jaar) met diversiteit aan de slag te gaan (Van Keulen, Van Beurden & Doeleman 2003).

Omgaan met meertalige kinderen en hun ouders

› Praat tegen alle kinderen op een verrijkende manier: leg dingen uit, leg eenvoudige verbanden tussen gebeurtenissen, praat over wat er gebeurt en over wat er gebeurd is.
› Schat meertalige kinderen niet te laag in. Dit kan hun ontwikkelingsmogelijkheden schaden. Sluit aan bij wat kinderen kunnen en bij wat ze misschien al kunnen.
› Geef op een speelse manier aandacht aan de niet-Nederlandse moedertaal: zing een liedje of vertel een verhaal in meer talen (jij in je moedertaal en een collega of een ouder in haar moedertaal).
› Adviseer meertalige ouders om thuis met hun kind in hun eigen taal te praten.
› Neem de tijd voor gesprekken met ouders die weinig Nederlands spreken.
› Doe niet betuttelend tegen ouders die geen of weinig Nederlands spreken. Daar belemmer je de communicatie mee.

Omgaan met kinderen uit gezinnen op verschillende welstandsniveaus

› Besteed niet altijd aandacht aan wat kinderen *hebben* (kleren en speelgoed), maar benadruk vooral ook wat ze *kunnen* en *beleven* (hun cultureel kapitaal). Steun arme en rijke kinderen en verwacht van álle kinderen dat ze hun talenten benutten, los van het welstandsniveau van hun gezin.
› Vraag kinderen eens een verhaal te vertellen over hun oudste speeltje en waarom ze daar nog steeds mee spelen.

› Zet met kinderen een project op met kosteloos materiaal, bijvoorbeeld kartonnen dozen, lege jampotjes, oude sleutels of afgedankte apparaten. Kies voor simpel materiaal dat in alle gezinnen aanwezig is, zodat alle kinderen iets van huis mee kunnen brengen.

› Geef de kinderen schorten of poncho's als ze met verf of water spelen. Voor arme gezinnen is het moeilijker nieuwe kleren te kopen en veel te wassen.

› Zoek materiaal (boeken, films, poppen) waarin beroepen voorkomen als serveerster, administratief medewerker, caissière of parkeerwachter.

PRAKTIJK EN TIPS

Verder lezen

DECET (2010), *Toowey, toowey. Playing, singing, drawing for diversity*. Dvd. Zie www.decet.org.

Haan, D. de (2009), 'Taal en communicatie' (hoofdstuk 18). In: E. Singer & L. Kleerekoper, *Pedagogisch kader kindercentra 0-4 jaar*. Elsevier gezondheidszorg, Maarssen.

Keulen, A. van, A. van Beurden & W. Doeleman (2003), *Poppen zoals wij. Methodisch werken aan respect voor diversiteit met jonge kinderen*. Uitgeverij SWP, Amsterdam.

Keulen, A. van, A. van Beurden & T. Pels (2010), *Van alles wat meenemen. Diversiteit in opvoedingsstijlen in Nederland*. Coutinho, Bussum.

Opmeer, K. (2008), *Erwtensoep in augustus. Kinderen en armoede*. Uitgeverij SWP, Amsterdam.

Spruijt, E. & H. Kormos (2010), *Handboek scheiden en de kinderen. Voor de beroepskracht die met scheidingskinderen te maken heeft*. Bohn Stafleu van Loghum, Houten.

Tips voor kinderboeken vind je op de volgende websites:

› www.achterderegenboog.nl (over kinderen en rouwverwerking);
› www.kindenechtscheiding.nl (over kinderen en de verwerking van echtscheiding);
› www.oudersonline.nl.

PORTRET 4

Al die regeltjes... typisch Nederlands!

Aiida en haar man Dino komen uit Bosnië. Ze wonen sinds 1995 in Nederland en hebben twee kinderen: Lamaya (3,5 jaar) en Sanne (1,5 jaar). In een gesprek met de moeder vertelt zij: 'Ik mis mijn familie, bij feestdagen, verjaardagen, gewoon samen zijn, koffiedrinken, samen iets doen. Lamaya [dochter] spreekt Nederlands, maar ik hoop dat ze ook goed Bosnisch leert. Als ze niet met opa en oma kan praten, doet dat zeer.
Hier zijn zo veel meer regeltjes. In Bosnië slapen de kinderen als ze moe zijn, op de bank bij papa en mama. Je mocht lekker snoepen uit een grote pot. Niet alleen één koekje bij de koffie. Eten wat je wilde. Maar mijn man is daarin anders dan ik. Lamaya was te vroeg geboren. Weken heb ik met haar gezeten, op een kussen. Op elk geluidje reageerde ik, drinken wanneer ze wou, aandacht wanneer ze wou. Als mijn man 's avonds thuiskwam, moest alles in het huishouden nog gebeuren. Toen ik een keer niet deed wat Lamaya wilde, haar niet meteen oppakte (ze was toen 1,5 jaar), begon ze gierend heel diep te ademen, stopte daarna en viel flauw. De huisarts stelde me gerust: ze gaat gewoon weer ademen, jonge kinderen hebben dat wel vaker. Mijn man zei: "Waarom maak je het jezelf met haar zo moeilijk?"
Toen ze 2 jaar was, zijn we begonnen met het dagverblijf. Ik moest werken en we vonden dat Lamaya met andere kinderen moest leren omgaan. Ze moest zich ook van mij leren los te maken. Zes maanden heeft het geduurd voordat ze zonder hartstochtelijk te huilen afscheid nam. Op de groep is ze rustig, maar thuis een dramaqueen. Steeds: "Ik wil niet. Ik wil geen zon, dan ga ik verbranden. Ik wil dat de zon weggaat." Maar nu heeft ze een vriendje in haar groep. Nu is het: Jasper dit, Jasper dat. Laatst zei ze: "Ik wil niet zo lang op vakantie, anders wordt Jasper verdrietig."'

HOOFDSTUK 3

Hoe kinderen omgaan met diversiteit

Op dinsdag gaat Brenda graag naar de bso. Dan is ze samen met haar beste vriendin. Maar op donderdag gaat ze liever niet. Dan zijn er alleen van die tutmeiden, die met elkaar zitten te kletsen en aan elkaars haar frunniken. Ze hebben steeds geheimen die zij niet mag weten. Ze heeft niets met die meiden. En met de jongens mag ze alleen soms meespelen, als ze niemand anders hebben.

De kern

Het vorige hoofdstuk ging over de diversiteit in gezinnen – in gezinssamenstelling, opvoedstijl, etnische achtergrond en welstandsniveau – en hoe die doorwerkt in de relaties tussen kinderen in de groep. In dit hoofdstuk gaan we dieper in op de relaties tussen kinderen in de groep en hoe pedagogisch medewerkers daarmee om kunnen gaan. Het gaat over hoe kinderen in de groep leren wie ze zijn en hoe anderen hen zien. Het gaat over openheid, vertrouwdheid, verbondenheid, vriendschap, afwijzing en discriminatie tussen kinderen. Kinderen ontwikkelen een sociale en persoonlijke identiteit. Pedagogisch medewerkers hebben veel invloed op de onderlinge relaties in de groep en of ieder kind daarbij geaccepteerd wordt. In *Pedagogisch kader kindercentra 0-4 jaar* (hoofdstuk 3 en 17) en *Pedagogisch kader kindercentra 4-13 jaar* (hoofdstuk 5 en 14) wordt dan ook veel aandacht besteed aan de sociale ontwikkeling van kinderen en de overdracht van normen en waarden. Pedagogisch medewerkers kunnen samen met kinderen werken aan een positief sociaal klimaat, waarin iedereen, ongeacht zijn of haar afkomst of eigenaardigheden, een plekje heeft en waarin voorkeuren en vriendschappen mogen bestaan.

Openheid tegenover anderen

Jonge kinderen ontdekken wie ze zijn in relatie met hun ouders en andere vertrouwde mensen. In het eerste levensjaar ontdekken ze bij wie ze horen: bij papa, mama, broers en zussen, oma's, opa's en tantes. Ze maken al heel jong onderscheid tussen vertrouwd en niet vertrouwd. Ze ontwikkelen een voorkeur voor vertrouwde mensen. Vanuit vertrouwde en veilige relaties staan ze open voor nieuwe ervaringen.

Voorkeur voor het vertrouwde

Pasgeboren baby's tonen al een voorkeur voor hun moeder. Na enkele dagen geven ze bijvoorbeeld de voorkeur aan een lapje waarop melk is gedruppeld van hun eigen moeder boven een lapje met melk van een andere moeder. De gevoeligheid voor klanken die niet voorkomen in hun moedertaal is na een jaar al sterk verminderd. Japanse baby's van 4 maanden kunnen nog goed de r-klank onderscheiden, maar als ze 1 jaar zijn, lukt dit in de regel niet meer. De r-klank komt niet in het Japans voor en daarmee verliezen ze de gevoeligheid voor die klank. Hetzelfde geldt voor de gevoeligheid voor ritmen en melodie. Baby's krijgen ook een voorkeur voor gezichten die lijken op die van hun ouders en andere vertrouwde volwassenen en kinderen. Baby's lijken een voorkeur te hebben voor mensen met dezelfde huidskleur of dezelfde als die van hun ouders of verzorgers. Met 8 of 9 maanden hebben baby's zo'n specifieke band ontwikkeld met hun ouders dat ze protesteren wanneer ze van hen worden gescheiden. Jonge kinderen komen dus op de wereld met de aangeboren neiging een voorkeur te ontwikkelen voor de groep waarin ze opgroeien (Kemner 2011).

Nieuwsgierigheid naar het nieuwe

Maar baby's en oudere kinderen hebben ook een aangeboren nieuwsgierigheid naar wat nieuw en onbekend is. Als kinderen zich veilig voelen, staan ze open voor nieuwe ervaringen. Ze hebben daaraan ook behoefte. Als er te weinig te beleven valt, worden ze onrustig of gaan ze zich vervelen. Iets nieuws trekt de aandacht van jonge kinderen. Ze kijken of staren ernaar, betasten het, stoppen het in hun mond, enzovoort. Ze nemen de wereld in zich op. Als het nieuwe te heftige emoties oproept, wenden ze zich af en zoeken ze de nabijheid van een vertrouwde volwassene. Ouders en pedagogisch medewerkers helpen kinderen in het vinden van een balans tussen veilig en vertrouwd enerzijds en nieuw en spannend anderzijds.

> **KENNIS**
>
> ### Kinderen jong in aanraking brengen met diversiteit
>
> Baby's staan nog open voor allerlei ritmen en muziek. Die openheid verengt zich als kinderen steeds een bepaald soort muziek horen. Ontwikkelingspsycholoog Chantal Kemner: 'Dus het is misschien voor Nederlandse ouders wel aan te raden niet alleen Hollandse liedjes te zingen voor de baby, maar er ook eens wat Arabische of Afrikaanse doorheen te gooien, of voor ouders die vanwege hun culturele wortels juist niet-Nederlandstalig zongen, Berend Botje eens te proberen. Aangezien vaak wordt gezegd dat muziek verbroedert, zou dat nog weleens wonderen kunnen doen voor de culturele integratie, en daarmee voor de verscheidenheid van het sociale leven van de baby.'
>
> Bron: Kemner (2011).

Een veilige basis creëren

Te veel stress heeft negatieve gevolgen voor de openheid van kinderen en op den duur voor de algehele ontwikkeling (Kemner 2011). Het bieden van een veilige basis is dan ook een kerntaak van pedagogisch medewerkers. Daarom besteden beide eerdergenoemde pedagogische kaders er veel aandacht aan. We zullen dat hier niet herhalen en ons beperken tot enkele hoofdpunten.

› **EEN VERTROUWENSRELATIE MET IEDER KIND**
  » Bij de jongste kinderen is dit nabijheid en fysiek contact, gesprekjes, welkom heten en afscheid nemen.
  » Oogcontact met de pedagogisch medewerker is heel belangrijk. Dreumesen die iets verder af spelen van de pedagogisch medewerker, 'vraagkijken' geregeld of alles nog goed en veilig is en lezen van haar gezicht af dat ze op hen past en wat ze vindt van wat het kind doet.
  » Bij oudere kinderen is het soms al voldoende hen kort persoonlijk te begroeten, voordat ze zich in een activiteit storten. Kinderen een beetje vrijheid geven is een teken van vertrouwen.

› **VERTROUWDE RELATIES TUSSEN DE KINDEREN**
  » De ruimte en activiteiten zijn zo ingericht dat kinderen elkaar niet storen en alleen of in een groepje kunnen spelen.
  » Met de jongsten spelen de pedagogisch medewerkers soms mee om het samenspel op gang te brengen.
  » Kinderen mogen kiezen met wie ze willen spelen.
  » Kinderen die erbuiten dreigen te vallen worden geholpen om speelkameraadjes te vinden.
  » Er wordt gepraat en naar elkaar geluisterd; er wordt niet gepest.
  » Pedagogisch medewerkers gaan actief in op pesten en buitensluiten.

› **VERTROUWDE GROEP EN EEN WIJ-GEVOEL**
  » Pedagogisch medewerkers benadrukken dat ieder kind erbij hoort, met rituelen en activiteiten waaraan ieder kind op zijn eigen niveau kan meedoen.
  » In de bso bijvoorbeeld even samen iets drinken en kletsen.
  » Samen zingen en dansen werkt heel goed bij de jongste kinderen.
  » Vanaf heel jonge leeftijd betrekken de pedagogisch medewerkers de kinderen bij het maken van plannen en het oplossen van conflicten. Zo krijgen kinderen verantwoordelijkheid voor elkaar en voor de goede sfeer in de groep.

KENNIS

Onveilig: vluchten of vechten

Kinderen die zich niet veilig voelen in de groep gaan vluchten óf vechten. Kinderen die vluchten, trekken zich terug en laten zo min mogelijk van hun emoties zien. In de buitenschoolse opvang doen ze oppervlakkig gezien mee, maar ze blijven op afstand. Kinderen die vechten, creëren voor zichzelf veiligheid door een eigen territorium af te bakenen. Bij de kleintjes zie je soms verscheidene kinderen in de groep snel geïrriteerd reageren. Ze kijken boos en slaan als andere kinderen een speeltje pakken dat in hun speelgebied ligt. In onveilige groepen met oudere kinderen zijn er soms subgroepen met veel onderlinge conflicten. Dan is bijvoorbeeld één jongen of één meisje de baas en bepaalt hij of zij wie mag meespelen en wie niet. De kinderen proberen in de smaak te vallen bij de leider door onderdanig gedrag of door hun concurrenten weg te pesten.

Bron: Aureli & De Waal (2000).

› **VERTROUWEN IN HET KIND GEEFT ZELFVERTROUWEN**
» Door kinderen de ruimte te geven om te experimenteren en zelf te bepalen wat 'eng spannend' is (dus niet doen) en wat 'leuk spannend' is (dus proberen), ontwikkelen kinderen zelfvertrouwen en vaardigheden om zichzelf te redden.
» Als ouders en pedagogisch medewerkers te beschermend zijn, wordt het kind angstig en leert het niet goed risico's in te schatten. Weten wat je kunt, geeft zelfvertrouwen.

Onderscheid leren maken: waar hoor ik bij?

In de familie ontdekken kinderen het eerst bij wie ze horen: mijn papa, mijn mama, mijn broers en zussen, mijn opa's, oma's, ooms en tantes. Kinderen nemen onderlinge verschillen al op jonge leeftijd waar. Al heel jong maken ze onderscheid in leeftijd, tussen 'mensen' (volwassenen) en kinderen. Ze spelen in de regel het liefst met kinderen die in leeftijd niet zo veel met hen verschillen. Vervolgens worden kinderen zich (ook al jong) bewust van verschillen tussen jongens en meisjes.

De meeste kinderen ontwikkelen vanaf hun derde jaar geleidelijk aan een voorkeur om te spelen met iemand van hun eigen sekse. Een positief of negatief onderscheid op grond van huidskleur, etnische of sociaal-culturele achtergrond maken kinderen veelal later. De leeftijd waarop dit gebeurt, hangt af van de boodschappen hierover uit hun sociale omgeving. Als kinderen opgroeien in een sterk verdeelde gemeenschap, zien ze soms al met 18 maanden het verschil tussen 'wij' en 'zij', bijvoorbeeld tussen 'ons' en 'Hollanders'. Anders ontstaat een dergelijk besef later. Kinderen vanaf 8 of 9 jaar zijn vaak heel sterk met hun uiterlijk bezig. Draag je de juiste kleding, heb je de juiste schoenen? Aan kleine uiterlijke kenmerken kunnen kinderen zien of je erbij hoort of een 'loser' bent. Als de omgeving negatieve boodschappen uitzendt over de groep waartoe het kind en zijn ouders behoort, heeft dit een schadelijke invloed: het kind kan zich onveilig, ongewenst en minderwaardig gaan voelen.

Omdat kinderen verschillen al zo vroeg zien, heb je als professional in de kinderopvang de taak hen er goed mee om te leren gaan.

Ontstaan van wij- en zij-gevoel

Kinderen die veilig gehecht zijn aan hun ouders, hebben een positief gevoel over hun ouders en familie. Als ze jong zijn, geloven ze dat hun ouders hen altijd zullen beschermen. Ook schoolkinderen scheppen op over hun moeder, vader of grote broer. Dit positieve gevoel beschermt kinderen. De meeste jonge kinderen schatten ook hun eigen mogelijkheden – wat ze allemaal zullen leren en kunnen worden – groter in dan ze zijn. Bij kinderen jonger dan 6 jaar gaat deze overschatting van zichzelf en de eigen groep niet samen met een negatief oordeel over anderen. Hun vooroordeel is nog niet gebaseerd op een vergelijking met anderen.

Het is belangrijk voor kinderen dat ze weten bij welke groep ze horen in het kindercentrum. Als verscheidene groepen tegelijkertijd buitenspelen, spelen de kinderen van dezelfde groep toch het meest met elkaar. Waarschijnlijk hangt dat samen met de grotere vertrouwdheid. Het wij-gevoel heeft een positieve betekenis en geeft houvast.

Negatieve opmerkingen komen hard aan

Soms voelen jonge kinderen zich niet veilig bij hun ouders of pedagogisch medewerkers. Ze reageren bijvoorbeeld angstig of negatief, zijn snel van slag of overgevoelig of ze kunnen nieuwe ervaringen moeilijk verwerken. Deze kinderen hebben meer nabijheid en steun van de pedagogisch medewerkers nodig. Hun angst of afweer kan voortkomen uit vroegere slechte ervaringen met een bepaald kind of bepaalde groep. Als een jong kind door een groep schoolkinderen gepest is, is het misschien bang voor alle schoolkinderen. Ook als de ouders of pedagogisch medewerkers negatieve opmerkingen maken over een bepaalde groep, kunnen kinderen angst voor of afkeer van die groep ontwikkelen. Hiervan zijn in het vorige hoofdstuk veel voorbeelden gegeven.

> **REFLECTIE**
>
> ### Hoe zou jij reageren?
> Opmerkingen of vragen van kinderen kunnen je behoorlijk overvallen. Hoe zou jij reageren in de volgende situaties:
> › Jody (10 jaar, bruin, zwart kroeshaar) komt voor het eerst op de buitenschoolse opvang. Ze is nog geen minuut binnen als Koen en Sam (8 jaar, blank, blond haar) haar vragen: 'Kom jij uit Suriname?' 'Nee,' zegt Jody, 'ik kom uit Den Haag.' 'Nee, hoor,' zeggen de jongens, 'jij komt uit Suriname, jij komt uit Suriname.' Jody kan ze niet op andere gedachten brengen. Ze vindt het niet leuk.
> › Elias (6 jaar) wandelt op een zomerse dag samen met een pedagogisch medewerker en de andere kinderen door een Amsterdams park. Hij ziet daar veel Marokkaans-Nederlandse families picknicken en vraagt: 'Is dit ook Nederland?'

Kinderen gaan zich met elkaar vergelijken

Vanaf 6 of 7 jaar vergelijken kinderen zichzelf steeds meer met andere kinderen. Binnen de kindergroep ontstaan normen voor leuke en niet-leuke kinderen. Kinderen vergelijken hun schoolprestaties en weten wie de beste (de nerds) en wie de slechtste (de sufferds) zijn. Ze weten wie goed is in sport en wie een sukkel. Ze weten wie de populairste meisjes en jongens zijn. Vanaf 8 of 10 jaar beginnen ze belangstelling te krijgen voor het andere geslacht. Ze weten wie op wie is, wie al zoent en wie niet. Of ze bij een bepaalde groep horen, wordt steeds meer bepaald door uiterlijke kenmerken

> **REFLECTIE**
>
> ### Kinderen, stereotypen en vooroordelen
>
> Kinderen hebben van nature de neiging hun ervaringen te ordenen in eenvoudige schema's. Ze denken zwart-wit, in zogenoemde stereotypen. Dat hoort bij kinderen. Alleen als stereotypen worden verbonden met een negatief oordeel, dus een vooroordeel worden, moeten we erop ingaan. Vooroordelen worden gevaarlijk als ze:
> - gevoelens van superioriteit of inferioriteit versterken;
> - kinderen belemmeren in hun openheid naar andere mensen;
> - negatief gedrag en discriminerend gedrag oproepen.
>
> Als kinderen vooroordelen uiten, kunnen we aan hen kritische vragen stellen ('Is dat wel zo?') en hen herinneren aan de regels 'dit zeggen we hier niet' of 'zo praten we hier niet over elkaar'.

en gedrag. Heb ik het juiste merk schoenen en kleding? Kijk ik naar de goede tv-programma's? Heb ik de coolste mobiel? Speel ik de goede games? De behoefte om erbij te horen, hetzelfde te zijn en niet af te wijken is vanaf 8 of 9 jaar heel sterk. Het besef van huidskleur, sociale klasse en behoren tot een bepaalde etnische groep wordt op die leeftijd steeds sterker. Maar natuurlijk hangt ook hierbij veel af van hoe volwassenen omgaan met verschillen en kinderen helpen zich met elkaar te verbinden.

Ontwikkelen van een identiteit

Het eerste besef van wie je bent, is een wij-besef: voelen bij wie je hoort. Je bent wie je kent. Een kind zonder de nabijheid van een ouder of vertrouwde pedagogisch medewerker voelt zich verloren. Dat roept angst en stress op. Binnen hun vertrouwde omgeving leren kinderen wie ze zijn: ze leren hun naam, hun familienaam, hun positie in de familie (kind, kleinkind, neef of nicht) en de religieuze of culturele groep waartoe hun gezin of familie behoort. Zo ontwikkelen ze een sociale identiteit. Ze ontdekken dat ze een jongen of meisje zijn en ontwikkelen een sekse-identiteit. Bovendien ontwikkelen kinderen ook een persoonlijke identiteit als uniek mens met specifieke eigenschappen.

Sociale identiteit en reacties van de buitenwereld

De eerste vormen van een sociale identiteit – ervaren bij welke groep je hoort – zijn emotioneel verankerd in het dagelijks leven van het kind. Ze zijn vanzelfsprekend en bij veilig gehechte kinderen voornamelijk positief. Pas door woorden en reacties van andere mensen worden kinderen zich bewust van hun positie binnen de samenleving. Ze ontdekken dat andere mensen tegen hun ouders opzien of op hen neerkijken. Negatieve opmerkingen over hun ouders kunnen diepe wonden slaan. Daar kunnen kinderen zich slecht tegen beschermen. Als iemand iets negatiefs zegt over hun familie of cultuur, kunnen ze niet, zoals volwassenen, denken: ze zijn jaloers, of: ik ben blij dat ik niet zo'n vader of moeder heb gehad. Hoe jonger de kinderen, hoe slechter ze zich tegen negatieve reacties kunnen beschermen met behulp van relativerende gedachten.

kind anderen negatieve opmerkingen over zijn of haar ouders hoort maken, verdubbelt dit het leed van het kind. Het heeft dan niet alleen angst en vrees over de ouders, maar ervaart ook de afwijzing van het gezin en zichzelf: mensen kijken op ons neer, ze vinden dat ik slechte ouders heb. Als kinderen vaak negatieve opmerkingen horen over hun ouders of gezin, gaan ze zich minderwaardig voelen. Ze voelen zich anders en tekortschieten. Hun zelfwaarde wordt aangetast. Kinderen kunnen op de volgende manieren reageren om hun zelfwaarde en sociale identiteit te beschermen:

› zich verbergen en ervoor zorgen dat anderen niet merken dat hun familie afwijkt of dingen doet die in de ogen van andere mensen slecht zijn;
› contact zoeken met kinderen en volwassenen die hetzelfde zijn, bijvoorbeeld met hetzelfde geloof, ook met gescheiden ouders of die ook weinig geld hebben;
› trots zijn op de eigen groep en hechten aan rituelen en symbolen;
› zich afzetten en opstandig gedragen tegenover de mensen die hen afwijzen of negatief beoordelen – alsof het kind wil zeggen: ik ben anders en wil ook niet bij jullie horen;
› praten met mensen die ze vertrouwen over datgene wat ze hebben meegemaakt. Deze mensen laten het kind voelen dat ze snappen dat negatieve opmerkingen heel erg zeer doen, maar dat hij of zij en veel andere mensen anders denken.

> **PRAKTIJK EN TIPS**
>
> ### Verhalen helpen
> Kinderen met pijn in hun ziel willen daar vaak niet direct over praten. Ook vanwege het risico dat anderen hen ermee zullen pesten. Maar verhalen helpen vaak enorm. Verhalen over kinderen die ongeveer hetzelfde hebben meegemaakt. De pedagogisch medewerker kan een verhaal voorlezen. Als in een persoonlijk gesprek duidelijk wordt waar een kind mee zit, kan een pedagogisch medewerker een verhaal of boek voor dat kind meenemen. Dat kind kan daar alleen of met een vriend(innet)je in lezen of in bladeren.

Als kinderen op jonge leeftijd negatieve beelden krijgen over de sociale groep waartoe ze behoren, kan dat lang doorwerken. Ze gaan zich gedragen alsof ze minder zijn en dat gedrag wordt zo vanzelfsprekend dat ze zich daarvan niet meer bewust zijn. Ze verinnerlijken dan hun gevoel van minderwaardigheid.

Als kinderen binnen het gezin een moeilijke tijd doormaken, zijn ze extra kwetsbaar. Neem bijvoorbeeld een kind van ouders die veel ruzie hebben en dat getuige is van geweld tussen de ouders. Dat kind is bang, verdrietig en boos over wat thuis gebeurt. Maar als dat

> **PRAKTIJK EN TIPS**
>
> ### Nooit doen!
> Uit nooit openlijk kritiek op ouders in het bijzijn van het kind. Dit beschadigt het gevoel van zelfwaarde van de kinderen.

> **PRAKTIJK EN TIPS**
>
> ## Digitaal zelfportret
> Pedagogisch medewerkers kunnen het maken van een digitaal zelfportret als activiteit aanbieden. Kinderen kunnen dan een eigen webpagina maken met informatie en foto's over bijvoorbeeld:
> › het gezin en de huisdieren;
> › hobby's en vakanties;
> › vrienden en vriendinnen;
> › op wie je bent;
> › lekker eten.
>
> Andere kinderen mogen erop reageren en vragen stellen. Pedagogisch medewerkers moeten dit zorgvuldig begeleiden. Het is een kans om kinderen digiwijs te maken.
> › Wat mogen andere mensen van je weten?
> › Wat mag je over je familie en vrienden vertellen en wat niet?
> › Wie mogen je pagina lezen en wie niet?
> › Hoe kun je respectvol reageren op wat een kind op zijn of haar pagina schrijft?
>
> Zie www.onzeklasmijnwereld.nl voor tips en mogelijke aanpakken voor leerkrachten en pedagogisch medewerkers die met behulp van digitale middelen willen werken aan identiteit en positieve sociale relaties in de groep.

Persoonlijke identiteit en vriendschappen
Naast een sociale identiteit ontwikkelen kinderen ook een persoonlijke identiteit: wie ze zijn in persoonlijke relaties. Voor het ontwikkelen van een persoonlijke identiteit zijn in de eerste plaats de ouders en familie belangrijk. Andere kinderen spelen ook een grote rol. Broers en zussen hebben vaak een hechte band. Ook als broers en zussen veel ruziën, leren ze elkaar en zichzelf goed kennen. In de kinderopvang doen kinderen ervaring op met vriendschap. Dreumesen in de groep ontwikkelen al een voorkeur voor bepaalde kinderen. Er zijn sterke aanwijzingen dat op die leeftijd al kan worden gesproken van vriendschap. Dreumesen en peuters die vrienden zijn, spelen het liefst samen, tonen blijdschap als ze elkaar begroeten en zoeken nabijheid. Ze helpen elkaar

> **PRAKTIJK EN TIPS**
>
> ## Vriendschap tussen kinderen steunen
> In kindercentra van 0-4 jaar kun je vriendschap tussen kinderen steunen door:
> › vrienden zo veel mogelijk op dezelfde dagen en in dezelfde groep te plaatsen;
> › ouders te vertellen hoeveel plezier de kinderen samen hebben en de ouders te motiveren daarmee rekening te houden;
> › broertjes en zusjes die aan elkaar gehecht zijn, in dezelfde groep te plaatsen of bij elkaar in de groep op bezoek te laten komen;
> › vrienden samen naar een nieuwe groep of basisschool te laten gaan.
>
> In de buitenschoolse opvang door:
> › kinderen de gelegenheid te geven vrienden die niet op de bso zitten, af en toe mee te nemen;
> › kinderen die geen of weinig vrienden hebben, te helpen activiteiten te vinden waar ze plezier in hebben en goed in zijn en waarbij ze de kans hebben met andere kinderen samen te spelen.

vaker, imiteren elkaar meer en nemen meer initiatieven. Sommige kinderen kunnen lange tijd van streek zijn als hun vriend of vriendin opeens weg is uit de groep. Vrienden hebben ook ruzie, maar maken het daarna weer goed omdat ze zo graag samen spelen. De kans dat twee kinderen bevriend raken, is groter als ze dingen gemeen hebben: als ze hetzelfde geslacht hebben, ongeveer even oud zijn en dezelfde activiteiten graag doen (Singer, Van Hoogdalem, Van Eek & Heesbeen 2012).

In vriendschapsrelaties leren kinderen zichzelf kennen: ze ontdekken liefhebberijen en ontwikkelen belangrijke sociale vaardigheden. Kinderen hebben vaak verscheidene vrienden waar ze verschillende dingen mee doen. Door deze vriendschappen ontwikkelen kinderen een rijke persoonlijke identiteit.

Sekse-identiteit

Vanaf 3 jaar ontwikkelen kinderen in de kinderopvang een voorkeur om te spelen met een kind van hun eigen sekse. Jongens gaan vaker spelen met jongens en meisjes met meisjes. Maar jongens en meisjes blijven ook met elkaar spelen, ook de oudste kinderen in de buitenschoolse opvang. Voor alle kinderen is de sekse-identiteit heel belangrijk. Ze willen een 'echte jongen' of 'echt meisje' zijn. Soms stelt hen dat voor dilemma's. Bijvoorbeeld wanneer ze van activiteiten houden die volgens hun ouders of vrienden niet bij hun sekse passen. Maar culturele normen veranderen en verschuiven. Vroeger was bijvoorbeeld een jongen die van kleren hield een 'homo', terwijl tegenwoordig veel mannen en jongens openlijk van kleding – en zelfs van make-up – houden.

Seksestereotiep gedrag in de groep

In een groep versterken kinderen elkaars seksespecifieke gedrag. Meisjes die met meisjes spelen, kiezen vaak voor een typisch meisjesachtig spel, omdat ze spelen met poppen of knutselen het leukst vinden. Voor jongens die samen spelen, geldt hetzelfde. Kinderen vanaf 8 jaar zetten zich ook vaak af tegen de andere sekse. De meisjes gaan zich supermeisjesachtig gedragen en reageren geïrriteerd op jongens in hun buurt. Jongens gaan samen een groepje meisjes pesten en voelen zich extra mannelijk en stoer. Deels genieten kinderen daarvan. Denk maar aan spelletjes als 'jongens vangen de meiden' of 'meiden vangen de jongens'. En aan de opwinding over wie op wie is en de geheimen over verliefdheden, die gedeeld en verklapt worden. Verliefdheid en aantrekkingskracht is een enorme motor voor seksestereotiep gedrag. Maar de scheidslijn tussen leuke opwinding over jongens/meiden en pesten tussen jongens- en meidengroepen is soms dun.

Pedagogisch medewerkers kunnen met kinderen bespreken of het spel 'leuk spannend' of 'naar spannend' is. In het laatste geval is het spelen met stereotypen ontaard in onverdraagzaamheid en negatieve vooroordelen. Negatieve vooroordelen komen ook voor binnen de meisjesgroep en binnen de jongensgroep. Denk maar aan meisjesachtige jongens die door de stoere binken worden uitgescholden voor 'sufferd' of 'homo'. Of jongensachtige meisjes die buitengesloten worden door andere meisjes, die al roddelend flink uitvergroten hoe anders deze meisjes wel niet zijn.

Seksespecifiek gedrag en cultuurfactoren

In alle culturen wordt er een onderscheid gemaakt tussen jongens en meisjes, maar op heel verschillende manieren. In de autochtone Nederlandse cultuur vindt men het bijvoorbeeld belangrijk dat meisjes en jongens dezelfde kansen op onderwijs krijgen. Maar binnen het

---

REFLECTIE

Genetische aanleg en invloed van de omgeving

Verschillen tussen jongens en meisjes komen voort uit de genetische aanleg en invloeden van de omgeving. Door de bank genomen zijn jongens motorisch actiever, vechten en stoeien vaker, spelen in grotere groepen en hebben meer behoefte aan risico's en fysieke uitdagingen dan meisjes. Meisjes zijn gemiddeld verbaal iets sterker, zijn meer geïnteresseerd in intimiteit, gevoelens en sociale gebeurtenissen, en spelen liever met één of twee vriendinnen. Maar dit zijn gemiddelden. Er zijn veel meisjes die beter vechten en meer risico's durven te nemen dan veel jongens. En er zijn jongens die gevoeliger en socialer zijn dan meisjes. In de kinderopvang is het belangrijk dat pedagogisch medewerkers activiteiten aanbieden die passen bij 'jongensachtige' jongens en 'meisjesachtige' meisjes en ook bij 'meisjesachtige' jongens en 'jongensachtige' meisjes.

Bron: Rose & Smith (2009).

KENNIS

Benadruk niet het verschil

Uit onderzoek blijkt dat er in groepen waar de leerkrachten steeds onderscheid maken tussen 'de jongens' en 'de meisjes', minder wordt samengespeeld tussen jongens en meisjes. Als de competitie tussen jongens en meisjes wordt aangemoedigd ('Kijk, de meisjes zitten gezellig te praten en we moeten weer wachten op de jongens'), kan dit zelfs leiden tot agressie tussen jongens en meisjes of tot gegil als een jongen of meisje de ander aanraakt – alsof ze besmettelijk voor elkaar zijn. Dit gedrag van de leerkracht versterkt stereotiep seksespecifiek gedrag.

Bron: Hilliard & Liben (2010), Thorne (1993).

PRAKTIJK EN TIPS

In de groep omgaan met verschillen tussen jongens en meisjes

- Bied een gevarieerd spelaanbod, waarin zowel meisjes als jongens kunnen spelen met kinderen van hun eigen en de andere sekse.
- Zorg voor diversiteit in het team: pedagogisch medewerkers die houden van meisjesgetut en medewerkers die genieten van fysiek uitdagend jongensspel.
- Geef extra aandacht aan meisjes in groepen met grotendeels jongens en aan jongens in groepen met vooral meisjes. Zoek samen met de kinderen manieren om ieder kind een plek en spelkameraadjes in de groep te geven.
- Geef extra aandacht aan jongens en meisjes die niet worden geaccepteerd door hun eigen seksegroep, omdat ze te meisjesachtig dan wel te jongensachtig zijn. Maak duidelijk dat discriminatie en pesterijen niet geaccepteerd worden en investeer in positieve relaties in de hele groep.
- Vraag ouders wat ze belangrijk vinden in de jongens- en meisjesopvoeding en leg het pedagogisch beleid van de organisatie uit. Probeer elkaar te begrijpen en zoek compromissen.
- Bespreek met je leidinggevende wat het beleid 'omgaan met seksualiteit' is in jouw instelling en hoe je dit kunt uitleggen aan ouders.

ene Nederlandse gezin moeten alleen meisjes helpen in het huishouden, terwijl in het andere ook de jongens huishoudelijke taken krijgen. In verschillende allochtone Nederlandse gezinnen worden de verschillen tussen jongens en meisjes vanaf 8 of 9 jaar sterker benadrukt. Meisjes worden sterker gecontroleerd en mogen niet meer met jongens spelen, terwijl jongens meer vrijheid krijgen. De stoerejongenscultuur die autochtone en allochtone jongens soms in de puberteit ontwikkelen, is in de regel een uiting van straatcultuur die door de ouders wordt afgekeurd.

Ruziemaken en verzoenen

Kinderen maken niet alleen plezier, maar ook ruzie. Zodra kinderen kunnen kruipen, zoeken ze toenadering tot andere kinderen en ontstaan ook de eerste conflicten. Een 1-jarige vindt het speeltje dat een ander kind in de hand heeft het aantrekkelijkst en probeert het af te pakken. Een 2-jarige wil meebouwen aan een toren, maar stoot die per ongeluk om en wordt uit de blokkenhoek verdreven. Een 3-jarige zit fijn te puzzelen en kijkt boos naar alle kinderen die te dichtbij komen. Een groepje kinderen speelt in de huishoudhoek, maar krijgt ruzie over wie 'kind' moet spelen en wie 'moeder' mag zijn.
Door conflicten leren kinderen belangrijke sociale regels en leren ze rekening te houden met elkaar. Ze leren aan te voelen wanneer anderen het leuk vinden als ze mee gaan spelen en ook wanneer ze niet welkom zijn. Ze leren ook dat je anderen mild kunt stemmen door een leuk speelding aan te bieden als je mee wilt spelen. Ze leren speelgoed en ruimte te delen en te accepteren wanneer iets van een ander kind is. Ze leren onderhandelen over wie wat mag doen of zijn in een rollenspel. En misschien het allerbelangrijkste: ze leren dat als je anderen pijn doet en geen rekening met hen houdt, ze niet meer met je willen spelen (Singer, Van Hoogdalem, De Haan & Bekkema 2012)!

De wens samen te spelen

Als jonge kinderen ruzie hebben, is elkaar slaan en trekken normaal. De sterkste heeft de grootste kans om te winnen. Als ze ouder worden, gaan kinderen minder fysieke kracht gebruiken, want ze willen het liefst samen verder spelen. De wens om samen te spelen blijkt het belangrijkste motief voor kinderen om niet agressief te doen, niet te slaan, te schoppen of te schelden. Ze ontdekken dat je met iets toegeven en compromissen verder

komt (Singer, Van Hoogdalen, De Haan & Bekkema 2012). Daarom is het belangrijk dat pedagogisch medewerkers

---

PRAKTIJK EN TIPS

Bemiddelen en verzoenen in drie stappen. De drie O's

Deze oefening biedt concrete handvatten om kinderen in drie stappen te begeleiden in het goedmaken van ruzies.

Stap 1: Oog hebben voor elkaar – de inzicht-stap

Je wilt inzicht krijgen in het conflict.
› Stel aan de kinderen concrete vragen: wat is er aan de hand?
› Beschrijf de situatie en vraag de kinderen of je beschrijving klopt.
› Beschrijf het perspectief van ieder betrokken kind.
› Benoem de emoties en het gedrag van ieder betrokken kind.

Stap 2: Oplossingen bedenken – de goede-idee-stap

Je zoekt met de kinderen goede ideeën om tot een oplossing te komen.
› Vraag aan de kinderen wat ze kunnen doen.
› Raad hun aan wat ze tegen elkaar kunnen zeggen.
› Stel een compromis voor.
› Maak er een spel van.
› Pas de regels toe die gelden in het kindercentrum of op de buitenschoolse opvang.

Stap 3: Opnieuw vrienden worden – de verzoen-stap

Je verzoent de kinderen met elkaar.
› Vraag: wat kunnen we nog doen?
› Adviseer de kinderen iets te doen of iets aan elkaar te geven.
› Adviseer de kinderen lichamelijk contact te maken.
› Adviseer de kinderen samen iets te doen.
› Geef de kinderen complimenten als ze weer vrienden zijn geworden.

Bron: MUTANT (2006), Singer & De Haan (2006).

de kinderen helpen samen oplossingen te vinden. De schuldvraag verslechtert vaak de relatie tussen de kinderen, want die heeft te maken met wie het recht heeft om te winnen en dat scheidt kinderen. Bovendien is het voor pedagogisch medewerkers vaak heel moeilijk om bij jonge kinderen te achterhalen wie gelijk heeft en beschuldigen ze soms ongewild het verkeerde kind.

Spelen met macht

Josje (bijna 4 jaar) geeft Amed (net 3 jaar) onder tafel een harde schop. Amed schiet omhoog en begint wild op Josje in te slaan. Josje kijkt verontwaardigd naar de pedagogisch medewerker. Die zegt boos tegen Amed dat hij niet mag slaan en dat hij op moet houden. Josje kijkt emotieloos toe hoe Amed op zijn kop krijgt.
Is Josje een slecht meisje, dat het leuk vindt als een ander kind gestraft wordt? Misschien. Maar veel waarschijnlijker is dat ze heeft ontdekt dat ze macht heeft. En dat ze het leuk vindt daarmee te spelen en die macht verder uit te proberen.
Kinderen in een groep ontdekken op jonge leeftijd dat ze macht en een sociale status ten opzichte van elkaar hebben. In elke groep zijn er kinderen die populair zijn en kinderen die genegeerd worden.

Kinderen vanaf 3 jaar experimenteren met hun macht en onderzoeken wat ze teweeg kunnen brengen bij andere kinderen en pedagogisch medewerkers. Kinderen vanaf ongeveer 7 of 8 jaar vinden het leuk andere kinderen totaal van streek te maken. Bijvoorbeeld dat ene jongetje dat altijd hard gaat huilen als je hem omduwt of uitscheldt. Of dat meisje dat in woede uitbarst als je haar dwarszit. Kinderen van die leeftijd zijn zo gefascineerd door de emotionele explosies die ze teweegbrengen dat ze helemaal vergeten wat ze de ander aandoen. Ze kunnen nog maar aan één ding tegelijk denken en raken in de ban van hun macht om emoties op te roepen. Zodra ze beseffen wat ze doen, schamen ze zich. Daarbij spelen de ouders en pedagogisch medewerkers een belangrijke rol.

Machtsexperimenten horen erbij

Alle kinderen experimenteren met macht. Door andere kinderen te plagen, dieren te pesten, belletje te trekken of iets uit de supermarkt te stelen. Dat is niet goed en moet bestraft en afgeleerd worden, maar het hoort bij het ontdekken en beproeven van grenzen. Als de sfeer in een groep echter onveilig is en er veel rivaliserende subgroepen zijn, kan dit gedrag een grimmiger karakter

krijgen. Pedagogisch medewerkers doen er goed aan de behoefte van kinderen om met macht te experimenteren, te erkennen en positief om te buigen.
› Geef kinderen verantwoordelijkheden en laat ze elkaar helpen of taken doen in de groep die moeilijk zijn en waar ze trots op kunnen zijn.
› Veroordeel een kind dat met macht experimenteert niet, maar wel zijn of haar gedrag. Pas op voor het vooroordeel 'dit is een slecht kind'.
› Stimuleer bij kinderen empathie voor de slachtoffers.
› Steun kinderen die vaak slachtoffer zijn om meer voor zichzelf op te komen.

PRAKTIJK EN TIPS

Klierkop

'Ik heb jammer genoeg een jongen in mijn klas die zegt dat ik in het verkeerde lichaam ben geboren. […] Hij zei dat ik, omdat ik van rock en metal houd, een jongen ben. Ik ben ook goed in vechten. Nou en, wat maakt het uit? Ik werd rood en begon me te schamen. Maar ik zei: "Waarom klier je eigenlijk?" En toen was ie stil. Hij zei: "Vind ik leuk." "Oké, ik ben misschien een meisje dat van jongensdingen houdt. Maar dat vind ik niet leuk, echt niet." Nu is het vakantie en ik weet niet of het nog steeds een klierkop is. Hoe denken jullie hierover?'
– M. (11 jaar)

Bron: Achterwerk, 18 september 2010 (VPRO-gids 2010).

Pesten en gepest worden

Op bijna alle scholen en in de buitenschoolse opvang wordt gepest. Ruim een kwart van de basisschoolkinderen zegt de afgelopen maand weleens gepest te hebben en ruim 10 procent van de kinderen zegt de afgelopen maand geregeld gepest te zijn. Veel kinderen die pesten, worden zelf ook weleens gepest. Kinderen die dikwijls gepest worden, hebben vaker last van hoofdpijn, slaapproblemen, buikpijn, bedplassen, vermoeidheid en depressie dan kinderen die zelden worden gepest (Stassen Berger 2007, Zeijl e.a. 2005). Veel kinderen vertellen niet aan hun ouders of leerkrachten dat ze gepest worden en al helemaal niet dat ze zelf pesten.

Antipestbeleid

Voor het onderwijs zijn enkele succesvolle antipestprogramma's ontwikkeld, zie bijvoorbeeld www.nji.nl/pesten. Ook in de buitenschoolse opvang worden deze programma's met succes ingezet, soms in samenwerking met het onderwijs. De belangrijkste ingrediënten zijn dat:
› de aanpak gedragen wordt door de hele organisatie;
› alle pedagogisch medewerkers zich bewust zijn van pesten en zich actief ervoor inzetten dit tegen te gaan;
› de pedagogisch medewerkers aan een positieve sfeer in de groepen werken;
› er met de kinderen duidelijke afspraken worden gemaakt en dat de kinderen actief bij het maken van die afspraken worden betrokken;
› de ouders goed worden geïnformeerd over dit beleid en actief worden betrokken bij het zoeken naar oplossingen als er problemen zijn tussen de kinderen;
› kinderen sociale vaardigheden leren om constructief om te gaan met conflicten, te bemiddelen en te verzoenen;
› individuele kinderen die veel pesten of gepest worden, individuele hulp krijgen.

PRAKTIJK EN TIPS

Een antipestbeleid is er niet voor niets

Meriam (9 jaar) wil niet meer naar de buitenschoolse opvang. Met veel moeite krijgen haar ouders uit haar dat ze gepest wordt door Aaron (10 jaar); andere kinderen doen vaak mee. Meriam wil niet dat haar ouders met de pedagogisch medewerkers gaan praten: 'Dan wordt het nog erger, als ie weet dat ik heb geklikt.' Maar de ouders wijzen Meriam erop dat de buitenschoolse opvang een antipestbeleid heeft en dat er afspraken zijn. Dus gaan ze toch naar de pedagogisch medewerkers. Die stellen voor om met de ouders van Aaron te praten. Aarons ouders wisten van niets. Nadat ze met hun zoon hadden gepraat, hield het pesten op.

Als pesten ontaardt in discriminatie

De grens tussen pesten en discrimineren is dun. Uit onderzoek (Van Amerongen 2010) blijkt dat 50 procent van de basisschoolkinderen en hun ouders ervaring heeft met discriminatie. Homo, stinkerd, brillenjood, stomme

Turk, ga terug naar je eigen land. Volgens de meeste leerkrachten ging het veelal om gewoon pesten; kinderen zoeken iets waarmee ze de ander kunnen raken en dat zijn negatieve opmerkingen over hun uiterlijk en identiteit. Volgens de meeste ouders en kinderen ging het hier echter om discriminatie. Ze namen het veel zwaarder op en dit soort opmerkingen raakte hen diep. De leerkrachten waren van mening dat hun antipestbeleid voldoende gereedschap biedt om hiertegen op te treden en preventief te werken, maar de onderzoekers vragen zich af of dat zo is. Pesten is niet bij wet verboden, discrimineren wel. Bovendien is volgens hen discriminatie erger, want ze berokkent schade aan de ontwikkeling van een positieve identiteit van het kind. Bij discriminatie:

› wordt de sociale groep van het kind vernederd: zijn of haar ouders, godsdienst of cultuur;
› wordt de eer van de ouders, familie en sociale groep aangetast. Dit roept zeer heftige emotionele reacties op bij het kind, want deze groep vormt de basis van zijn of haar emotionele zekerheid;
› leggen degenen die pesten, bewust of onbewust, verbindingen tussen tegenstellingen en verschillen in macht en aanzien in de samenleving. Dit

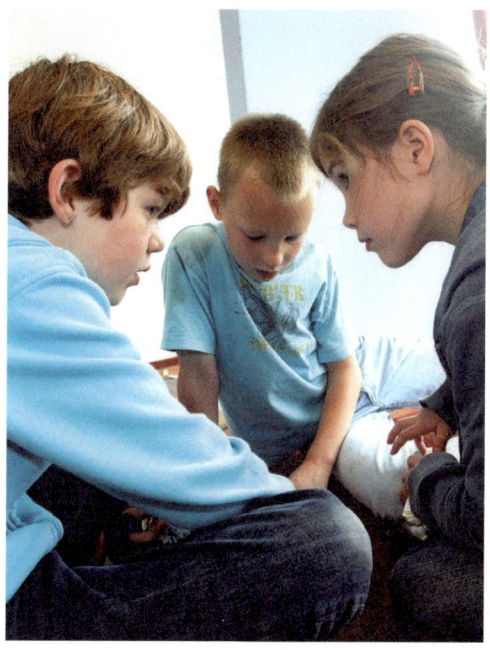

voedt het wij-zij-denken en minderwaardigheids- en meerderwaardigheidsgevoelens. Zowel een minderwaardigheids- als een meerderwaardigheidsgevoel vormt een risico voor de identiteitsontwikkeling van kinderen (Derman-Sparks & Olsen Edwards 2010).

Elkaar leren begrijpen

Empathie is het vermogen op te merken en te begrijpen wat een ander voelt. Meeleven en meevoelen leidt tot rekening houden met een ander en de bereidheid je voor hem of haar in te zetten. Waarschijnlijk liggen de eerste wortels van ons empathisch vermogen in de vroege kindertijd. Baby's nemen het gevoel van hun opvoeders gemakkelijk over. Ze worden kalm van rustige opvoeders en onrustig als ze spanning bij hen ervaren. Tussen jonge kinderen onderling lijken gevoelens bijna besmettelijk. Als er één baby huilt, beginnen de andere baby's vaak ook. Een peuter die gierend van de lach rondrent, verleidt andere kinderen ertoe hetzelfde te doen. Kinderen ervaren empathie als hun ouder of de pedagogisch medewerker zijn of haar gedrag aan hen aanpast. Kind en opvoeder spiegelen elkaars gedrag, waaruit een gevoel van wederzijds begrip ontstaat. Vanaf 2 of 3 jaar leren kinderen steeds beter onderscheid te maken tussen wat ze zelf voelen en wat de ander voelt. Dit hangt samen met hun cognitieve

---

REFLECTIE

Gewoon pesten: experimenteren met macht of discriminatie?

Hoe denk jij over pesten en discrimineren en wat zijn jouw ervaringen?
› Ben jij weleens gepest? Waarmee? Wat was de aanleiding?
› Ben jij weleens gediscrimineerd? Waarom? Wat was de aanleiding?

KENNIS

Schelden doet wél zeer!

'Schelden doet geen zeer. Ha, ha, schelden doet lekker toch geen zeer.' Door dit stoer en hard te zingen, verdedigen kinderen zich tegen schelden. En gelijk hebben ze om te proberen afstand te nemen van lelijke woorden. Maar in werkelijkheid kunnen die woorden diep invreten en de zelfwaarde van kinderen aantasten.

> **KENNIS**
>
> ## Elkaar aanvoelen zit in ons brein
> Mede dankzij speciale hersencellen, de zogenoemde spiegelcellen, kunnen mensen elkaar aanvoelen. Als we gedrag bij anderen zien, activeren die spiegelcellen delen in onze hersenen die actief zijn als we zelf dat gedrag zouden vertonen. Als een baby kijkt naar een lachend gezicht van de pedagogisch medewerker, wordt het hersendeel bij de baby geactiveerd alsof hij of zij zelf lacht. En dit leidt tot teruglachen. Als mensen naar een voetbalwedstrijd op tv kijken, beginnen hun benen vaak mee te schoppen alsof zij zelf in het veld staan. Dit mechanisme werkt tussen alle mensen. Als we iemand met verdriet zien, voelen we zelf (een beetje) verdriet. Als iemand blij is, gaan we zelf ook (glim)lachen. Dit mechanisme leidt ertoe dat mensen empathie voelen, elkaars emoties herkennen en zich met elkaar verbonden voelen.
>
> Bron: Kemner (2011).

Het is de verantwoordelijkheid van volwassenen een klimaat te scheppen waarin dit wordt gestimuleerd. Het gaat hierbij om de alledaagse omgang en zorg voor elkaar en om het geven van het goede voorbeeld.

> **PRAKTIJK EN TIPS**
>
> ## Inlevingsvermogen
> Een pedagogisch medewerker over inlevingsvermogen: 'Inlevingsvermogen ontstaat in het bezig zijn van alledag. We bewaren een stukje cake in de koelkast voor een kind dat ziek is. Het is niet zo moeilijk, we moeten het niet ingewikkeld maken. Volwassenen die inlevingsvermogen naar anderen laten zien, zijn belangrijke rolmodellen. Ik herinner de kinderen er voortdurend aan vrijgevig te zijn en te delen. Dat plezier, je vrijgevig te voelen en attent, dat is iets wat we de kinderen nooit mogen misgunnen.'
>
> Bron: Van Keulen (2004).

ontwikkeling. Als een 2-jarige een ander kind ziet huilen, zal deze dreumes zijn of haar eigen moeder halen om het kind te troosten. Vanaf 3 jaar beseffen kinderen dat ze beter de moeder van het huilende kind kunnen halen. Empathie is gemakkelijker als kinderen of volwassenen dezelfde ervaringsachtergrond hebben. Soms snap je een ander pas echt nadat je hetzelfde hebt meegemaakt.

Het goede voorbeeld geven
Groepsopvang biedt kinderen veel gelegenheid inlevingsvermogen te oefenen. Pedagogisch medewerkers zijn meestal goed in het 'zien' en snappen van kinderen. Ze laten aan de kinderen merken dat ze hen begrijpen en laten de andere kinderen zien hoe ze rekening met elkaar kunnen houden. Ze stimuleren empathie door:
› het goede voorbeeld te geven;
› te praten over gevoelens en uit te leggen waarom een ander kind iets doet;
› aandacht te schenken aan bijzondere gebeurtenissen in het leven van kinderen: hun verjaardag, ziekte, vakantie of de geboorte van een broertje of zusje;
› te stimuleren dat kinderen elkaar helpen en samen naar oplossingen zoeken;
› te laten merken dat alle kinderen even belangrijk zijn.

Je blik verruimen
In hoofdstuk 2, 'Gezinnen in soorten en maten', is de familiemuur al genoemd. Een muur met foto's van de kinderen in hun gezinnen is een uitstekend middel om wederzijdse belangstelling en begrip te voeden.

> **PRAKTIJK EN TIPS**
>
> ## Foto's maken van de groep
> In de buitenschoolse opvang kunnen kinderen een reportage maken van de groep voor hun ouders of voor andere groepen. Ze maken van alle activiteiten en alle kinderen foto's en schrijven er tekstjes bij. Ze kunnen de kinderen ook fotograferen in kleding van hun lievelingsheld of geschminkt. Samen met de kinderen kun je dan bespreken:
> › Wat zien we op de foto?
> › Waarom heb je die activiteit gekozen om te fotograferen?
> › Waarom vind je het leuk gekleed te gaan zoals die held of popster?
>
> Zie www.onzeklasmijnwereld.nl voor manieren om deze activiteit te organiseren.

Kinderen zien die diversiteit, hun nieuwsgierigheid wordt geprikkeld, ze stellen vragen en leren van de antwoorden. Oudere kinderen in de buitenschoolse opvang kunnen met behulp van digitale camera's zelf een fotoportret maken van hun familie of van hun groep.

Kinderparticipatie en rekening houden met elkaar

Er zijn veel werkvormen ontwikkeld voor de kinderdagverblijven, de buitenschoolse opvang en het onderwijs om kinderen verantwoordelijkheid te geven voor de dagelijkse gang van zaken en voor elkaar (zie ook *Pedagogisch kader kindercentra 0-4 jaar* en *Pedagogisch kader kindercentra 4-13 jaar*). Deze werkvormen zijn vooral succesvol als de organisatie een visie op kinderen heeft die hierbij past en die ook voelbaar is in de basale houding van pedagogisch medewerkers tegenover kinderen. Een dergelijke visie en een dergelijke houding kenmerken zich door de uitgangspunten dat:
› alle kinderen, ongeacht hun leeftijd, kunnen en willen bijdragen aan hun eigen welzijn, een goede relatie en het welzijn van anderen en de groep;
› je met kinderen kunt praten zonder dat je zelf als opvoeder aan gezag inboet.

Een houding van openheid naar kinderen uit zich in kleine dagelijkse zaken.
Bij de jongste kinderen:
› kinderen binnen een kader ruimte en invloed geven: een paar duidelijke regels stellen die ze kunnen onthouden, snappen en volgen;
› uitleggen wat kan en niet kan en waarom iets moet;
› positieve alternatieven bieden in plaats van 'nee' en verbieden;
› enkele keuzen geven waaruit ze kunnen kiezen (bij veel keuzemogelijkheden weten jonge kinderen het niet meer, maar bij te weinig verliezen ze hun motivatie);

> **KENNIS**
>
> ### Meedoen om erbij te horen
> Een kind dat niet mag meedoen met de wereld van de volwassenen zal aan die wereld ook geen boodschap hebben en er geen verantwoordelijkheid voor voelen. Zo'n kind leert alleen maar zorg om zichzelf te hebben en te denken: *this is my life*. Alsof dat leven niet met duizenden draadjes aan andere levens is verbonden.
>
> Bron: Dasberg (1975).

KENNIS

Programma's om de relaties tussen kinderen te verbeteren

Er bestaan verschillende programma's om de relaties tussen kinderen onderling en tussen kinderen en pedagogisch medewerkers te verbeteren en om kinderen te leren met diversiteit, beeldvorming en alledaagse conflicten om te gaan. Een aantal daarvan is ontwikkeld voor de basisschool, maar deze programma's bevatten ook bruikbare tips en handreikingen voor pedagogisch medewerkers. Een overzicht van programma's vind je op www.nji.nl.
De programma's hebben een verschillende insteek, afhankelijk van de doelgroep.

› Met jonge kinderen praten pedagogisch medewerkers aan de hand van aansprekende verhaaltjes over wat goede oplossingen zijn, wat er gevoeld en gedacht wordt en of kinderen weleens zoiets hebben meegemaakt ('Zippy's vrienden', voor 5-7 jaar).
› In andere programma's ligt de nadruk op het creëren van een wij-gevoel en het constructief oplossen van conflicten ('Samen spelen, botsen en verzoenen', voor 0-4 jaar).
› In het programma 'De Vreedzame School' (voor 4-13 jaar) en het project 'Kindercentrum als democratische oefenplaats' (voor 0-13 jaar) wordt veel aandacht besteed aan kinderparticipatie, kinderen leren bemiddelen bij conflicten, democratisch beslissen en plannen maken in de hele groep.

› samen nadenken ('Wat wil jij?', 'Wat wil het andere kind?', 'Hoe zullen we dat oplossen?');
› hulpgedrag prijzen;
› het goede voorbeeld geven;
› vragen of ze willen helpen, bijvoorbeeld bij het tafeldekken of om een nieuw kind te laten zien waar het speelgoed ligt;
› een actieve rol geven bij feesten en rituelen.

Bij de oudere kinderen:
› verhalen vertellen over een kind, dier of fantasiefiguurtje dat van alles meemaakt en morele dilemma's tegenkomt ('Wat zal dit kind voelen?', 'Wat zal het denken?', 'Hoe zou het kind het kunnen oplossen?');
› praten over wanneer zij het fijn vinden in de groep, bijvoorbeeld in het begin van de middag ('Hoe maken we het gezellig?'). Op basis van de ideeën van de kinderen afspraken maken ('Zo gaan wij het doen in onze groep!');
› bij grotere of zich herhalende conflicten tussen kinderen in de groep de vraag stellen: 'Hoe kunnen we dit samen oplossen? Wat is rechtvaardig?';
› als er een kind met een beperking, bijvoorbeeld iemand in een rolstoel, in de groep zit: 'Hoe kunnen we er samen voor zorgen dat hij of zij mee kan doen, met buitenspelen of op een uitstapje?';

PRAKTIJK EN TIPS

Kindercentrum als democratische oefenplaats

In het project 'Kindercentrum als democratische oefenplaats' gingen pedagogisch medewerkers concreet aan de slag met kinderparticipatie in de bso en in de peuter- en dreumesgroep. Ze ontdekten dat:
› hun beeld van kinderen veranderde;
Medewerkster bso voor jonge kinderen:
'Ik realiseer me dat in sommige situaties kinderen meer aankunnen dan je verwacht of vermoedt, bijvoorbeeld het zelfstandig oplossen van conflicten.'
› ze veel konden overlaten aan kinderen;
Medewerker bso: 'Kinderen zijn best zelfstandig. Het gaf vreugde bij kinderen zelf verantwoordelijk te zijn.'
› hun eigen rol veranderde;
Medewerkster bso: 'Eerst was ik actiever, daarna kon ik het meer loslaten. Ik kon meer open vragen stellen; spannend, omdat je het loslaat, maar de kracht ligt daar! Want de kinderen zijn enthousiast en komen met veel ideeën.'
› actief luisteren de basis is van democratisch burgerschap.
Medewerker bso: 'Het is bijvoorbeeld belangrijk dat kinderen elkaars namen kennen en luisteren naar elkaar; iedereen is belangrijk.'

Bron: project 'Kindercentrum als democratische oefenplaats', MUTANT (2011).

- leren te bemiddelen in conflicten van kinderen in hun groep;
- leren vergaderen, bijvoorbeeld om samen een feest of circus te organiseren.

Pedagogische handvatten

Stimuleren dat kinderen respectvol met elkaar omgaan

- Geef ieder kind aandacht: iedereen is welkom.
- Betrek kinderen bij elkaar: leer ze elkaar te helpen en samen plannen te maken.
- Leer kinderen respectvol om te gaan met niet-vrienden en onbekende kinderen.
- Leer kinderen om te gaan met conflicten en zich te verzoenen na ruzies.
- Leer kinderen te delen en te onderhandelen.
- Bevorder dat kinderen zich in elkaar inleven en invoelend omgaan met mensen en dieren in hun omgeving.
- Geef het goede voorbeeld door altijd eerlijk en oprecht te zijn.
- Schep in de groep een basis voor kinderparticipatie door kinderen:
  » medeverantwoordelijk te maken voor het welzijn van de groep;
  » mee te laten beslissen over activiteiten of de aankleding van de ruimte;
  » te leren compromissen te sluiten en problemen met elkaar op te lossen.

Eraan bijdragen dat kinderen een positief gevoel van eigenwaarde ontwikkelen

- Erken de bijzondere band van kinderen met hun familie en verzorgers.
- Ga respectvol om met hun ouders en verzorgers en praat nooit negatief over ouders of verzorgers.
- Laat alle kinderen af en toe iets doen wat door anderen gewaardeerd wordt en waar ze trots op kunnen zijn.

Kinderen ondersteunen in het leren met verschillen en overeenkomsten om te gaan

- Praat met kinderen over verschillen en overeenkomsten. Die mogen er zijn en ze zijn oké.
- Steun kinderen bij het maken van vrienden.
- Steun kinderen in hun wens een 'echt meisje' of een 'echte jongen' te zijn.
- Zorg dat kinderen zich kunnen afschermen van anderen en kunnen spelen met wie ze graag willen.

- Keur stereotypen van kinderen niet af, maar laat hen ontdekken dat de wereld diverser is dan ze denken, bijvoorbeeld:
  » dat meisjes ook van jongensspelletjes houden en jongens van meisjesdingen;
  » dat volwassenen soms van kinderspelletjes houden en kinderen al werken;
  » door kritische vragen te stellen: 'Is dat wel zo?'.
- Maak gebruik van rituelen: dans of zing of doe andere activiteiten.

Omgaan met kinderen die de sfeer negatief beïnvloeden door rivaliteit

- Wees alert op rivaliteit in de groep. Merk je in de groep negatieve processen op, gebruik dan, naast de middelen die we al hebben genoemd, alle beschikbare pedagogische middelen en programma's om samenhang en een fijne sfeer in de groep te brengen.
- Accepteer subgroepjes van kinderen die graag met elkaar spelen in de groep, evenals leiders en volgers en populaire en minder populaire kinderen. Let wel goed op of er geen negatieve dynamiek is in de groep, zoals:
  » subgroepen die niet met elkaar willen spelen, slechte dingen over elkaar zeggen en als groep met elkaar vechten;
  » subgroepen die zich sterk onderscheiden door kleding en gedrag;
  » kinderen die buiten worden gesloten of alleen mee mogen doen als het de leider van de groep uitkomt;
  » subgroepen met leiders die de baas spelen door middel van 'verdeel en heers', door binnen- en buitensluiten en door andere kinderen bang te maken door te pesten.

Omgaan met kinderen die experimenteren met macht en grenzen opzoeken

- Keur het gedrag af van een kind dat een ander kind of een dier pijn doet, maar keur niet het hele kind af.
- Bied alle kinderen positieve kansen om groot en sterk te zijn, ook tegenover andere kinderen.
- Houd pestgedrag binnen de perken door een open klimaat te scheppen waarin praten normaal is.
- Werk mee aan een antipestbeleid van de organisatie. Zorg dat ouders en kinderen dit beleid kennen en zich erop kunnen beroepen.
- Treed streng op tegen pesten en discriminerende opmerkingen.
- Trek een absolute grens als macht ontaardt in discriminatie: dit tolereren we niet op onze groep!

PRAKTIJK EN TIPS

Verder lezen

Brooker, L. & M. Woodhead (2008), *Developing positive identities. Diversity and young children.* Open University, Walton Hall. Gratis te downloaden op www.bernardvanleer.org.

Delfos, M. (2002), *Zoek de verschillen. Over verschillen tussen jongens en meisjes.* Uitgeverij SWP, Amsterdam.

Gareis, U. (2009), *Creatief werken met portret en zelfportret (met kinderen van 6-13 jaar).* Panta Rhei, Katwijk.

Krawatschek, D. & G. Krawatschek (2005), *Pesten op school. Adequaat optreden tegen pestgedrag.* Panta Rhei, Katwijk.

Singer, E. & D. de Haan (2006), *Kijken, kijken, kijken. Een boek over samenspelen, botsen en verzoenen bij jonge kinderen.* Uitgeverij SWP, Amsterdam.

Tulleners, A. (2007), *Pesten. Mijn boek over durf en zelfvertrouwen.* Uitgeverij SWP, Amsterdam.

Winter, M. de (2011), *Verbeter de wereld, begin bij de opvoeding. Vanachter de voordeur naar democratie en verbinding.* Uitgeverij SWP, Amsterdam.

Ykema, F. (2011), *Rots en water. Een psychofysieke training voor jongens en meisjes.* Uitgeverij SWP, Amsterdam.

Websites

› www.kennislink.nl/publicaties/verschillende-opvoeding-voor-jongens-en-meisjes
 Deze website geeft een overzicht van onderzoek naar (vermeende) verschillen tussen jongens en meisjes.
› www.nji.nl
 Deze website geeft informatie over diversiteit in opgroeien en opvoeden in Nederland. De site noemt programma's die zich richten op opvoedingsondersteuning en stimuleringsprogramma's in de kinderopvang.

PORTRET 5

Boris is al het gevraag weleens zat

Boris is 7 jaar en hij heeft een spookziekte. Bij zijn geboorte werd ontdekt dat hij het stresshormoon cortisol niet aanmaakt. Als hij zijn pillen maar krijgt, gebeurt er niets, dus hij heeft nog nooit meegemaakt dat hij erg ziek is geworden. Volgens Anna, Boris' zusje van 5 jaar, is hij niet ziek, alleen weleens een dagje.

Ina, de moeder van Boris: 'Maar als moeder sta je altijd op scherp. Thuis voelt het veilig, maar een kind moet de wereld in. Naar de crèches, naar school. Steeds zie je nieuwe gevaren. Breekt ie wat en moet ie geopereerd worden, dan is het levensgevaarlijk als de chirurg zijn ziekte niet kent. Hoe ik weet dat ik de pedagogisch medewerkers kan vertrouwen? Ze dachten aan dingen waaraan ik zelf nog niet had gedacht. Dat de buschauffeur het weet, dat er op de bso extra medicijnen zijn voor als Boris zijn medicijnen niet mee had. Daaraan merkte ik dat ze zich er echt in verdiepten. Toen ze de pillen een keer waren vergeten, belden ze op. Dat gaf ook vertrouwen.'

Boris is het allemaal weleens zat: 'Dan vragen die kinderen aan mij: "Waarom moet jij je pilletje? Waarom om 2 uur of om 4 uur?" Dat zeg ik ze lekker niet. Maar steeds weer hetzelfde. Ze gaan maar door. Het zijn angsthazen, ze zijn bang dat ik met stokken sla.' Boris zucht diep, staat op en loopt weg om te gaan computeren.

Ina: 'Als moeder is het voortdurend je grenzen verleggen en loslaten. Een jongen wil de wereld in. Hij heeft nog regelmatig logopedie, fysio of medisch onderzoek, maar dat doseren we. Anders moet hij steeds de bso-groep uit. Boris wil gewoon net als de andere kinderen zijn.'

HOOFDSTUK 4

Ouders ondersteunen bij het in balans blijven

Kijk, dit is Marianne. Ze is 4 jaar, lief, vrolijk, spontaan en een beetje eigenwijs. Met haar grote zus Karin (7 jaar) stoeit ze soms om de muziek. Marianne wil dan K3 en Karin wil Jan Smit. Marianne is weliswaar 4 jaar, maar ze functioneert op peuterniveau en haar IQ ligt onder de 50. Ze praat onduidelijk, al weten haar ouders en vooral haar zus altijd precies wat ze bedoelt. Gewoon door te kijken naar wat ze doet en hoe ze iets zegt. Ze is een vrolijke druktemaker en ze heeft het erg naar haar zin op het dagverblijf, waar ze een jaartje langer mag blijven.

De kern

Kinderopvang versterkt de gezinsopvoeding door opvang van goede kwaliteit te leveren als ouders werken en door met ouders samen te werken. Daarover gaan *Pedagogisch kader kindercentra 0-4 jaar* en *Pedagogisch kader kindercentra 4-13 jaar*. Maar sommige ouders zijn zwaarder belast en hebben meer steun bij de opvoeding nodig dan andere. Anders gezegd: ze verschillen in draaglast en draagkracht.

Dit hoofdstuk behandelt manieren waarop kindercentra en de buitenschoolse opvang de draagkracht van ouders kunnen versterken en hen zo kunnen helpen in balans te blijven. Het eerste deel van het hoofdstuk gaat over ouders van kinderen met lichamelijke of geestelijke beperkingen. Een kind met beperkingen vraagt om extra zorg en aandacht van de ouders en pedagogisch medewerkers. De ouders hebben om twee redenen kinderopvang nodig: om het gezin te ontlasten en om buitenshuis te kunnen werken. Het tweede deel van het hoofdstuk gaat over ouders en gezinnen waar de problemen zich opstapelen: financieel, persoonlijk of in hun relatie. Door te veel problemen worden deze ouders te zwaar belast. Hierdoor kunnen kinderen bedreigd worden in hun ontwikkeling.

In dit hoofdstuk gaat het over de manieren waarop pedagogisch medewerkers, teams en leidinggevenden de draagkracht van ouders kunnen vergroten en daarmee de kwaliteit van de opvoeding van de kinderen.
Het vergroten van de draagkracht van ouders gebeurt bijna altijd in samenwerking met andere organisaties in de gezondheidszorg, de jeugdhulpverlening en het onderwijs. Over die samenwerking lees je meer in hoofdstuk 7, 'Kinderopvang als actieve speler in de wereld'.

Terminologie en pedagogische houding

We hebben het in *Samen verschillend* over 'kwetsbare kinderen' en 'kinderen met beperkingen'. Termen als gehandicapte kinderen, zieke kinderen, gedragsgestoorde kinderen, lastige kinderen, mishandelde kinderen of kinderen van gescheiden ouders gebruiken we liever niet, omdat ze de afwijking en het probleem benadrukken.
In de Vlaamse *Handleiding inclusie van kinderen met specifieke zorgbehoeften* (Vandenbroeck e.a. 2007) staat het kernachtig geformuleerd: 'Een kind heeft wel een handicap, maar het is niet de handicap'. Dit is tevens de

benadering in *Samen verschillend*, ook wanneer het om specifieke groepen kinderen gaat.

Pedagogisch medewerkers zijn deskundig in het opvoeden van kinderen in een groep. Ze zijn deskundig in het signaleren wanneer er iets met een kind aan de hand is. En ze zijn deskundig in het vinden van praktische oplossingen, waardoor kwetsbare kinderen en kinderen met beperkingen goed kunnen functioneren in de groep. Pedagogisch medewerkers zijn niet deskundig en niet opgeleid in het diagnosticeren van ziekten of gedragsafwijkingen. Als ze na overleg met ouders, kinderen en collega's niet weten wat te doen, is overleg nodig met medische, psychologische of pedagogische specialisten. De pedagogische houding van de medewerkers kenmerkt zich door openheid voor het unieke van ieder kind, oog voor problemen van kinderen en creativiteit in het zoeken van manieren om samen met de kinderen een fijne groep te maken.

Iedereen krijgt ermee te maken

Kinderen met beperkingen of problemen zijn geen zeldzaamheid. Naar schatting gaat het om 150.000 tot 200.000 kinderen tussen 0 en 12 jaar. Bij deze telling wordt er een onderscheid gemaakt tussen kinderen met motorische en zintuiglijke beperkingen, kinderen met cognitieve beperkingen (verstandelijke beperkingen, leer- en taalstoornissen), kinderen met chronische ziekten en kinderen met psychiatrische problemen en gedragsstoornissen. Veel kinderen hebben problemen op meer ontwikkelingsdomeinen, bijvoorbeeld leerproblemen en gedragsproblemen of gezondheidsproblemen en lichamelijke beperkingen. Met zo veel kinderen met (lichte) beperkingen zullen er ook in de kinderopvang geregeld kinderen zijn met wie iets aan de hand is. Uit recent onderzoek blijkt dat 90 procent van de kinderopvangorganisaties te maken krijgt met kinderen met een (licht) verstandelijke beperking, een lichamelijke beperking of gedragsproblemen, en met combinaties daarvan (Sleeboom, Hermanns & Hermanns 2010).

> **KENNIS**
>
> ### Specifieke problemen die pedagogisch medewerkers het meest tegenkomen
> › Problemen met zindelijkheid.
> › Teruggetrokken gedrag.
> › Problemen op het gebied van taal en spraak.
> › Problemen op sociaal-emotioneel gebied.
> › Problemen op motorisch gebied.
> › Chronische ziekten.
>
> Bron: Vyvoj (niet gepubliceerd).

> **REFLECTIE**
>
> ### Nadenken over benamingen
> Sta eens stil bij wat taal kan doen, bijvoorbeeld aan de hand van de volgende vraag: wat kunnen stereotiepe benamingen van sommige groepen kinderen, zoals 'achterstandskinderen', 'ADHD-kinderen', 'autistische kinderen', 'kankerpatiëntjes' of 'rolstoelkinderen', doen met deze kinderen? Welke invloed zou dit hebben op hun zelfbeeld?

De komst van een kind met beperkingen

Als een baby op de kinderopvang komt, is vaak nog niet duidelijk dat er iets met hem of haar aan de hand is.

> **PRAKTIJK EN TIPS**
>
> ### Een moeilijk bericht
> Toen Marianne werd geboren, was niet meteen duidelijk dat er iets met haar aan de hand was. Met drie maanden ging ze naar het dagverblijf. Met een halfjaar kreeg ze last van krampen. Na veel gedokter ontdekte de neuroloog enkele maanden later wat er mis was. De buikkrampen bleken epileptische aanvallen te zijn; Marianne bleek te lijden aan een zeldzame ziekte. Ze zou ernstig lichamelijk en geestelijk gehandicapt door het leven gaan.
>
> Bron: Clarine de Leve (in persoonlijke communicatie).

Ouders en pedagogisch medewerkers ontdekken dan soms stukje bij beetje dat er iets met het kind is. Iets vreemds of iets anders. Dan komt een zoektocht op gang langs artsen of andere hulpverleners. Er volgen onderzoeken, misschien ziekenhuisopnamen en uiteindelijk volgt een diagnose. Hoewel de meeste ouders heel weerbaar reageren als ze horen dat hun kind ziek is of een beperking heeft, gaan ze vaak door lange perioden van onzekerheid en angst heen. Soms moeten ze zich met hun gezin ingrijpend aanpassen om te voldoen aan de zorgbehoeften van het kind met een beperking.

> **PRAKTIJK EN TIPS**
>
> ### Ouders zijn soms radeloos
> Een manager van een kinderdagverblijf voor de geïntegreerde opvang van kinderen tussen 0 en 13 jaar vertelt: 'Ouders van kinderen met een beperking zijn soms radeloos. Het doet ze natuurlijk veel verdriet dat hun zoon of dochter geen leven kan leiden dat "normaal" is. Deze ouders delen veel met elkaar. En met ons. Een kind met een beperking betekent, naast verdriet, ook andere extra zorgen. Soms staren andere mensen naar kinderen met een beperking. De steun die ouders elkaar geven, is verrassend.'
>
> Bron: Clarine de Leve (in persoonlijke communicatie).

Pedagogisch medewerkers moeten zich enigszins kunnen inleven in wat ouders in zo'n proces

doormaken. Wat doen ze om in balans te blijven? Hoe past het gezin zich aan de specifieke behoeften van dit kind aan?

Reacties van ouders op slecht nieuws
Ouders reageren heel verschillend op slecht nieuws. Ze verlangen daarom allemaal iets anders van pedagogisch medewerkers.
› Ouders die zich al lang zorgen maakten om hun kind, zijn blij als die zorgen erkend worden en ze eindelijk duidelijkheid hebben.
› Andere ouders willen er niet aan dat er iets met hun kind is. Als pedagogisch medewerkers bij hen komen met zorgen of voorbeelden, maken ze die kleiner of onbelangrijker.

> **PRAKTIJK EN TIPS**
>
> 'Je hele leven staat op z'n kop. Je hebt geen idee van wat je te wachten staat. Wat de mooiste dag in je leven zou moeten zijn, de geboorte van je eerste kindje, wordt opeens een drama. Artsen, operaties die wellicht nodig zullen zijn, aanpassingen in huis. De sterke hoop dat ze alles zal overleven. De angst voor hoe het leven van het kind eruit zal zien als ze overleeft. Je wordt totaal door elkaar geschud.'
> – Chrissie, moeder en onderzoekster
>
> Bron: Rogers (2007).

› Sommige ouders gaan meteen uit van de somberste verwachtingen; dan zijn ze op het ergste voorbereid en kan het alleen maar meevallen. Ze willen dat pedagogisch medewerkers naar hen luisteren zonder dat die concluderen dat er geen enkele hoop meer is.
› Andere ouders concentreren zich vooral op elk sprankje hoop. Ze willen in hun hoop bevestigd worden.

Aanpassen aan de nieuwe situatie
Als ouders weten dat hun kind ziek is of een beperking heeft, vinden ze na verloop van tijd manieren om met deze tegenslag te leven. Die manieren kunnen heel verschillend zijn. Ze worden copingstijlen of copingstrategieën genoemd. Daarbij spelen het karakter en de situatie een rol, en ook de talenten die

> **KENNIS**
>
> **Enige tegenslag maakt mensen sterker**
>
> Mensen die enige tegenslag in hun leven hebben meegemaakt, zijn weerbaarder, hebben minder psychische klachten en zijn meer tevreden met hun leven dan mensen die niets hebben meegemaakt. Mensen met geen en mensen met veel tegenslag waren het minst tevreden met hun leven. Blijkbaar maakt enige tegenslag mensen sterker en klopt het gezegde 'mensen ontwikkelen kracht naar last'.
>
> Bron: Seery, Holman & Silver (2010).

mensen hebben of die ze hiervoor speciaal ontwikkelen. Binnen gezinnen komen ook combinaties van copingstijlen voor. Geert van Hove deed hier onderzoek naar in gezinnen en vond de volgende stijlen (Van Hove e.a. 2009).

› **DE ONTDEKKINGSREIZIGER**

Ouders met deze stijl besluiten dat ze niet alles op hoeven te geven en ze zien altijd oplossingen en kansen. Ze betreden de nieuwe wereld van leven met een ziek kind of een kind met een beperking alsof het een ontdekkingsreis betreft. Voor bijzondere therapieën komen ze in landen waar ze anders nooit waren geweest. Door lotgenotengroepen krijgt hun leven een verdieping en maken ze nieuwe vrienden. Als ze hun werk en zorg voor het kind met beperkingen moeilijk kunnen combineren, gaan ze ervan uit dat ze een oplossing vinden.

› **DE HULPZOEKER**

Ouders met deze stijl belanden na de diagnose in een onbekende en andere wereld. Niets is meer zoals ze hadden verwacht en gedroomd. In contacten met hulpverleners willen ze zekerheid en antwoorden op hun vragen met betrekking tot hun kind: de medische zorg, voeding, sociale ontwikkeling, therapie, kinderopvang, vrije tijd, aanpassingen van hun woning, financiën en regelingen. Deze ouders voelen zich hulpeloos en klein en vragen veel aandacht en steun.

› **DE MANAGER**

Ouders met deze stijl leven volgens hun agenda en plannen hun leven rondom een doorlopende reeks van afspraken:

» rondom de specialistische ondersteuning: met artsen, logopedist, fysiotherapeut en diëtist;

» rondom de opvang: met kinderdagverblijf of buitenschoolse opvang, opa's en oma's, taxibusjes voor halen en brengen, en vriendjes;
» op het werk: wanneer ze er niet zijn, wanneer ze tijd hebben om te vergaderen;
» binnen het gezin: wie let op het kind als de ander kookt, wie maakt er een wandelingetje;
» voor de vakanties: aangepaste huisjes, zuurstofflessen, extra zorg in het vliegtuig.

› DE TRAINER EN ONDERWIJZER

Ouders met deze stijl gebruiken hun ervaringen om anderen te helpen. Ze organiseren zelfhulpgroepen, schrijven een ervaringsboek, worden actief in een oudervereniging of houden een website bij. Ouders benutten hun ervaringsdeskundigheid soms ook in hun werk. Als ze pedagoog zijn, zetten ze bijvoorbeeld projecten op voor kinderen met het syndroom van Down of voor kinderen met een meervoudige handicap. Of ze ijveren voor flexibele werktijden en verlofregelingen.

› DE VECHTER EN STRIJDER

Ouders met deze stijl accepteren geen 'nee' en gaan de strijd aan met instanties, artsen, scholen, organisaties en werkgevers voor gelijke rechten:
» voor hun kind (recht op opvang, onderwijs en specialistische medische zorg);
» voor hun gezin (recht op gezinshulp, aanpassingen in huis en financiële bijstand);
» voor zichzelf (recht op flexibele regelingen).

› DE EVENWICHTSKUNSTENAAR

Ouders met deze stijl balanceren permanent tussen normaal doen en speciaal zijn. Ze waken ervoor dat hun collega's iets merken van hun omstandigheden en vragen alleen in bijzondere situaties begrip voor hun situatie. Ze willen hun kind niet verwennen en stellen aan hem of haar normale eisen, zoals netjes eten, op tijd zijn en gehoorzamen. Aan de andere kant willen ze hun kind ook de extra aandacht en tijd geven die het nodig heeft. Deze aandacht gaat echter niet ten koste van de broer(s) of zus(sen). Dit type ouders denkt altijd na over de juiste balans.

Kinderen met beperkingen in de groep

Het uitgangspunt in *Samen verschillend* is inclusieve kinderopvang; dat wil zeggen dat zo veel mogelijk

---

PRAKTIJK EN TIPS

We waren de eerste keer zenuwachtig

De ochtend dat Iris voor het eerst op het kinderdagverblijf komt, waren we allemaal een beetje zenuwachtig. De ouders van Iris hadden namelijk net gehoord dat Iris ernstig slechtziend is. Voor ons was het ook de eerste keer dat we een baby in de groep kregen met zo'n ernstige beperking. Het is voor niemand nog duidelijk wat Iris wel en niet ziet. Iris en haar ouders krijgen thuis begeleiding vanuit een onderzoeks- en revalidatie-instelling.
Ze komt nu al een aantal maanden bij ons op het kinderdagverblijf. We krijgen tips van Iris' moeder waar we soms veel mee kunnen en soms niet. Wij staan er open voor en zeggen het ook eerlijk wanneer we het er niet mee eens zijn of als het niet haalbaar is op de groep.

---

kinderen, met en zonder specifieke behoeften, gebruik kunnen maken van reguliere opvang. Ouders van kinderen met specifieke behoeften hebben, net als andere ouders, behoefte aan opvang, omdat ze buitenshuis werken.

Doorbreken van isolement

Soms hebben ouders van kinderen met beperkingen extra veel behoefte aan opvang, omdat de voortdurende zorg voor hun kind hen in een sociaal isolement dreigt te brengen. De opvang ontlast deze ouders, doordat ze de zorg kunnen delen. Werk en de sociale contacten die daarbij horen, helpen hen in balans te blijven.
Opvang in reguliere voorzieningen is beter voor kinderen. Kinderen met specifieke behoeften willen – net als alle kinderen – een toekomst, een 'later-als-ik-groot-ben', een plek in de samenleving. Als kinderen vanaf jonge leeftijd echter in aparte voorzieningen worden opgevoed, plaatst dit hen buiten de normale samenleving. Hierdoor wordt het voor hen moeilijker te leren functioneren in de gewone samenleving: een bijdrage te leveren, relaties te hebben en een eigen inkomen te verwerven. Samenleven leer je door samen met andere kinderen te leven. Kinderen dagen elkaar uit en stimuleren elkaar. Kinderen met

specifieke behoeften kunnen zich aan de andere kinderen optrekken.

Wat kan en wat niet
Natuurlijk is niet alles mogelijk in de reguliere kinderopvang. Bij medische problemen kan de zorg te intensief zijn of een kind met onvoorspelbaar gedrag kan een gevaar vormen voor de andere kinderen. Maar een kind dat verwezen is naar het speciaal onderwijs wegens verstandelijke beperkingen, kan veelal wel goed meedoen in de reguliere kinderopvang. Wat kan en wat niet, hangt sterk af van de houding en pedagogische creativiteit van de pedagogisch medewerkers, het beleid van de organisatie en de financiële ruimte om extra middelen in te zetten.

Inclusieve kinderopvang is goed voor álle kinderen
Ook kinderen zonder specifieke behoeften profiteren van inclusieve kinderopvang. Ze leren dat je niet alleen wordt gewaardeerd en geaccepteerd als je voldoet aan alle idealen en superstoer of -leuk bent. En dat je als jongen niet per se goed hoeft te zijn in voetballen of heel bijdehand hoeft te zijn. Kinderen leren in te zien dat iedereen

> **PRAKTIJK EN TIPS**
>
> ### Kinderen komen voor elkaar op
> Aan Kim is duidelijk te zien dat ze een lichamelijke beperking heeft. Ze houdt er niet van als anderen haar daarop voortdurend aanspreken. Daarom heeft ze een krachtdadige manier ontwikkeld om té nieuwsgierige kinderen de mond te snoeren. Als ze in een nieuwe groep komt, gaat ze pal voor deze groep staan en zegt: 'Ik heb dit en ik heb dat, en dit hoort bij mij en dat hoort bij mij, hebben jullie nog vragen?' Kinderen stelden vragen en Kim beantwoordde deze als zij het antwoord wist; Kim zei: 'Ik ben niet zielig, ik wil als Kim behandeld worden – en niet meer dan dat.'
> Als er later nieuwe kinderen bij kwamen, begonnen die haar ook vragen te stellen. Toen hielpen de andere kinderen haar: 'Dat is toch helemaal niet belangrijk, ze is gewoon Kim.'
>
> Bron: Wong (2002).

kwaliteiten heeft. Een kind met gehoorbeperkingen bijvoorbeeld kan op andere gebieden heel goed zijn. Als er minder vergelijkende prestatiedruk is en meer waardering voor het unieke van ieder kind, komt dat alle kinderen ten goede. Kinderen vinden samen praktische oplossingen in de omgang met beperkingen en 'lastig' gedrag. Dit is een goede voorbereiding voor het leren bij te dragen aan een democratische samenleving waarin ieder mens telt.

> **PRAKTIJK EN TIPS**
>
> ## Opendeurenbeleid
>
> Een kinderdagverblijf voor geïntegreerde opvang werkt samen met de specialisten buiten de reguliere kinderopvang, bijvoorbeeld met een gespecialiseerd verpleegkundig kinderdagverblijf waar chronisch zieke en gehandicapte kinderen worden opgevangen en waar gewerkt wordt met gespecialiseerde verpleegkundigen. Het reguliere kindercentrum kan gebruikmaken van de expertise van de gespecialiseerde verpleegkundigen. Door het opendeurenbeleid zoeken de gezonde kinderen en de kinderen die extra zorg nodig hebben elkaar op. Ze eten of spelen samen. Zo verruimen beide groepen hun blikveld. Overigens vinden de kinderen dit heel normaal; vaak zijn het de ouders die in eerste instantie hun zorg uitspreken.

Waar nodig het pedagogisch handelen aanpassen

Niet ieder kind met een beperking of gedragsprobleem heeft veel extra zorg of aanpassingen nodig. Een jong kind met een verstandelijke beperking vraagt bijvoorbeeld niet altijd veel aanpassingen van het pedagogisch beleid. Maar het plaatsen van kinderen met specifieke behoeften in de groep gaat niet vanzelf goed. Pedagogisch medewerkers moeten onderkennen waar het kind hulp nodig heeft en waar de andere kinderen hulp nodig hebben in de omgang met dit kind. Als de specifieke behoeften van kinderen worden genegeerd, ontstaan er problemen.

Als er aanpassingen nodig zijn, kunnen die betrekking hebben op alle pedagogische middelen. Het is lastig hier algemene dingen over te zeggen, omdat beperkingen unieke behoeften met zich meebrengen voor ieder kind. Bovendien biedt elke groep eigen kansen en beperkingen door de ruimte, maar ook door de specifieke kinderen en pedagogisch medewerkers die in die groep zitten. Kleine aanpassingen hebben vaak al een groot effect. Hierna volgen voorbeelden op verschillende gebieden.

Aanpassingen in de communicatie

› Sommige kinderen zijn heel snel van slag en door een verstandelijke beperking trager van begrip. Dan kan het helpen een kind eerst iets apart uit te leggen (voorinstructie) en dan nog eens met alle kinderen erbij in de groep.
› Sommige kinderen zijn niet zo gemakkelijk te begrijpen, bijvoorbeeld doordat zij een beperking hebben in het spreken of een andere taal spreken. Kijk dan goed naar de signalen van het kind. En betrek andere kinderen erbij. Vaak snappen die eerder en beter wat een kind wil of bedoelt dan een volwassene.

Aanpassingen in de organisatie van de groep

› Bedenk vooraf of een activiteit geschikt is voor alle kinderen. Soms kan een kind, bijvoorbeeld door een beperking, niet deelnemen aan een activiteit. Zoek dan alternatieven waarbij iedereen wel een rol of taak kan hebben. Zoek een oplossing die past bij het kind. Kinderen zelf, maar ook de ouders en de andere kinderen, kunnen je hierbij helpen. Misschien vindt het kind het fijn om te kijken, iets vast te houden of wil het liever iets anders doen.
› Vraag de andere kinderen ook af en toe om bepaalde hulp te geven. Veel kinderen vinden het stoer als ze bij een bepaalde activiteit verantwoordelijk zijn voor hun speelmaatje in de rolstoel.
› Maak een duidelijke dagindeling en let daarbij op dat er voldoende tijd is om jouw tempo aan de kinderen aan te passen (te verlagen) bij de dingen die je met hen doet. Sommige kinderen hebben meer tijd nodig dan andere om de dagelijkse activiteiten uit te voeren. Pas de organisatie van de dag hierop aan.

Aanpassingen in spel en in de activiteitenbegeleiding

› Laat ieder kind genieten van wat hij of zij al kan en bied ontwikkelingsmogelijkheden om de verschillende competenties verder uit te breiden.
› Maak bewust gebruik van de ruimte en materialen, zodat het unieke van ieder kind tot zijn recht komt zonder dat van de andere kinderen in de weg te zitten. Laat kinderen bijvoorbeeld eens ravotten en wees niet overbeschermend. Een kind dat slecht kan lopen, valt liever af en toe dan steeds aan de kant te zitten.

Observeren en volgen
› Geef ieder kind de kans de hoeveelheid van prikkels en indrukken te verwerken die het aankan. Pas je tempo aan het individuele kind aan en bescherm waar nodig kinderen die bijzonder kwetsbaar zijn voor een overdaad van prikkels.
› Observeer gericht de kinderen over wie jij je zorgen maakt. Doe dit in overleg met je collega's en leidinggevende. Betrek de ouders hierbij vanaf het eerste moment.

Samenwerken met de ouders en omgeving
› Bespreek met de ouders jouw belevenissen met het kind en bekijk samen met hen hoe jij het kind nog beter kunt begrijpen en de interactie, de verzorging en

Aanpassingen in de binnen- en buitenruimte
› Pas de ruimte aan bij een slechtziend kind, zodat het zich gemakkelijk kan oriënteren. Als het kind jong is, maak je samen met de ouders een plan. Bij oudere kinderen kun je samen met het kind en de andere kinderen ontdekken hoe de behoeften van het slechtziende kind te combineren zijn met die van de andere kinderen.
› Als een peuter zich alleen rollend kan voortbewegen, zorg je in de buitenruimte voor een plek waar dit kan. Laat dit kind niet altijd in de buitenruimte voor de baby's spelen, maar bezorg hem of haar ook contacten met leeftijdgenootjes.

Kinderparticipatie
› Zie alle kinderen uit de groep als serieuze gesprekspartners en probeer ook bij het kind dat (een beetje) anders is, de taal en manier van denken te leren en te verstaan.
› Betrek de kinderen bij beslissingen die gaan over hun eigen opvang en over die van de groep. Ook jonge kinderen zijn heel creatief in het vinden van oplossingen voor problemen waar jij op puzzelt.

> **KENNIS**
>
> ### Kinderen met beperkingen een plek geven in de kinderopvang
>
> In ons land bieden veel kinderopvangorganisaties inclusieve kinderopvang voor kinderen met beperkingen. In de groep plaatsen ze dan bijvoorbeeld voor 10 tot 20 procent kinderen met beperkingen. Succesvolle inclusieve kinderopvang kenmerkt zich door:
> › goede samenwerking met de ouders – ook de ouders van de andere kinderen worden goed geïnformeerd, zodat ze begrijpen wat er aan de hand is en wat dit betekent voor hun kind;
> › nauwe samenwerking met andere kindgerichte organisaties in de regio, zoals scholen voor speciaal onderwijs, expertisecentra voor kinderen met beperkingen of gedragsproblemen, buurtnetwerken, teams voor vroegtijdige signalering en hulp bij ontwikkelingsproblemen, Centra voor Jeugd en Gezin, en Advies- en Meldpunten Kindermishandeling;
> › een helder pedagogisch beleid, waarbinnen flexibel kan worden ingespeeld op wat de groep en de kinderen met specifieke behoeften nodig hebben;
> › een goed samenwerkend team dat kan omgaan met diversiteit, ook binnen het team.
>
> In hoofdstuk 7 gaan we verder in op inclusief beleid van kinderopvangorganisaties.

jouw pedagogisch handelen nog beter kunt afstemmen op hoe de ouders het thuis doen.
› Wees geïnteresseerd in het unieke van het kind en in zijn of haar unieke achtergrond. Vraag hiernaar bij de ouders en het kind en praat hier waar mogelijk of nodig op een positieve manier over met de andere kinderen en ouders.
› Spreek af wie de eerstverantwoordelijke (mentor) van ieder kind is en overleg met iedere ouder over de verzorging en de pedagogische benadering.
› Organiseer een goede overdracht naar ouders op praktisch en verzorgend gebied en deel met hen ook de visie op de pedagogische omgang. Vooral als een kind een andere sociale achtergrond heeft of meer speciale aandacht vraagt, is het belangrijk de ervaring van de ouders te horen.

Ouders steunen op praktisch en emotioneel gebied

Als ouders het zwaar hebben met de opvoeding, is het voor hen heel waardevol dat ze in de kinderopvang pedagogisch medewerkers treffen die kunnen luisteren en met hen meeleven. Het komt de samenwerking rondom het kind zeer ten goede als pedagogisch medewerkers ook de ervaringsdeskundigheid van ouders erkennen. Partnerschap tussen ouders en pedagogisch medewerkers is het uitgangspunt in de kinderopvang. Zie ook *Pedagogisch kader kindercentra 0-4 jaar* en *Pedagogisch kader kindercentra 4-13 jaar*.

Luisteren en meeleven

Als in de baby- of peutergroep ontdekt wordt dat er iets met een kind aan de hand is, schept dit vaak een sterke band tussen pedagogisch medewerkers en ouders. Dat is ook het geval in de buitenschoolse opvang als een kind een ernstige ziekte heeft of een ongeluk heeft gehad. In de eerste emotionele periode kunnen pedagogisch medewerkers van onschatbare waarde zijn door te luisteren en mee te leven. Ze hoeven dan niet met oplossingen te komen. Het is ook niet gewenst dat ze hun eigen sombere verwachtingen, angst of verwarring uitspreken, want daarmee belasten ze de ouders juist extra. In de allereerste fase kunnen pedagogisch medewerkers de ouders wel ontlasten door praktische hulp te geven, bijvoorbeeld een dag extra opvang voor een broertje of zusje.

> **REFLECTIE**
>
> Clarine begeleidde ouders met een doof of slechthorend kind: 'Dan kwam ik als jong broekie, begin twintig, in een gezin waar de ouders net hadden gehoord wat er met hun kindje aan de hand was. Die mensen deelden met mij hun zorgen en levensvragen waarmee andere ouders pas bezig zijn als hun kind bijna volwassen is. Zal hij ooit een baan kunnen vinden? Zal hij ooit zelfstandig kunnen wonen? Wat moet er gebeuren als wij oud zijn? Zullen zijn broers of zussen dan voor hem willen zorgen? Mogen we zoiets vragen van onze andere kinderen? Op de achtergrond bleven deze vragen vaak spelen. En bij elke nieuwe levensfase van het kind kwamen ze vaak in alle heftigheid terug, bijvoorbeeld bij het begin van de basisschool: welke school moeten we kiezen, speciaal onderwijs of regulier onderwijs?'

> **PRAKTIJK EN TIPS**
>
> ### Reageer niet in stereotypen
> Mensen die alleen iets weten van horen zeggen, reageren vaak met stereotypen. Ze zeggen dan bijvoorbeeld: 'Een kind met het syndroom van Down, wat vreselijk; zo'n zwaar gehandicapt kind, ik zou dat niet kunnen...' Terwijl de ouders en familie na de eerste schrik al bezig zijn hun unieke talenten te ontdekken om oplossingen te vinden.

Ervaringsdeskundigheid erkennen

Ouders, en kinderen zelf ook, weten in de regel veel van hun ziekte, aandoening of beperking. Dat maakt ze tot uitgelezen adviseurs van de pedagogisch medewerkers. Hun kennis hebben ze deels opgedaan bij diverse specialisten en hulpverleners. Ouders van kinderen met beperkingen hebben vaak te maken met verscheidene hulpverleners: medisch specialisten, fysiotherapeuten, orthopedagogen, logopedisten, diëtisten, speltherapeuten, videohometrainers, enzovoort. Al die hulpverleners verschaffen de ouders inzicht en praktische adviezen, maar ze kunnen ook een extra belasting zijn. Aan nieuwe hulpverleners moeten ze hun hele verhaal weer opnieuw vertellen. En die komen dan soms met adviezen die allang geprobeerd zijn en niet of maar beperkt uitvoerbaar of effectief zijn gebleken.

PRAKTIJK EN TIPS

Van evenwichtskunstenaars tot strijders

Cor en Ineke zijn de ouders van Nienke en Gijs. Gijs is te vroeg geboren en heeft te maken gehad met zuurstofgebrek. In de eerste jaren bleek dat Gijs zich verstandelijk normaal ontwikkelt, maar zijn armen en benen niet gemakkelijk kan bewegen, zich motorisch veel langzamer zal ontwikkelen en rolstoelafhankelijk zal zijn. Het eerste jaar was het kinderdagverblijf heel behulpzaam. De ouders waren heel tevreden met het plaatsje dat Gijs kreeg in de babygroep. Bij de overgang naar de peutergroep ontstonden echter problemen toen het kinderdagverblijf vasthield aan de voorwaarde dat peuters zelfstandig moeten kunnen lopen en zitten. Gijs kon hier niet aan voldoen door zijn zwakke rompbalans. Hij kon zich wel rollend over de grond voortbewegen. Langer blijven in de babygroep vonden de ouders van Gijs geen optie: een peuter die zich verstandelijk ontwikkelt zoals zijn leeftijdgenootjes laat je niet achter in de babygroep.

Deze ervaring veranderde de ouders van Gijs in strijders voor hun rechten. Ze vonden uiteindelijk opvang voor Gijs in een regulier kinderdagverblijf met extra voorzieningen voor zorgkinderen.

PRAKTIJK EN TIPS

90 verschillende hulpverleners...

In een onderzoek vertelt een ouder dat bij hun 14-jarige kind al 90 verschillende hulpverleners betrokken zijn. 'Al die hulpverleners zeggen dat ze er zijn om jou als ouders te steunen. Maar ze hebben allemaal hun eigen adviezen en hulpverleningstrajecten. Zie dat allemaal maar eens uitgevoerd te krijgen!'

Bron: Rogers (2007).

Ouders en kinderen kunnen moe zijn van alle goedbedoelende hulpverleners. Het kan een verademing zijn als pedagogisch medewerkers zich anders opstellen en niet het medische naadje van de kous willen weten, maar zich richten op de informatie die ze nodig hebben om te begrijpen wat er aan de hand is en om goed met het kind om te gaan. Ouders en het kind willen erkend worden als ervaringsdeskundigen.

Partnerschap met ouders

In de kinderopvang is het een goede gewoonte dagelijks of regelmatig informatie met de ouders uit te wisselen.

Ouders rekenen erop dat ze het heel snel horen als er iets met hun kind is. Kinderdagverblijven mogen niet zonder toestemming van de ouders een hulpverleningstraject starten. Als een pedagogisch medewerker problemen heeft met een kind, wordt dat in een vroeg stadium met de ouders en collega's besproken.

Als ouders de partnerrol niet aankunnen
Niet alle ouders kunnen of willen bijvoorbeeld als ervaringsdeskundige de adviseursrol op zich nemen tegenover de pedagogisch medewerkers. Misschien willen ze er niet aan dat er iets aan de hand is, terwijl dat voor de pedagogisch medewerkers klip-en-klaar is. Schuld- en schaamtegevoelens van de ouders kunnen een rol spelen. In de westerse samenleving gaan we ervan uit dat een ouder geen schuld heeft als zijn of haar kind een lichamelijke of verstandelijke beperking heeft. Maar in andere culturen kunnen beperkingen gezien worden als straf van God of als iets waarvoor je je moet schamen en wat je moet verbergen. Of als iets heel ergs waarover je beter maar niet kunt praten.

Als ouders en pedagogisch medewerkers er samen niet uitkomen
Niet alle adviezen van ouders zijn bruikbaar in het kinderdagverblijf en de buitenschoolse opvang. Bijvoorbeeld doordat kinderen in het gezin anders zijn dan in de groep. Advies van de ouders dat thuis effectief is, kan in de groep onuitvoerbaar blijken. Als ouders en pedagogisch medewerkers er samen niet uitkomen, is hulp van buiten welkom.
Pedagogisch medewerkers kunnen ook behoefte hebben aan extern advies als de ouders dit nog niet nodig vinden. Bijvoorbeeld als ze zich onzeker voelen bij een epileptische aanval van een kind en de ouders zo'n aanval bagatelliseren. Of als een kind zo veel aandacht nodig heeft wegens gedragsproblemen dat de andere kinderen tekortkomen. In dergelijke gevallen kunnen de pedagogisch medewerkers na overleg met hun leidinggevende advies zoeken. Maar daarvan stellen ze de ouders wel op de hoogte en ze leggen dit goed aan hen uit.

Partnerschapsmodel, vergeleken met het deskundigheidsmodel
Het partnerschapsmodel kan worden verhelderd door het te vergelijken met het deskundigheidsmodel. In het partnerschapmodel staat de samenwerking met de ouders centraal voor de opvang en opvoeding van het kind in de groep: het kind moet zich veilig voelen en kunnen spelen en zich ontwikkelen in de groep van het dagverblijf of buitenschoolse opvang. In het deskundigheidsmodel staat de afwijking of ziekte van het individuele kind centraal; de deskundige moet het kind diagnosticeren, hulp op gang brengen en het kind liefst genezen. Binnen het deskundigheidsmodel is er door de gerichtheid op het individuele kind en de 'ziekte' weinig aandacht voor het dagelijks leven met de andere kinderen in de groep. In het volgende schema worden beide modellen naast elkaar beschreven.
Bij extern advies van medisch specialisten, orthopedagogen, kinderpsychologen of logopedistes is de samenwerking tussen die specialisten en de pedagogisch medewerkers cruciaal. De pedagogisch medewerkers zijn deskundig op het gebied van werken met een groep kinderen. Elk advies moet haalbaar zijn in de groep en overeenkomen met de pedagogische uitgangspunten van het kinderdagverblijf en de buitenschoolse opvang. In *Samen verschillend* hanteren we het volgende pedagogische uitgangspunt: een advies dat kinderen buitensluit van de groep en zijn of haar anders-zijn onnodig benadrukt, hoort niet in de kinderopvang.

KENNIS

Partnerschapsmodel met ouders
Dagelijkse communicatie en korte lijnen (ook bij problemen) tussen ouders en pedagogisch medewerkers.
Samen met ouders zoeken naar praktische oplossingen.
Focus op:
› het functioneren van het kind in de groep;
› de context van de kinderopvang.

Deskundigheidsmodel
Op afspraak wordt het kind onderzocht; er volgt een diagnose en behandeladvies.
Nadruk op de ziekte of afwijking en weinig aandacht voor het hele kind met sterke en zwakke kenmerken.
Focus op:
› het individuele kind;
› de diagnose;
› behandelplannen.

Gezinnen uit balans, kinderen in de knel

Soms hangen problemen van kinderen samen met problemen in het gezin. De ouders kunnen in een echtscheiding verwikkeld zijn en geen aandacht voor hun kind hebben. Hun carrière kan zo veel tijd en energie vragen dat er weinig momenten overblijven voor de kinderen. Er kunnen thuis ruzies zijn tussen de ouders of zelfs mishandelingen, waardoor het kind zwaar wordt belast en bedreigd wordt in zijn of haar ontwikkeling. De draaglast en draagkracht in het gezin zijn dan uit balans. Als kinderen worden bedreigd in hun ontwikkeling, spreken we van kindermishandeling of -verwaarlozing.

Hoe vaak komt kindermishandeling of -verwaarlozing voor?

Jaarlijks worden er naar schatting 107.000 kinderen en jongeren verwaarloosd of mishandeld. Dat zijn drie op de honderd kinderen. Veel meer kinderen maken tijdens hun jeugd een periode mee dat ze worden verwaarloosd of mishandeld. Dat zijn naar schatting 307.000 kinderen. Deze kinderen kunnen nog gedragsproblemen hebben die te maken hebben met de mishandeling, terwijl deze zelf is gestopt. Pedagogisch medewerkers in kindercentra en in de buitenschoolse opvang hebben dus een grote kans op een kind in hun groep dat verwaarloosd of mishandeld wordt of is geweest (Wolzak 2009, Ten Berge & Geurts 2009). Er bestaan veel vormen van kindermishandeling: fysieke, geestelijke, cognitieve en seksuele mishandeling en verwaarlozing. Vaak komen ze in combinatie voor. Soms wordt het kind in verschillende leeftijdsfasen verschillend behandeld. Perioden van verwaarlozing en een relatief goede

> **KENNIS**
>
> ### Geweld en mishandeling komen in vele vormen voor
>
> *Fysiek geweld:* een pak slaag; een pedagogische of corrigerende tik; lijfstraf; een draai om de oren; een schop onder de kont; even laten voelen wie de baas is.
> *Geestelijke mishandeling:* niet reageren, negeren; extreem insensitief gedrag; uitschelden; treiteren; vernederen, anderen voortrekken; schreeuwen; opsluiten en lange tijd apart zetten; dreigen.
>
> Bron: Ten Berge & Geurts (2009).

behandeling kunnen elkaar afwisselen. Over het algemeen geldt: op hoe jongere leeftijd de mishandeling en/of verwaarlozing beginnen, hoe ernstiger de gevolgen.

Risicofactoren voor kindermishandeling en -verwaarlozing

Kindermishandeling en -verwaarlozing komen in alle milieus voor. In alle milieus kunnen de draagkracht en draaglast uit balans raken. Factoren die belastend zijn, worden ook wel risicofactoren genoemd. Deze kunnen betrekking hebben op:
› de ouders: temperament, omgang met stress, opleiding, eigen jeugd, belasting op het werk, psychiatrische stoornis, verslaving, intelligentie;
› het gezin: kwaliteit van de relatie tussen de ouders, financiële situatie, aantal kinderen, huisvesting;
› het kind: temperament, gedragsproblemen, gewenstheid, lichamelijke of geestelijke beperkingen;
› de omgeving: familie en vrienden, buurt, kinderopvang, school.

Ouders kunnen ook van mening zijn dat fysieke straffen, dreigen of opsluiten goede manieren zijn om een kind op te voeden en gehoorzaamheid bij te brengen. Ze zeggen dan bijvoorbeeld:
› 'Ik ben zelf ook opgevoed met een flink pak slaag en dat had ik ook nodig. Anders was ik voor galg en rad opgegroeid.'
› 'Kinderen moeten respect leren en ervaren wie de baas is. Vooral jongens hebben ook fysiek overwicht nodig.'
› 'Zo'n klein kind kun je nog gemakkelijk bij iedereen achterlaten: dat merkt toch nog niets.'

Signaleren van kindermishandeling of -verwaarlozing

Als pedagogisch medewerkers signalen zien in het gedrag van een kind waarover ze zich zorgen maken, delen ze die zorgen met de ouders en met hun collega's. Hoe langer ze zich zorgen maken zonder iets tegen de ouders te zeggen, hoe groter de drempel wordt om dit toch te doen. En hoe harder en onverwachter het bij ouders aan kan komen. Dat is nadelig voor het contact tussen de pedagogisch medewerkers en de ouders, maar ook voor het opstarten van hulp aan het kind of gezin. Het verhaal van de ouders kan heel anders zijn dan de pedagogisch medewerkers verwachten. Zelfs als er sprake is van verwaarlozing of mishandeling, is goede hulp aan kinderen moeilijk zonder medewerking van de ouders. De invloed van ouders is over het algemeen vele malen groter dan die van hulpverleners of pedagogisch medewerkers. Die laatste twee groepen wisselen door de tijd heen, maar ouders gaan een leven lang mee.

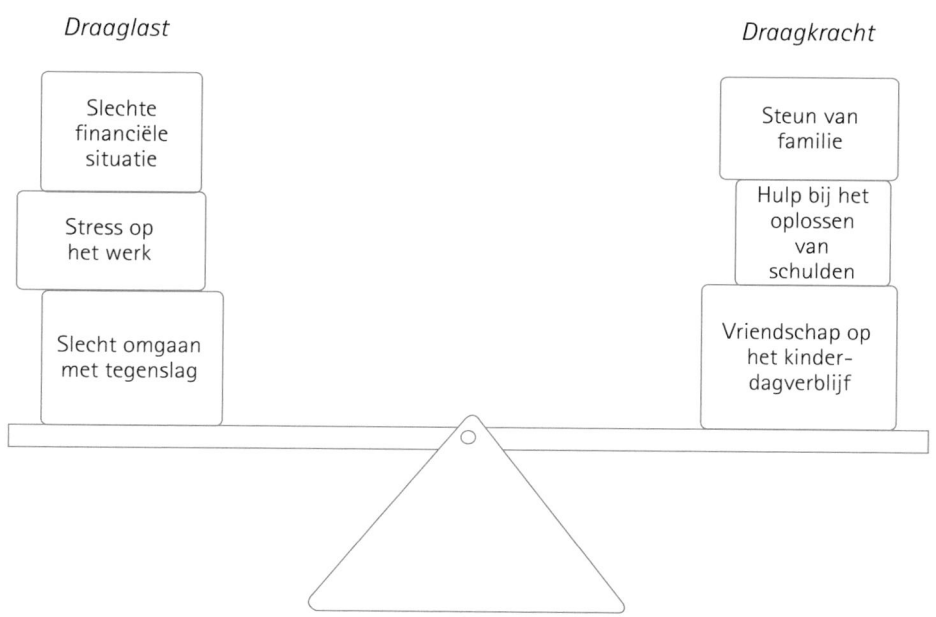

> **KENNIS**
>
> ## Wet meldcode huiselijk geweld en kindermishandeling
>
> Deze wet geldt voor organisaties of zelfstandige professionals die beroepshalve werken met kinderen onder de 19 jaar (gezondheidszorg, onderwijs, kinderopvang, maatschappelijke ondersteuning, jeugdzorg, politie en justitie). De Wet meldcode huiselijk geweld en kindermishandeling verplicht organisaties regelmatig trainingen en andere vormen van deskundigheidsbevordering aan te bieden aan medewerkers. Het wetsvoorstel werd op 27 oktober 2011 aan de Tweede Kamer aangeboden. De wet treedt naar verwachting vanaf april 2012 in werking.
> Organisaties moeten zelf een uitwerking maken voor deze stappen en voor de bijscholing van het personeel. Voorbeelden zijn te vinden op de website www.kindermishandeling.info.

> **KENNIS**
>
> ## Voorbeelden van signalen
>
> › *Signalen bij de ouders*, bijvoorbeeld: ontwijkend gedrag, veel aandacht vragen voor eigen problemen, nooit vragen naar de dag van het kind in de groep, vaak te laat ophalen, overbezorgdheid en aangeven wat het kind allemaal niet mag, advies geven om het kind een fikse tik te geven en stevig aan te pakken als het weer eens lastig is, veel klagen dat het kind zo moeilijk is en zo veel aandacht vraagt, onverschilligheid bij het halen en brengen van het kind.
> › *Signalen in het lichamelijk welzijn van het kind*, bijvoorbeeld: blauwe plekken, brandwonden, snij- of bijtwonden, veel ongelukjes en botbreuken, groeiachterstand, hongerig en slecht gevoed, slecht gekleed, slecht gewassen en stinkend, oververmoeid, vaak ziek, slecht onderhouden gebit, niet zindelijk op een leeftijd dat dit zo hoort, achterblijvende motoriek.
> › *Signalen in het gedrag van het kind*, bijvoorbeeld: weinig spontaan, argwanend, lusteloos en weinig interesse in spel, in zichzelf gekeerd, erg nerveus, hyperactief, faalangstig, agressief, ongecontroleerd en onvoorspelbaar gedrag, liegen, stelen en stiekem gedrag, angstig en schrikachtig, meegaand gedrag, weinig geliefd bij de andere kinderen, weigeren om zich uit te kleden bij de gym- of zwemles.
> › *Signalen uit het gezin*, bijvoorbeeld: veel problemen, isolement, verslaving of psychiatrische problematiek bij een van de ouders, echtscheiding, huiselijk geweld, werkloosheid, andere taal en culturele achtergrond, armoede, vermoeidheid.
>
> Bron: www.kindermishandeling.info

Signalen en wat ze kunnen betekenen

Er bestaan lijsten van kindsignalen die kunnen wijzen op verwaarlozing of mishandeling. Maar ook als die signalen er zijn, weten pedagogisch medewerkers nooit zeker dat er sprake is van verwaarlozing of mishandeling. Veel signalen kunnen een andere oorzaak hebben. Schrikachtigheid van een kind kan bijvoorbeeld wijzen op fysieke of emotionele mishandeling. Maar ze kan ook veroorzaakt worden door tijdelijke doofheid als gevolg van een oorontsteking. Rode billetjes kunnen ook veroorzaakt worden door een allergie of overgevoeligheid van de baby. De natte luier kan het werk zijn van de oppas die het kind naar de crèche brengt, terwijl de ouder daar niets van weet. Vaak veroorzaakt een combinatie van signalen bij de pedagogisch medewerkers het gevoel dat er iets mis is.

Delen van zorgen met ouders en collega's

Als pedagogisch medewerkers door verschillende signalen en de reacties van de ouders een 'nietpluis-gevoel' krijgen, moeten ze daarmee niet alleen blijven, maar het bespreken met hun collega's en leidinggevende. Nogmaals, signalen zijn op zichzelf nog geen bewijzen van kindermishandeling. Begin daarom altijd met praten met de ouder en deel wat je ziet of waarover je je zorgen maakt. Gebruik hierbij nooit de woorden 'verwaarlozing' of 'mishandeling'. Die roepen heftige emotionele reacties op en dit verkleint de kans dat ouders de situatie willen helpen verbeteren.

Kinderopvang als ontmoetingsplaats

Pedagogisch medewerkers kunnen veel betekenen voor zowel de ouders als de kinderen. Vooral door praktische hulp, een luisterend oor en door samen met ouders en collega's te zoeken naar praktisch haalbare oplossingen. Werken als een team is hierbij een noodzaak. Niet in de laatste plaats doordat soms heftige emoties worden opgeroepen.

Omgaan met emoties

Als kinderen beperkingen of gedragsproblemen hebben of thuis verwaarloosd of mishandeld worden, raakt dat niet alleen de ouders maar ook de pedagogisch medewerkers en leidinggevenden. Misschien lijkt het pedagogisch medewerkers eng of moeilijk zo'n kind in de groep te hebben. Iemands emotionele reacties worden sterk beïnvloed door hoe hij of zij denkt dat het probleem is veroorzaakt.

› MEDELIJDEN

Kinderen met lichamelijke beperkingen roepen vaak medelijden op; zij kunnen er immers niets aan doen en hun ouders ook niet. Dit medelijden kan ook keerzijden hebben:
- » onbegrip voor de ouder (bijvoorbeeld: waarom moet die moeder buitenshuis werken, dat is toch zielig voor het kind?);
- » verwennen van het kind vanuit de gedachte: het heeft toch al zo weinig...;
- » onderschatting van het kind, waardoor te veel van hem wordt overgenomen en het te weinig geprikkeld wordt zelfstandig te worden.

› BOOSHEID

Kinderen met gedragsproblemen roepen veel minder medelijden op. Als een kind weer niet wil luisteren of een ander kind pijn heeft gedaan, kan dit boosheid oproepen. Die boosheid kan ook de ouders treffen, doordat het gedrag van het kind in verband wordt gebracht met hun opvoedingsfouten: zij hebben het kind te veel verwend, zij hebben het geen regels geleerd, zij brengen het te laat naar bed, enzovoort.

› ONMACHT EN ANGST VOOR HET ONBEKENDE

Als een spastisch of epileptisch kind in je groep komt, of een kind met ADHD of kanker, kan dit bij voorbaat angst of nervositeit oproepen. Omdat je zoiets nog nooit hebt meegemaakt, omdat je bang bent voor de symptomen of omdat je vreest dat de nodige aandacht voor dit kind ten koste gaat van de andere kinderen op de groep.

Samen staan we sterk

Voor ouders met kinderen die ziek zijn, een beperking hebben of om andere redenen extra aandacht nodig hebben, zijn meedenkende pedagogisch medewerkers goud waard. Ouders die de opvoeding niet aankunnen, kunnen door gesprekken met pedagogisch medewerkers net dat duwtje in de rug krijgen waardoor ze hulp gaan zoeken voor hun problemen. Pedagogisch medewerkers zien veel ouders en kinderen. Daardoor hebben ze vaak een ruimere blik en veel ervaring. De meeste ervaren pedagogisch medewerkers en teamleiders weten de weg in de jeugdhulpverlening als dat nodig mocht zijn. En ze kennen de mogelijkheden in de buurt. In de hierna volgende hoofdstukken gaan we verder in op de manieren waarop pedagogisch medewerkers samen met ouders, collega's en eventuele andere professionals de leefomgeving van ouders en kinderen kunnen verbeteren.

Pedagogische handvatten

Hoe steun je de ouders van kinderen met specifieke behoeften

› Zoek samen met de ouders naar de beste manier om kinderen met specifieke behoeften mee te laten draaien in de groep.
› Probeer ook kinderen met specifieke behoeften op te vangen in de reguliere kindergroep – dit om een isolement van kinderen en ouders te voorkomen en hun zo veel mogelijk kansen te bieden in de samenleving.
› Help de ouders van een kind met specifieke behoeften in balans te blijven door:
  » je in hen in te leven, bijvoorbeeld door te weten op welke manieren ouders kunnen omgaan met tegenslag;
  » te luisteren en mee te leven;
  » de ervaringsdeskundigheid van ouders te erkennen en te benutten;
  » het partnerschap te zoeken met ouders, met een open oog voor wat ouders hierin aankunnen.

Bij signalen van verwaarlozing of mishandeling van kinderen

› Bespreek die signalen met ouders op een open en empathische manier.
› Deel deze problemen met je collega's en leidinggevende.
› Gebruik de instrumenten en protocollen van je organisatie.

PRAKTIJK EN TIPS

Verder lezen

Berge, I. ten & E. Geurts (2009), *Als opvoeden even lastig is. Informatie voor ouders over opvoeden zonder geweld*. NJI, Utrecht (gratis te downloaden op www.watkanikdoen.nl/pdf/Als_opvoeden_even_lastig_is%5B2%5D.pdf).

Jongepier, N. (2004), *Kwetsbare kinderen in de kinderopvang. Een handleiding voor beleid en praktijk*. Druk 2. NIZW, Utrecht.

Pels, T., K. Lünnemann & M. Steketee (2011), *Opvoeden na partnergeweld. Ondersteuning van moeders en jongeren van diverse afkomst*. Van Gorcum, Assen.

Vandenbroeck, M., C. Boudry, K. De Brabandere & N. Vens (2007), *Handleiding inclusie van kinderen met specifieke zorgbehoeften*. VBJK, Gent (gratis te downloaden op www.vbjk.be/files/handleiding_inclusie.pdf).

Websites

- www.alert4u.nl
  Alert4you is een project dat gericht is op vroegtijdige signalering en op hulp aan kinderen door middel van samenwerking tussen de jeugdhulpverlening en kinderopvangorganisaties. Op de site is er onder meer informatie over *pilots* waarin verschillende vormen van die samenwerking worden uitgeprobeerd en geëvalueerd.

- www.balansdigitaal.nl
  Balans is een vereniging voor ouders van kinderen met ontwikkelingsstoornissen bij het leren en/of gedrag, zoals ADHD, dyslexie of autisme. Deze website biedt veel informatie die ook voor pedagogisch medewerkers interessant kan zijn.

- www.huiselijkgeweld.nl
  Deze site verschaft informatie over het voorkomen van huiselijk geweld, waaronder partner- en kindermishandeling. Ook vind je er achtergrondinformatie en effectieve vormen van interventie.

- www.kcco.nl
  Deze website van CrossOver bevat informatie over verenigingen voor ouders van kinderen met diverse vormen van beperkingen en ontwikkelingsproblemen. Er is tevens informatie over ouderbegeleiding en steun.

- www.kindermishandeling.nl
  Deze site is specifiek gericht op kindermishandeling: over het voorkomen, over de vormen van kindermishandeling, over het signaleren en melden ervan en over de hulpverlening.

- www.nji.nl
  Deze site van het Nederlands Jeugdinstituut biedt onder meer informatie over steun aan ouders vanuit de kinderopvang.

PORTRET 6

Doortje past niet in een hokje

Doortje is 1,5 jaar. Sinds drie maanden gaat ze naar het kinderdagverblijf. Doortje heeft het syndroom van Down. Is Doortje bijzonder? Pedagogisch medewerker Ilse vindt van niet: 'Ze doet gewoon mee, hoor. En als je haar gegevens in het kindvolgsysteem bekijkt, zie je alleen dat ze iets langzamer is, verder niets.'
Eva, Doortjes moeder, vindt ook dat Doortje niet bijzonder is; Doortje kan hier gewoon meedoen. 'Je moet kinderen niet in een hokje stoppen, dat is mijn mening! Wel moet je je teweerstellen tegen de buitenwereld. Mensen maken soms zulke rare en nare opmerkingen. Maar de ouders hier op het dagverblijf reageren positief. Ze vinden het mooi dat dit kan, dat Doortje gewoon in deze groep kan zijn.'
En de andere baby's? Die zien Doortje als Doortje. Ze krijgt evengoed een duw of ze pakken haar een stukje brood af.
Eva: 'We wonen hier vlakbij en hebben gewoon gevraagd of Doortje hier kon komen. Dat kon, het was een heel positieve reactie. Doortje gaat binnenkort naar een volgende groep en nu kijken ze wat de mogelijkheden zijn. De peutergroepen zijn boven in het gebouw, misschien zijn de trappen niet zo handig voor Doortje. Dan kan ze beter naar de verticale groep die ook op de begane grond is.'
Ook al is Doortje niet bijzonder, Eva vindt het wel heel fijn dat Doortje een speciale plaats krijgt in het boek *Samen verschillend*. 'Alle kinderen horen er namelijk bij!' aldus Eva.

HOOFDSTUK 5

Kwetsbare kinderen in de groep

Over twee maanden is het zomerkamp! De groep gaat er vandaag voor het eerst over praten. Wat zetten we op het programma en wat nemen we allemaal mee? 'Jarno moet ook met alles mee kunnen doen, hoor,' zegt Clarissa direct. Jarno krijgt een kleur en klemt zijn rolstoel nog steviger tegen de tafel. Hardop zegt hij: 'Misschien kunnen we zo'n grote hijskraan huren, je weet wel, en die dropt mij dan in het bos en hijst me uit het zwembad.' De groep ziet het meteen voor zich en giert het uit. Pedagogisch medewerkers Ahmed en Dea lachen mee en zeggen: 'Natuurlijk denken we aan Jarno; zijn vader gaat mee op kamp en we gaan van tevoren op het terrein kijken of er nog iets aangepast moet worden.'

De kern

Dit hoofdstuk gaat dieper in op kwetsbare kinderen in de groep. Met kwetsbare kinderen bedoelen we de brede groep kinderen met specifieke behoeften: een lichamelijke beperking, ziekte of gedragsprobleem. In de meeste gevallen kunnen deze kinderen met wat extra moeite en kleine aanpassingen meedraaien in de groep. De kinderen leren elkaar hulp te vragen en te geven en elkaar aan te vullen en te corrigeren. Maar soms vereist het flink wat pedagogisch talent om kinderen hierbij te begeleiden. Ieder kind is uniek en elke situatie anders. In *Pedagogisch kader kindercentra 0-4 jaar* (hoofdstuk 7 en 17) en *Pedagogisch kader kindercentra 4-13 jaar* (hoofdstuk 11) is beschreven hoe pedagogisch medewerkers op een positieve manier het gedrag van kinderen kunnen structureren en 'lastig' gedrag kunnen opvangen.
In *Samen verschillend* lees je in hoofdstuk 2, 'Gezinnen in soorten en maten', en hoofdstuk 3, 'Hoe kinderen omgaan met diversiteit', hoe pedagogisch medewerkers rekening kunnen houden met verschillende gezinsachtergronden van de kinderen. In hoofdstuk 4, 'Ouders ondersteunen bij het in balans blijven', hebben we beschreven hoe pedagogisch medewerkers hun pedagogisch handelen kunnen aanpassen bij kinderen met beperkingen. In het huidige hoofdstuk staan de relaties van kwetsbare kinderen met de andere kinderen in de groep centraal. Het biedt handvatten om onbekend gedrag te begrijpen. Pedagogisch medewerkers kunnen nieuwe inzichten verwerven door goed naar ouders en kinderen te luisteren en door te kijken naar hoe kinderen zelf oplossingen vinden voor problemen. Dat kijken en luisteren doe je samen met je collega's en leidinggevende en soms met de hulp van meer ervaren mensen van buiten de kinderopvangorganisatie.

Kwetsbare kinderen en hun groepsgenootjes

Kinderen met specifieke behoeften hoeven geen extra belasting in de groep te zijn. Als bepaalde regels helder zijn en als duidelijk is wat er aan de hand is, went iedereen er snel aan en wordt het omgaan met de specifieke behoefte in de routine opgenomen. Bijvoorbeeld:
› altijd aan Jeroen zijn medicijnen geven wanneer hij aankomt op de buitenschoolse opvang;
› altijd Eva goed aankijken als je iets zegt in de groep: dan kan ze liplezen;
› altijd Yahyah van tevoren waarschuwen dat zijn lievelingsjuffie er nu niet is, anders raakt hij helemaal van streek.

Bij goed contact geeft een kind met specifieke behoeften extra bevrediging, want het is fijn iemand te helpen en alle kinderen te laten zien dat iedereen welkom is.

Talenten van kinderen benutten

Ieder kind heeft talenten en kan voor anderen iets betekenen. Dit is het uitgangspunt om samen verschillend te kunnen zijn in de groep. Kinderen met specifieke behoeften moeten niet te veel beschermd worden. Dat

PRAKTIJK EN TIPS

Accepteren dat Arjen lang boos kan blijven

Arjen (8 jaar) is doof geboren en heeft een gehoorprothese. Hij gaat naar het reguliere onderwijs en de buitenschoolse opvang. Voordat hij naar een nieuwe groep gaat, hebben zijn ouders en de nieuwe pedagogisch medewerkers een gesprek. Arjens vader vertelt dat Arjen vaak lang boos kan blijven en weinig flexibel omgaat met teleurstellingen. Zijn moeder vertelt dat dit veel voorkomt bij dove en slechthorende kinderen, ook als ze een gehoorprothese hebben. Echt een oplossing hiervoor hebben de ouders thuis niet gevonden. Het beste is meer geduld te hebben en te accepteren dat Arjen soms lang bokkig kan blijven. Dat is niet gemakkelijk, maar het werkt wel. 'En wat te doen met de andere kinderen?' vraagt de pedagogisch medewerker. De ouders stellen voor dat ze dat eerst met Arjen zelf bespreken en dan wordt er een gezamenlijk plan gemaakt.

Bron: Rieffe (2010).

PRAKTIJK EN TIPS

Rekening houden met Leonie

'Omdat Leonie heel slechtziend is, zorgen we ervoor dat het spelmateriaal binnen handbereik is en blijft. Bijvoorbeeld door het te bevestigen aan een speelboog, de box, de kleding en/of het stoelblad. Een slechtziende of blinde baby kan anders het spelmateriaal niet of slechts met moeite terugvinden.
We letten erop dat er meer rust om haar heen is, zodat zij de geluidsprikkels van het speeltje goed kan waarnemen en al haar aandacht op het spel kan richten.
Alle andere kinderen weten dat je Leonie nooit zomaar onverwachts moet aanraken of een speeltje in haar hand moet drukken, omdat ze daar heel erg van zou gaan schrikken. Maar wanneer je eerst duidelijk haar naam noemt, kun je natuurlijk ook met Leonie gaan spelen en knuffelen!'
– Een pedagogisch medewerker

> **KENNIS**
>
> ## Bevorderen van positief sociaal gedrag
>
> In *Pedagogisch kader kindercentra 0-4 jaar* (hoofdstuk 7 en 17) en *Pedagogisch kader kindercentra 4-13* jaar (hoofdstuk 11) worden de volgende pedagogische interactievaardigheden genoemd om positieve relaties tussen kinderen te ondersteunen.
> › Emotionele ondersteuning bieden: nabijheid en sensitief reageren op signalen van de kinderen.
> › Autonomie van het kind respecteren: aan kinderen keuzeruimte geven en zo min mogelijk dwingen tot conformiteit.
> › Structuur bieden. Bij de jongsten door dagritmen, rituelen, de inrichting van de ruimte en eenvoudige regels. Bij de oudere kinderen ook door duidelijke afspraken met hen te maken. Consequent en rechtvaardig zijn is voor alle kinderen heel belangrijk.
> › Praten, uitleggen en luisteren. Ook bij baby's leggen pedagogisch medewerkers uit wat ze gaan doen en wat de bedoeling is.
> › Stimuleren van samen spelen en het vinden van oplossingen voor problemen en conflicten.

maakt een kind impopulair bij de andere kinderen en bovendien moet het uiteindelijk zichzelf zien te redden. Daarom moet de nadruk liggen op optimisme en op het zoeken naar waarin het kind wél goed is en waarin het wél iets voor andere kinderen kan betekenen. Pedagogisch medewerkers moeten niet uitstralen dat het ene talent meer waard is dan het andere. Een kind dat het fijn vindt om te helpen bij huishoudelijke routineklusjes is evenveel waard als een kind dat prachtig kan schilderen. Bovendien zoeken de pedagogisch medewerkers naar praktische en haalbare manieren om rekening met elkaar te houden.

Omgaan met nieuwsgierigheid van kinderen

Kinderen zijn nieuwsgierig en hebben het snel door wanneer een kind op een bepaald punt afwijkt of zich anders gedraagt dan de andere kinderen. Ze stellen dan vragen, wijzen, kijken, vinden het eng of zoeken juist toenadering. Volwassenen vinden die openlijke nieuwsgierigheid van kinderen soms verwarrend en schokkend; ze zeggen dan: 'Niet wijzen, niet staren. Dat is naar voor mensen die er "anders" uitzien.'

Kinderen die worden aangestaard, kunnen dat inderdaad als belastend of beledigend ervaren. Toch is het verbieden van nieuwsgierigheid niet de juiste manier om kinderen te leren omgaan met een kind dat 'opvalt' of 'afwijkt'. Nieuwsgierigheid is bij kinderen in de regel geen teken van een gebrek aan respect. Met staren, kijken en vragen geven ze aan dat ze iets zien wat ze niet begrijpen. Ze zoeken naar informatie. Als kinderen niet zo nieuwsgierig waren, zouden ze niet zo veel kunnen leren in zo korte tijd. Daarom moeten pedagogisch medewerkers op die behoefte aan informatie ingaan en kinderen in de groep eenvoudig en duidelijk uitleggen wat er met een bepaald kind is.

Vragen van kinderen beantwoorden

Als een nieuw kind met een fysieke beperking of gedragsprobleem in de groep komt, bespreken de pedagogisch medewerkers vooraf wat ze vertellen aan de andere kinderen en hun ouders. Ze bespreken dat met de ouders van het nieuwe kind en ook met het kind zelf, als het daarvoor oud genoeg is. Hoe leg je een gecompliceerde ziekte uit? Hoe leg je uit dat een 10-jarige soms ongeremd kan gaan schelden? Als er een heel verdrietig ongeluk is geweest: wat willen de ouders en het kind daarover kwijt? Bij kanker hoeft niet iedereen de prognoses te weten en de therapieën. Hoogstwaarschijnlijk hebben de ouders en het kind zelf een verhaal over de ziekte, beperking of bijzondere situatie.

Als kinderen met vragen komen, laten de pedagogisch medewerkers zich vooral leiden door de vraag zelf en door wat de ouders en het kind kwijt willen. Ze geven geen extra informatie waar het nieuwsgierige kind niet om gevraagd heeft. Vergelijk het met seksuele voorlichting. Als een 5-jarige vraagt waar baby's vandaan komen, is 'uit mama's buik' voldoende. Dan hoef je ze niet te vertellen of video's te laten zien hóe de baby in de buik van mama komt. Neem de vragen letterlijk en beantwoord ze op een eerlijke en eenvoudige manier. Als het kind meer vragen heeft, zal hij of zij die zelf wel stellen.

Als voor een kind met specifieke behoeften andere regels gelden, moeten de andere kinderen die regels snappen. Bijvoorbeeld waarom een kind met een busje gebracht wordt en niet door papa of mama, of waarom een kind later of vroeger komt.

Het is belangrijk om als pedagogisch medewerker eenvoudige en accurate antwoorden te geven. 'Nee, Joan heeft geen pijn' bijvoorbeeld, wanneer zij dat nu niet meer heeft, maar wel heeft gehad. Oudere kinderen willen misschien meer weten over wat voor ziekte het is. 'Wordt het beter?', 'Waarom heb je die slangen?', 'Moet je naar het ziekenhuis?', 'Snijdt de dokter dan in je?', 'Kun je daaraan doodgaan?', enzovoort. Sommige vragen komen ook voort uit angst: 'Is het besmettelijk?', 'Kan ik dat ook krijgen?', 'Kan ik ook zomaar doodgaan?'

Kinderen uitleg en informatie geven

Als kinderen, vaak al vanaf 3 jaar, goed worden geïnformeerd over groepsgenootjes met specifieke behoeften, leren ze al vroeg rekening te houden met de kwetsbaarheden van die kinderen en leren ze dat ook gewoon te vinden. Als Michelle lijdt aan een pinda-allergie (wat levensbedreigend kan zijn), moeten alle kinderen weten dat ze heel erg ziek wordt van pindakaas en dat je haar nooit een hapje van je boterham met pindakaas mag geven. Voor slechtziende kinderen is het gevaarlijk als er overal speelgoed op de grond slingert; dat snappen de andere kinderen ook. De pedagogisch medewerkers geven de kinderen duidelijke regels over wat absoluut niet mag met een kind.

Het is erg belangrijk ook de ouders van alle kinderen in de groep goed te informeren over kinderen met specifieke behoeften in de groep. Ook zij kunnen dan aan hun kind vertellen wat er aan de hand is. Hoe rustiger de informatie wordt gegeven, hoe normaler en gemakkelijker de kinderen de specifieke behoeften van een ander kind accepteren.

Kinderen leren om te gaan met reacties op hun beperking

Het is onvermijdelijk dat kinderen met specifieke behoeften weleens negatieve reacties krijgen. Bijna alle kinderen worden af en toe gepest, maar kinderen met specifieke behoeften hebben hier meer kans op en pesten kan bij hen ook harder aankomen. Het kind kan er immers niets aan doen dat hij of zij een beperking heeft en voelt zich misschien toch al minderwaardig. Kinderen met een beperking leren onder ogen te zien dat ze sommige dingen nog niet kunnen, minder goed kunnen of nooit zullen kunnen. Dit proces van zelfinzicht en acceptatie gaat sneller wanneer ze gewoon meedraaien in de groep. Bijvoorbeeld doordat ze in een groep leren omgaan met reacties van andere kinderen op hun beperking.

> **PRAKTIJK EN TIPS**
>
> ## Dialoog tussen twee kinderen
> 'Waarom is jouw been eraf?'
> 'Ik was ziek en toen moest het eraf.'
> 'O.' Alana plukt aan Moniques pyjama. 'Ik mag het zeker niet zien?'
> 'Nee,' zegt Monique.
> Alana draait zich om en loopt weg.
> Later wil Alana nog weten: 'Je been groeit toch wel weer aan, hè?'
> Monique vindt het niet erg dat ze dat vroeg.
> 'Sommige kinderen proberen in mijn broekspijp te gluren, dat is pas erg.'
>
> Bron: Wong (2002).

Pedagogisch medewerkers kunnen het kind helpen door rechtvaardig, eerlijk en optimistisch te zijn. Pesten mag bijvoorbeeld nooit. De pedagogisch medewerkers bespreken met het kind wat te doen als het gepest wordt. Ze maken daar afspraken over, bijvoorbeeld: pesten altijd bij de pedagogisch medewerker of ouder melden en bespreken wat de pedagogisch medewerker eraan gaat doen. Het mooiste is natuurlijk als een kind het zelf op kan lossen, want klikken maakt hem of haar niet populairder in de kindergroep. Zie verder hoofdstuk 3, 'Hoe kinderen omgaan met diversiteit', over pesten en discriminatie in de groep.

Empathie ontwikkelen voor mensen met specifieke behoeften

Behalve de directe ervaringen in de groep zijn er meer manieren om kinderen te leren omgaan met mensen met specifieke behoeften, bijvoorbeeld:

› **PLATEN, BOEKEN EN POPPEN OVER MENSEN MET SPECIFIEKE BEHOEFTEN**

Naar aanleiding van platen, boeken en poppen kunnen pedagogisch medewerkers en ouders met kinderen praten over mensen met beperkingen. Denk aan poppen zonder benen of armen, boeken over mensen die slecht kunnen zien of verhalen over een kind dat heel snel boos wordt. In deze boeken en verhalen moeten degenen met specifieke behoeften worden afgeschilderd als volledige, competente mensen. Meevoelen is goed, maar louter medelijden opwekken niet. De verhalen kunnen laten zien hoe mensen met hun beperking omgaan.

› **BEZOEK AAN DE GROEP VAN IEMAND MET EEN BEPERKING**

Iemand in een rolstoel kan komen vertellen hoe hij daarin terecht is gekomen, wat hij kan en niet kan, hoe hij in de rolstoel heeft leren rijden en wat een revalidatiecentrum is. Misschien mogen de kinderen onder begeleiding even in de rolstoel rijden. Misschien mogen ze een brailletekst zien van iemand die slechtziend is.

› **PRATEN MET DE KINDEREN OVER WAT ZE OP STRAAT ZIEN**

Een zwerver: wat is dat voor iemand? Hoe kun je zien dat iemand blind is? Kan elke hond blindengeleidehond worden? Is het moeilijk om met een rolstoel in de supermarkt boodschappen te doen?

› **KIJKEN OP INTERNET**

Vooral de iets oudere kinderen in de buitenschoolse opvang vinden het vaak interessant informatie op internet te zoeken. Over ziektes, beperkingen en wat eraan te doen is. Een pedagogisch medewerker kan samen met het kind dat 'iets heeft' en zijn of haar vrienden op zoek gaan naar informatie die geschikt is voor kinderen. Dit kan het best in overleg met de ouders gebeuren, want zij hebben waarschijnlijk goede tips over waar betrouwbare informatie te vinden is.

Samen met kinderen naar oplossingen zoeken

Kinderen met specifieke behoeften kunnen niet altijd aan alle activiteiten meedoen. Soms willen ze dat wel, maar zijn ze de andere kinderen tot last. Pedagogisch medewerkers nemen klachten van de andere kinderen serieus. Klachten hoeven niet te duiden op discriminatie en afwijzing, maar kunnen voortkomen uit de behoefte van kinderen op hun eigen niveau te spelen. Het is storend wanneer een kind met een verstandelijke beperking steeds een bouwsel kapotmaakt en het is hinderlijk wanneer een kind met motorische beperkingen het spel ophoudt in het voetbalteam. Door dit soort dingen met de kinderen te bespreken kunnen er oplossingen worden gevonden waar alle partijen blij mee zijn. Zo wordt discriminatie voorkomen. Kinderen zijn reëel en vinden vaak oplossingen die je als volwassene niet zou verzinnen.

Relativeren en humor benutten

Oudere kinderen zijn zich bewust van 'afwijkingen'. Ze zijn bezig te vergelijken: wie kan wat goed, wie is populair en wie niet. Tegelijkertijd snappen ze dat iedereen erbij wil horen en willen ze ook dat iedereen erbij hoort. Humor, ook zwarte humor, is een manier om met dat spanningsveld om te gaan. Bijnamen op de rand van discrimineren horen bij kinderen vanaf 9 of 10 jaar, zoals 'dikke', 'manke' of 'schele'. Of: 'Als je die een por geeft, begint ie helemaal te stomen, tot uit zijn oren.' Grenzen opzoeken met grappen hoort bij het leven.

Sommige kinderen met specifieke behoeften doen zelf mee aan die grappen en buiten zo hun beperking uit. Aan het begin van dit hoofdstuk staat daarvan een voorbeeld. Die jongen vindt het waarschijnlijk vreselijk dat de pedagogisch medewerker benoemt dat hij een aparte behandeling nodig heeft, omdat hij in een rolstoel zit. Om zich uit die pijnlijke situatie te redden zegt hij: 'Misschien kunnen we zo'n grote hijskraan huren, je weet wel, en die dropt mij dan in het bos en hijst me uit het zwembad.' De hele groep lacht en hij heeft zijn gezicht gered. Maar grappen kunnen ook erg pijn doen. Juist humor balanceert vaak op het randje van wat nog net kan en wat niet meer leuk is. Als je grappen helemaal verbiedt, gaan ze ondergronds. Pedagogisch medewerkers verbieden dan een vitaal middel van kinderen om met ongemakkelijke zaken om te gaan. Het is beter om met de kinderen te bespreken hoe grappen overkomen. Het uitgangspunt moet altijd zijn: grappen mogen, maar elkaar pijn doen mag niet.

> **PRAKTIJK EN TIPS**
>
> ### In je beperking je talent ontdekken
>
> De cabaretier Herman Finkers werkte op een kleuterdagverblijf. Daar wezen zijn collega's hem af, zo vertelt hij. 'Ze zeiden: "Die kinderen van jou zitten alwéér in elkaars drinkbekertjes te plassen." Toen zei ik: "Jongens, let erop, voortaan alleen in je eigen bekertje plassen." Kleuterleidster boos, de kinderen vonden het niet leuk en ik werd wanhopig. Totdat ik ontdekte dat in mijn gebrek aan pedagogisch talent, mijn talent lag om grappen te maken. 's Avonds moest ik optreden voor een studentenvereniging in Leiden en onderweg heb ik van deze gebeurtenis een verhaaltje gemaakt. De studenten moesten juist lachen om het voorval. Ik had mijn bestemming gevonden.'
>
> Bron: Wels (2010).

Kinderen met gedragsproblemen in de groep

Uit onderzoek blijkt dat leerkrachten vooral stress ervaren wanneer ze veel conflicten hebben met een kind. Een kind kan de hele dag van een leerkracht verpesten. Als het niet lukt contact te leggen met een kind, met wie ook geregeld flinke botsingen optreden, brengt dit leerkrachten uit hun evenwicht en worden gevoelens van onmacht en woede opgeroepen. Waarschijnlijk geldt dit ook voor pedagogisch medewerkers. Zo ontstaat snel een negatieve spiraal: boosheid en ongeduld bij de pedagogisch medewerker, een kind dat zich onveilig en afgewezen voelt en zich nog onbereikbaarder maakt, een hele groep die lijdt onder de slechte sfeer. Hoe kan een dergelijke negatieve spiraal worden omgebogen tot een positieve (Koomen e.a. 2011)?

Praten met kinderen, ouders, collega's en leidinggevende

Als een pedagogisch medewerker moeite heeft met een kind, moet hij of zij daar niet te lang alleen mee rondlopen. Praten in een vroeg stadium is veel minder beladen dan praten als alles al bijna te veel is geworden. Praat in de eerste plaats met het kind zelf en met de andere kinderen die erbij zijn betrokken. Wat is er aan de hand? Wat wil dit kind? En wat wil jij? Wie heeft een plan? Praat daarnaast met de ouders. De pedagogisch medewerkers vertellen zo concreet mogelijk wat ze hebben gezien en vragen of de ouders het gedrag herkennen. Hebben zij hetzelfde waargenomen? Wat is er volgens hen aan de hand? Praat ook met collega's en de leidinggevende. Hoort dit gedrag bij de leeftijd? Hoe pakken collega's het aan?

Maak je gevoel concreet voordat je in gesprek gaat met je collega, je leidinggevende of met de ouder van het kind. Dit kan door gericht te kijken naar het gedrag dat je opvalt. Hoe concreter je voorbeelden, hoe beter je samen kunt nadenken over wat er aan de hand is. De meeste problemen met kinderen zijn tijdelijk en lossen zichzelf op of kunnen snel worden verholpen na een gesprek met de kinderen, ouders en collega's.

Balans zoeken tussen draaglast en draagkracht

Als een kind zich langere tijd onhandelbaar gedraagt of zich helemaal terugtrekt en onbereikbaar is, heeft dat zelden één oorzaak. Er is altijd interactie tussen het kind en zijn omgeving, waarbij het kind zijn sterke en zwakke kanten inbrengt en de omgeving ook. Een kind met een licht ontvlambaar temperament kan opeens een probleemkind worden als zijn favoriete pedagogisch medewerker met zwangerschapsverlof gaat en het met de invalster niet klikt. Het kind raakt dan uit balans. En als de pedagogisch medewerkers niet oppassen, raken ook zij uit balans.

Tijdens gesprekken met het kind, de ouders en de collega's wordt in de regel duidelijk waardoor de balans is verstoord. De ouders vertellen bijvoorbeeld dat het kind erg moe is en slecht slaapt als papa op reis is voor zijn werk. Of dat er een ziek familielid is, waardoor het kind thuis tijdelijk minder aandacht krijgt. Een gesprekje met de kinderen op de buitenschoolse opvang kan duidelijk maken dat er al langere tijd ruzie is tussen twee vriendinnengroepjes. Collega's kunnen elkaar vaak handige tips geven over hoe zij een bepaald probleem hebben aangepakt of opgelost.

Niemand is een klier voor zijn plezier

Pedagogisch medewerkers zijn ook maar mensen. Het is dus logisch dat ze zich af en toe wild ergeren aan een kind. Dan helpt het te denken: niemand is een klier voor zijn plezier. Als je over je eigen boosheid of irritatie heen kijkt, kun je nagaan waarom een kind doet zoals het doet. Dan kom je bij diens drama terecht en wordt het pas echt interessant. Want alle gedrag heeft een logica, komt ergens uit voort (Singer, Doornenbal & Okma 2004). Je kunt die logica op het spoor komen door jezelf de volgende vragen te stellen:
› Wanneer treedt het gedrag op?
› Wat gebeurt er dan? En welk voordeel kan een kind daarbij hebben? Wat is belangrijk voor het kind in die situatie?
› Heeft het kind de vaardigheden zijn of haar eigen gedrag te sturen? Snapt het kind wat er aan de hand is? Kan het de eigen impulsiviteit controleren?

In het kader 'Irritant gedrag kan heel logisch zijn' staat een voorbeeld van een kind dat niet in staat is zich te concentreren (onvermogen) en dat probeert op te lossen door irritant gedrag (probleemgedrag volgens de volwassenen), met als doel te doen wat de volwassenen vragen. Kinderen kunnen al vanaf jonge leeftijd vertellen wat ze willen bereiken. En wat ze lukt en niet lukt en wat ze proberen. Vanaf 6 jaar kunnen ze vertellen welke emoties ze hebben en of ze die willen laten zien aan anderen of niet. Als andere kinderen hen kwetsen, willen kinderen vaak hun verdriet niet laten zien. Ze zijn dan bang om gepest te worden. Daarom uiten kinderen hun verdriet vaak in boosheid. Ze gaan slaan en schoppen in plaats van te huilen. Uit onderzoek blijkt dat als kinderen emotioneel in de war zijn,

---

> **REFLECTIE**
>
> ## De balans opmaken
>
> Met het balansmodel ga je actief op zoek naar de kracht en het positieve in jouw eigen functioneren of in het leven van een kind. Maak daarom eens met een beperkt groepje collega's de balans op voor een kind met een gedragsprobleem.
> › Pak een groot vel papier en verdeel het in twee kolommen.
> › Schrijf linksboven 'Draaglast' en rechtsboven 'Draagkracht'.
> › Spreek allemaal uit welke kenmerken in beide kolommen thuishoren.
> › Schrijf alle kenmerken in de juiste kolom op.
> › Bespreek de kenmerken met elkaar.
> › Focus ten slotte op de draagkrachtfactoren:
>   » Hoe kun je deze beter benutten?
>   » Welke tips kun je elkaar daarvoor geven?

PRAKTIJK EN TIPS

Irritant gedrag kan heel logisch zijn

Jacqueline (9 jaar) kon in de groep heel irritant gedrag vertonen. Nooit eens even stilzitten en steeds aan andere kinderen plukken bij het samen theedrinken. Tijdens het verven of tekenen de andere kinderen irriteren en altijd kleine ongelukjes, waardoor de verfpot omvalt of een glas water over de tekening van een ander kind valt. Op school spelen deze problemen nog erger. Haar moeder vraagt een kinderpsycholoog om onderzoek. En wat blijkt: Jacqueline vertoont dit irritante gedrag om goed te doen! Ze heeft een aandachtsstoornis. Als ze stilzit of een rustig werkje moet doen, raakt ze haar concentratie kwijt. Door te bewegen en aan anderen te zitten – dus het irritante gedrag – krijgt ze haar concentratie weer terug. Ze moet iets doen om geconcentreerd te blijven. Haar gedrag is dus heel logisch. Toen kon met Jacqueline worden gekeken naar andere manieren om hetzelfde doel te bereiken.

KENNIS

Je verdriet uiten in boosheid

Liza is een pleegkind. Als ze andere kinderen gezellig met hun moeder ziet zitten, voelt ze zich verdrietig. Ze vertelt: 'Alsof ik overgeslagen word. Dan ga ik denken en dan ga ik een verhaal verzinnen. Mijn verdriet komt dan in elk verhaal terug. Ik laat niet zien dat ik verdrietig ben. Dat is kinderachtig. Dan gaan ze me uitlachen, alsof ik verstoten word. Ik ga dan naar boven en dan barst ik in tranen uit. Als iemand boven komt, ga ik snel achter mijn bureau zitten en zogenaamd zitten spelen. Maar meestal word ik boos wanneer ik verdrietig ben. Dan ga ik schreeuwen: "Stomme huppelkutmoeders!"'

Bron: Singer, Doornenbal & Okma (2004).

ze vaak boos gaan doen: 'Dan word ik kierewiet en ga ik alle spullen overhoop halen en zo. Dan vergeet ik alles: dat ik geen rommel mag maken. Dan raak ik gewoon nog meer in de war en smijt ik alles op de grond' (Visser, Singer, Van Geert & Kunnen 2009).

Gedragsproblemen uitleggen aan groepsgenootjes en ouders

Ook hoe je moet omgaan met gedragsproblemen begrijpen kinderen al jong als dit wordt uitgelegd op hun niveau. Suen van 3 jaar kan snappen dat de eveneens 3-jarige Koen helemaal over de rooie gaat als iemand zijn puzzel in de war gooit, terwijl de andere kinderen in zo'n situatie niet wild om zich heen gaan slaan. 'Daar kan Koen niet tegen', leggen de pedagogisch medewerkers uit. Kinderen van 10 jaar kunnen snappen en respecteren dat een jongen in hun groep het liefst alleen bouwwerken maakt en niet mee wil doen met voetballen. Daar hoeft geen informatie bij over een eventuele autistische stoornis. Het volstaat om gewoon tegen kinderen te zeggen: 'Pim raakt in de war als er veel kinderen om hem heen zijn'.

De ouders van de kinderen moeten ook geïnformeerd worden, zeker als een van de kinderen onvoorspelbaar is. Deze ouders kunnen bang zijn voor de veiligheid van hun eigen kind. Zorgen van ouders op dit gebied moeten pedagogisch medewerkers dan ook altijd serieus nemen.

> **PRAKTIJK EN TIPS**
>
> ### Waarom dumpt mama mij hier?
> 'Ik ging doen alsof ik heel blij was [op de buitenschoolse opvang]. Als ik het wel had laten merken [gevoel gedumpt te worden op de buitenschoolse opvang na echtscheiding ouders], komt eerst iedereen naar me toe, wat zielig, wat zielig, en daarna gaan ze weg om over je te roddelen. Dan kreeg ik het gevoel dat mama me liet zitten en werd ik kwaad omdat papa me niet kon ophalen. Eén keer ben ik bijna weggelopen, omdat ik boos was. En toen dacht ik ook: als oma nog leefde, was ik elke dag bij haar geweest en hoefde ik niet naar de naschoolse opvang.'
>
> Bron: onderzoek Singer (niet gepubliceerd).

Blijven zoeken naar het sleuteltje dat past

Als het gedragsprobleem is besproken en scherp in beeld is gebracht, kan gezocht worden naar praktische en haalbare oplossingen in de groep. Misschien moet je het kind in kwestie bij binnenkomst op de buitenschoolse opvang even wat extra aandacht geven en verder met rust laten. Of misschien moet je juist zo snel mogelijk een activiteit zoeken waar het kind van houdt. Op ieder kind past een sleuteltje waarmee je toegang krijgt en het probleem kunt oplossen.

> **PRAKTIJK EN TIPS**
>
> ### Sleuteltje voor Willemijn
> 'Willemijn heeft last van heftige driftaanvallen. Ze is een grote, goedlachse meid van 7 jaar en ze heeft een verstandelijke beperking. Ze komt twee middagen in de week op de buitenschoolse opvang en kan het meestal goed met iedereen vinden. Willemijn wordt driftig wanneer zij de andere kinderen of de volwassenen niet goed begrijpt en ook als zij zelf niet goed begrepen wordt. Dit leidt steeds vaker tot escalaties op de groep, vooral aan het begin van de middag wanneer we de kinderen vragen naar wat ze die middag willen doen.
>
> Willemijn heeft meer tijd nodig om informatie te verwerken. Voor haar zijn overgangsmomenten stressvol. Het duurt even voordat het kwartje valt, vooral als dingen minder concreet zijn. Als de andere kinderen door elkaar praten, kan zij het gesprek niet meer volgen. We letten hier goed op. Met Willemijn nemen we vooraf de gesprekspunten door. Het gaat nu een stuk beter. Willemijn weet al waar het over gaat en dat maakt haar een stuk zekerder en rustiger.'
> – Pedagogisch medewerker

> **PRAKTIJK EN TIPS**
>
> ### Snappen wat een kind beweegt
> 'Laatst was er een jongetje dat continu speelgoed uit de kast haalde en ermee rondliep. Toen vroeg ik opeens: "Moet je plassen?" Ik wist dat zijn ouders thuis streng zijn met plassen. Opeens dacht ik: misschien wordt hij daar onrustig van, kan hij zich er niet aan overgeven. Als je alleen maar denkt: wat een vervelend kind, hij haalt steeds al het speelgoed uit de kast, en vervolgens boos wordt, maak je het alleen maar erger. Goed kijken en praten. Dan kom je er vanzelf achter en vind je een oplossing.'
> – Inge, pedagogisch medewerker bij 2- tot 4-jarigen
>
> Bron: interview Singer (niet gepubliceerd).

Zoeken naar bronnen van troost en rust

Ieder kind heeft manieren om zichzelf rustig te maken als er te veel stress is. Of om zichzelf te troosten als er veel verdriet is (Ruben 2007). Door deze manieren voorkomt het kind dat het ongeremd boos wordt of zich helemaal terugtrekt. Veel kinderen hebben baat bij een time-out (zie het kader 'Tip voor meisje met woede-infectie'). Andere manieren die kinderen gebruiken, zijn:

- omgaan met dieren en hen verzorgen: honden, katten, paarden, marmotten, ratjes;
- een hobby waarin je positieve ervaringen opdoet: voetballen, schilderen, muziek maken en luisteren;
- een persoon die in je gelooft en met wie je kunt praten;
- religie: samen zingen, bidden en weten dat God er ook voor jou is en dat het goed met je zal komen;
- natuur: troost en rust vinden in de wind, het water en de schoonheid van planten en dieren.

Pedagogisch medewerkers kunnen aan kinderen vragen wat hen rustig maakt en samen kijken of ze dat kunnen gebruiken in het kindercentrum of de buitenschoolse opvang. Ze kunnen dan afspraken maken over wat het kind kan doen als hij of zij het gevoel heeft uit zijn vel te springen: even uit de groep lopen, even naar buiten gaan, troost zoeken bij de cavia in de groep, liedjes gaan zingen in jezelf, enzovoort. Het zijn allemaal mogelijkheden, maar het belangrijkste is dat de afspraak past bij het kind en hij of zij er zelf ook iets in ziet. Op dezelfde manier kun je met kinderen afspraken maken over hoe ze hun sociale angst kunnen overwinnen.

PRAKTIJK EN TIPS

Tip voor meisje met woede-infectie

'Beste meisje met woede-infectie. Ik heb hetzelfde probleem als jij, maar ik heb er een oplossing voor gevonden. Vraag aan je ouders of ze je niet achternakomen als je wegrent en vraag of ze na tien minuten naar je toe willen komen. Als je alleen zit, ga dan niet denken: waarom heb ik dit? Want daar schiet je niets mee op. Probeer rustig adem te halen. Ik weet dat er geen tips staan over hoe je niet zo snel boos wordt, maar die heb ik zelf ook nog niet gevonden.'

– Een meisje van 11 jaar met hetzelfde probleem

Bron: VPRO-gids (2010).

PRAKTIJK EN TIPS

Troost vinden in de natuur

Nazmiye Oral (actrice en schrijfster) werd als 6-jarige zonder haar ouders vanuit Nederland naar Turkije gestuurd. Ze was daar heel eenzaam, maar ontdekte een bron van steun die niet aan andere mensen gebonden was. 'Ik herinner me hoe ik op een dag, in een veld vol klaprozen, wroetend in de aarde, op zoek naar mooie steentjes, een ooievaar zag overvliegen en ineens, door de ogen van die vogel, mezelf kon zien zitten. Het gaf mij troost – zonder dat ik daar woorden voor had – te weten dat ik deel uitmaakte van een groter geheel. Ik was niet alleen. Die tijd in Turkije is, toen ik het later moeilijk kreeg, mijn enige houvast geweest.'

Bron: Visser (2011).

Een extra probleem voor kinderen met moeilijk gedrag is dat de andere kinderen het snel doorhebben als dat kind altijd de schuld krijgt van de pedagogisch medewerkers. Ze kunnen dan bijvoorbeeld ongestraft spullen van dat kind afpakken of het kind wegduwen. Het moeilijke kind krijgt immers toch de schuld als het gaat slaan en trekken om het afgepakte speelgoed terug te krijgen. Zo'n kind wordt dan algauw de zondebok van de groep. Een negatief stereotiep beeld van het kind zet zich vast. Door het kind negatief te benaderen wordt dat beeld steeds bevestigd.

Alert zijn op spiegelgedrag en zondebokeffect

Mensen, dus ook pedagogisch medewerkers en kinderen, zijn van nature geneigd elkaars gedrag te spiegelen en daardoor onbewust te versterken.
› Een stil, teruggetrokken kind wordt vergeten. Pedagogisch medewerkers doen hetzelfde als het kind, ze trekken zich terug.
› Een kind dat veel slaat, schopt en schreeuwt, ontmoet veel negativiteit, vaak zowel van de andere kinderen als van de pedagogisch medewerkers.
› Een kind dat erg ongedurig is, maakt andere kinderen en pedagogisch medewerkers kriegel en ongedurig.
› Een kind dat vrolijk praat en vertelt, ontmoet kinderen en pedagogisch medewerkers die graag met hem of haar praten.

Het hoort bij de professionaliteit van de pedagogisch medewerkers om spiegelgedrag te doorzien en het patroon dan te doorbreken. Juist bij kinderen met gedragsproblemen lopen pedagogisch medewerkers het gevaar zelf ook gedragsmoeilijkheden te ontwikkelen. Pedagogisch medewerkers reageren vaker inadequaat op kinderen die veel conflicten hebben. Ze geven het moeilijke kind snel de schuld, soms onterecht, uiten hun boosheid en geven tegenstrijdige boodschappen. De pedagogisch medewerker en het kind zijn dan beiden uit balans.

REFLECTIE

Welke spiegel houd jij voor?

Hoe kom je erachter dat je onbedoeld bepaald negatief gedrag van een kind versterkt?
Vraag een collega eens video-opnamen te maken van jouw gedrag ten aanzien van een kind dat veel botsingen heeft en van wie andere kinderen last hebben. Of vraag jouw collega om jou te observeren terwijl je contact hebt met dat kind. Kijk dan naar het volgende.
› Negatieve spiralen: welk gedrag versterkt onbedoeld het gedrag van het kind?
› Negatieve beeldvorming: heb je het beeld dat dit kind steeds de schuldige (de zondebok) is, dan zal dit kind zich uiteindelijk ook zo gaan gedragen.
› Positieve aanknopingspunten: in welke situaties is er geen probleem? En wat kun je hiervan leren voor de probleemsituaties?

Bekijk en bespreek vervolgens ook hoe jouw collega's met dit kind omgaan. Hoe kun je samen tot een positieve aanpak komen?

Bron: Singer & De Haan (2006).

Bedacht zijn op culturele misverstanden

Misverstanden tussen de pedagogisch medewerkers en de kinderen kunnen met de cultuur te maken hebben. In de ene cultuur en het ene gezin is een vermaning voldoende om het kind te corrigeren. In de andere cultuur en het andere gezin hebben kinderen geleerd dat ze pas hoeven te gehoorzamen als er duidelijk met straf wordt gedreigd. Een time-out is in autochtoon Nederlandse

PRAKTIJK EN TIPS

Een 3-jarige zondebok

Niels is volgens de pedagogisch medewerkers een ADHD-kind, snel afgeleid en geïrriteerd en weinig geliefd bij de andere kinderen. Een observatievoorbeeld: Niels speelt al enige tijd met een tractor. Dan probeert Benno de tractor van Niels af te pakken, waarop Niels woedend reageert. Ze houden allebei de tractor vast en gillen. Hierop komt de pedagogisch medewerker in beeld. Ze vraagt: 'Wat is er aan de hand?', terwijl ze de arm van Niels beetpakt. 'Jullie moeten samen spelen, hè? Benno mag ook.' Dat laat Benno zich geen tweemaal zeggen en hij pakt gillend de tractor af. Er ontstaat een vechtpartij. De pedagogisch medewerker reageert hierop door Niels boos en afwijzend toe te spreken: 'Niet vechten!'

Bron: Singer & De Haan (2006).

gezinnen een veelgebruikte manier om kinderen te corrigeren. Maar er zijn ook culturen waarin dit als een zeer zware straf wordt ervaren, zwaarder dan een tik op de billen. Een kind afzonderen, dat is iets wat men nooit zou doen. Men gaat ervan uit dat een kind of individu niet zonder vertrouwde anderen kan leven.

Systematisch observeren

Als de gedragsproblemen aanhouden, moet er soms langer samen met collega's, ouders en de kinderen gezocht worden naar wat helpt. Dan is het slim eens precies te gaan analyseren wanneer de gedragsproblemen voorkomen en wanneer niet, wanneer ze op hun ergst zijn en wanneer ze wel meevallen. Als je hierover bijvoorbeeld per uur een rapportage bijhoudt, zie je waarschijnlijk al snel verschillen. Door systematisch te observeren kun je erachter komen in welke situaties een kind uit balans raakt en wat zijn draagkracht vergroot.

› Wanneer doet het probleemgedrag zich voor: op welk uur van de dag? Met welke kinderen? Bij welke

activiteit? Wat is de rol van de pedagogisch medewerker? Is er iets naars thuis of op school gebeurd?
› Wanneer draait het kind goed mee: op welk uur van de dag? Met welke kinderen? Bij welke activiteit? Wat is de rol van de pedagogisch medewerker?

Indien nodig kunnen deze observaties, met toestemming van de ouders, besproken worden met een gedragsdeskundige of jeugdhulpverlener met wie de kinderopvangorganisatie samenwerkt.

Reflecteren op het pedagogisch klimaat

Als de problemen met een kind aanhouden, moet er verder worden gekeken. Misschien is er met de hele groep iets aan de hand. Als de sfeer niet goed is of het aanbod niet voldoende aansluit bij wat de kinderen nodig hebben, zijn er altijd bepaalde kinderen die hier als eerste op reageren: de *signaalkinderen*. Signaalkinderen raken als eerste uit balans in een groep die niet goed draait. Als team neem je deze signalen serieus en bespreek je samen wat ze betekenen. Is er een probleem met de hele groep of met een individueel kind dat uit balans is? Signalen van kinderen zijn een goede aanleiding om als team het pedagogisch klimaat onder de loep te nemen, bijvoorbeeld aan de hand van de volgende vragen.

› Hoe is het welzijn van de kinderen in de groep? Zijn er meer kinderen met teruggetrokken gedrag of met veel conflicten?
› Zijn er conflicten tussen de kinderen? Zijn subgroepen met elkaar in conflict?
› Sluit het activiteitenaanbod aan bij de kinderen? Vervelen ze zich niet? Moeten de kinderen niet te lang wachten?
› Hoe is het met de rust in de groep? Worden de kinderen niet overprikkeld? Sluit het dagritme bij hun behoeften aan?

Je neemt dus een concreet incident als uitgangspunt om over je aanbod na te denken en het eventueel bij te stellen. Dit heet contextgericht werken. Je leest hier meer over in de paragraaf 'Contextgericht werken: van incident naar beleid' in hoofdstuk 6, 'Omgaan met diversiteit in het team'.

Pedagogische handvatten

De pedagogische handvatten zijn deels bedoeld voor alle kinderen in de groep, en deels speciaal voor kinderen met specifieke behoeften.

Voor een groep met kinderen met specifieke behoeften

› Waardeer alle kinderen om wie ze zijn, met al hun kenmerken. Een beperking of een gedragsprobleem is maar een van die kenmerken.
› Laat je verrassen in het contact met de kinderen. Als je goed naar kinderen kijkt en luistert, blijf je leren.
› Betrek alle kinderen actief bij het leren leven met de specifieke behoeften van kinderen in de groep. Zo leren ze met elkaar om samen verschillend te zijn.
› Zet kinderen met specifieke behoeften niet apart. Probeer hen te begrijpen en tegemoet te komen aan wat ze nodig hebben.
› Bied extra steun of pedagogische stimulering zo veel mogelijk aan binnen de groep.
› Gebruik je gewone pedagogische middelen, maar pas die wel aan de specifieke behoeften aan.
› Bescherm kinderen met specifieke behoeften niet te veel.
› Laat merken dat je elk talent van kinderen evenveel waard vindt.
› Vertel kinderen in de groep wat er is met een kind met specifieke behoeften. Houd het eenvoudig en vertel niet meer dan waar kinderen om vragen of niet meer dan datgene wat ze nodig hebben om het op hun niveau te kunnen begrijpen.
› Informeer ook de ouders van groepsgenoten over kinderen met specifieke behoeften.

Voor een groep met kinderen met lichamelijke en psychische beperkingen

› Behandel een kind met een beperking rechtvaardig, eerlijk en optimistisch; zo help je het kind sterk te worden, zichzelf te waarderen en om te gaan met tegenslag.
› Neem klachten en problemen (bijvoorbeeld in het samenspelen) van groepsgenoten serieus; zoek met elkaar naar oplossingen.
› Maak duidelijk dat het pesten van een kind met een beperking niet geaccepteerd wordt.
› Verbied grappen niet, maar bespreek hoe ze overkomen en stel regels op; elkaar pijn doen mag nooit.

Voor een groep met kinderen met gedragsproblemen
› Blijf bij ieder kind met gedragsproblemen zoeken naar het sleuteltje: praktische en haalbare oplossingen in de groep.
› Pas op dat je het probleemgedrag niet spiegelt en daarmee versterkt.
› Maak van een kind met probleemgedrag geen zondebok; blijf eerlijk kijken naar de interacties tussen kinderen.
› Laat je pedagogische rol niet verstoren door culturele vooroordelen.
› Corrigeer probleemgedrag, troost dan het kind en 'verbind' het vervolgens weer met zijn of haar groepsgenoten.
› Zoek samen met het kind naar bronnen en plekken van rust en ontspanning.
› Check of het algemene pedagogische klimaat in de groep goed, veilig en voldoende uitdagend is. Neem zo nodig maatregelen om dit klimaat te verbeteren.

PRAKTIJK EN TIPS

Verder lezen

Delfos, M. (2011), *Luister je wel naar mij? Gespreksvoering met kinderen tussen 4 en 12 jaar.* Uitgeverij SWP, Amsterdam.
Derman-Sparks, L. & J. Olsen Edwards (2010), *Anti-bias education for young children and ourselves.* NAEYC, Washington.
Erkert, A. (2009), *Rust en ontspanning met spelletjes. Voor kinderen van 3-8 jaar.* Panta Rhei, Katwijk.
Frost, J. (2010), *Supernanny. Eerste hulp bij opvoeden.* Spectrum, Houten.
Hoex, J. & F. Kunseler (2008), *Tis knap lastig. Omgaan met lastig gedrag in de buitenschoolse opvang.* Uitgeverij SWP, Amsterdam.
Singer, E. & D. de Haan (2006), *Kijken, kijken, kijken. Een boek over samenspelen, botsen en verzoenen bij jonge kinderen.* Uitgeverij SWP, Amsterdam.
Webster-Stratton, C. (2009), *Pittige jaren. Praktische gids bij het opvoeden van jonge kinderen.* Bohn Stafleu van Loghum, Houten.

(Voor)leesboeken voor kinderen
Delfos, M. (2003), *De wereld van Luuk. Over autisme.* Uitgeverij SWP, Amsterdam.
Delfos, M. (2006), *Merel is bang. Over angst.* Uitgeverij SWP, Amsterdam.
Delfos, M. (2010), *Patja de gevlekte panter. Over adoptie en pleeggezinplaatsing.* Uitgeverij SWP, Amsterdam.
Poortmann, R. (2011), *Concentratiespelletjes van 3 minuten. 120 korte spelletjes en activiteiten voor kinderen van 4 tot 10 jaar om de concentratie te bevorderen.* Panta Rhei, Katwijk.
Tulleners, A. (2008), *Bijzonder druk. Mijn boek over ADHD.* Uitgeverij SWP, Amsterdam.
Willis, J. & T. Ross (2000), *Kijk, dit is Emma.* Uitgeverij Sjaloom, Amsterdam.

PORTRET 7

Colet doet gewoon mee!

Trots laat Colet (bijna 8 jaar) haar Dolfijn-diploma zien, haar eerste zwemdiploma! Colet heeft een spierziekte waardoor haar spierkracht minder wordt. Hierdoor kan ze niet lang lopen. Ze valt ook sneller en heeft dan soms hulp nodig bij het opstaan. Maar Colet is een stoere. Ze wil alles wat de andere kinderen ook doen. En het zwemmen is haar gelukt!

Hanny, haar moeder: 'Ik wil gewoon dat ze als normaal kind wordt behandeld. We informeren de pedagogisch medewerkers wat ze moeten doen als Colet zich verslikt of flauwvalt. En dan vertrouwen we erop dat ze zich daaraan houden. We steunen Colet in het zich weerbaar opstellen. Andere kinderen vragen soms: "Waarom heb jij zulke rare ogen? Zo'n rare mond?" Of ze zeggen: "Ik vind jou stom." Dat vindt Colet heel vervelend. Maar ze is mondig genoeg. Volwassenen zijn soms bang om iets aan Colet te vragen. Dan zeg ik: "Vraag het haar zelf maar." Of ze gaan fluisteren en denken dat ze ook verstandelijk gehandicapt is. Maar Colet is een heel helder kind. Mensen moeten de nadruk leggen op wat ze wel kan.'

Colets moeder vervolgt: 'Colet heeft gewoon meegedaan met de avondvierdaagse. Stukjes lopen en stukjes rolstoel. Met de andere kinderen van haar klas. Die komen voor haar op. Ze zeggen: "Ga even opzij, want Colet komt eraan op haar driewielfiets." Gehandicapte kinderen zijn vrij hard voor zichzelf. Als Colet valt, is ze eerder boos van teleurstelling dat het niet lukt dan verdrietig vanwege de pijn.'

Terwijl haar moeder vertelt over haar ziekte, speelt Colet met haar broer en een vriendje. Tot slot geeft ze een demonstratie snel fietsen, schuin de bochten door. Daar gaat ze, stralend.

HOOFDSTUK 6

Omgaan met diversiteit in het team

Het team van de Boskabouters werkt sinds kort als democratische oefenplaats. Dat betekent dat de teamleden veel praten over hoe ze elkaar in hun waarde kunnen laten. 'En dat gaat echt niet alleen over grote verschillen in cultuur, hoor,' vertelt Katharina. 'Juist ook in kleine dingen wals je vaak over elkaar heen. Vorige week bijvoorbeeld zei een nieuwe medewerker tijdens een overleg: "Tienermoeders weten niet eens hoe een kind verschoond moet worden." Haar collega riep toen: "Ik was ook een tienermoeder, ik wist in het begin ook veel dingen niet, maar dat wil niet zeggen dat ik geen goede moeder was!" Er viel een stilte. Gelukkig hebben we daar op dat moment even over doorgepraat. Toen ging ons wel een lichtje op: het verschil tussen jezelf en de ander is vaak klein en je staat vaak niet stil bij het verhaal achter mensen.'

De kern

Werken in kindercentra en op de buitenschoolse opvang is teamwork. In *Pedagogisch kader kindercentra 0-4 jaar* (hoofdstuk 6) en *Pedagogisch kader kindercentra 4-13 jaar* (hoofdstuk 10) wordt dan ook veel aandacht besteed aan de samenwerking tussen pedagogisch medewerkers. In dit hoofdstuk gaan we dieper in op de diversiteit onder pedagogisch medewerkers en leidinggevenden. Samen verschillend zijn, dat raakt jouw vak en dat raakt jezelf! Om het vak van pedagogisch medewerker optimaal te kunnen uitoefenen is het belangrijk om als collega's goed om te gaan met diversiteit binnen het team. Daarvoor is verbondenheid in jouw team een voorwaarde: iedereen hoort erbij, ieder met zijn eigenheid en verschillen. Iedereen draagt bij aan het gezamenlijke doel van goede opvang voor kinderen en ouders. Hoe gaan we samen om met diversiteit en hoe scheppen we daarin een constructief leer- en samenwerkingsklimaat?

Als medewerker van een kinderopvangorganisatie sta je voor een gezamenlijke opdracht vanuit de visie en het beleid van de organisatie. Sommige dingen liggen natuurlijk vast in afspraken, andere zaken zul je als team soepel en creatief moeten oplossen. Daar speelt de leidinggevende altijd een belangrijke rol in. De leidinggevenden en managers hebben een voortrekkersrol bij het invoeren van inclusief beleid en bij het versterken van teams. Zij ondersteunen teams bij het ontwikkelen van belangrijke kennis en vaardigheden en de juiste houding; zij zijn daarbij gericht op professioneel samenwerken, reflecteren en contextgericht werken. Als professional heb je daarvoor bijvoorbeeld nodig:
› kennis over samenwerken, reflecteren en contextgericht werken;
› een professionele houding die gericht is op leren en vernieuwen;
› bewustzijn van de maatschappelijke functie van kindercentra.

Door met elkaar in een team vragen rond diversiteit te verkennen ontwikkelen pedagogisch medewerkers en begeleiders hun professionele rol. Ze leren wat nodig is om elkaar te vertrouwen, ze leren overeenkomsten en verschillen te herkennen in hun context, ze leren allerlei vormen van uitsluiting tegen te gaan en ze leren afspraken te maken die de continuïteit van het leerproces garanderen. Een professioneel team en leidinggevende vragen zich daarbij steeds af: waar staan wij samen voor en hoe laten we dit zien in de praktijk? Bereiken we daarmee álle kinderen en álle families?

Soms worden verschillen ontkend, bijvoorbeeld: 'In ons team spelen (culturele) verschillen geen rol' of: 'Moeten we in ons team over diversiteit gaan praten? Leg je dan niet te veel nadruk op verschillen?' In *Samen verschillend* is het uitgangspunt dat je verschillen altijd bespreekbaar kunt maken, mits je:
› de overeenkomsten in een team benadrukt;
› uitgaat van inclusie in de visie en in het beleid van de organisatie;
› de verschillen een rol geeft in het teamoverleg.

Als je verschillen bespreekbaar maakt, verwerf je inzicht in de diversiteit van het team en kun je erop inspelen. Daarmee werk je gericht aan vertrouwen en veiligheid in jouw team.

Het team als democratische oefenplaats

Een team is een oefenplaats om elkaars diversiteit te leren kennen, waarderen en benutten. Alles wat je er leert, kun je gebruiken in je werk met kinderen en ouders. Een team wordt een democratische oefenplaats als de leden door hun leidinggevende ertoe worden gestimuleerd veel met elkaar te bespreken en daarbij ieders mening serieus wordt genomen.

Samen werken aan verbondenheid

Een sfeer van verbondenheid is even belangrijk voor het welzijn van de kinderen in een groep als voor het team. Verbondenheid betekent niet dat alle teamleden hetzelfde denken en doen. En verbondenheid is ook niet altijd vanaf het begin in een team aanwezig. Wel is een ondersteunende en stimulerende teambegeleiding altijd een belangrijke voorwaarde om in een team te (durven) werken aan verbondenheid.

In een team werk je samen met collega's die achter het pedagogisch beleid van een kindercentrum staan maar daarmee vaak naar eigen inzicht omgaan. Je werkt samen met mensen die verschillende kwaliteiten, achtergronden, ervaringen en perspectieven hebben. Hoe bouw je aan verbondenheid binnen al die verscheidenheid? Een eerste stap is met elkaar in gesprek gaan en je inzichten uitwisselen.

> **PRAKTIJK EN TIPS**
>
> ## Een professionele stap
> Nancy, pedagogisch medewerker: 'Ik zeg gemakkelijk ja tegen ouders. Dit bracht mijn collega naar voren, want zij had daar soms wat moeite mee. Een voorbeeld: ik maak er niet zo'n probleem van dat ouders te laat binnenkomen. Mijn collega stoort zich er juist wel aan als dat gebeurt. Ik zeg er niks van, moet dat eigenlijk wel doen, maar omdat ik de relatie met de ouder graag goed wil houden, zeg ik niks en maak een grapje. Op den duur zegt mijn collega het en is zij de gebeten hond.'
> Nancy en haar collega gingen hierover in gesprek.
> Nancy: 'Mijn collega gaf aan dat ze het fijn zou vinden als ik er ook wat vaker iets van zou zeggen. Ik heb met haar besproken welke situaties ik dan zal overnemen en heb er ook een paar gedaan. Maar ik geef toe dat ik het moeilijk vind, omdat ik bang ben dat het de relatie verstoort met de ouder. Dit blijft voor mij een leerpunt.'

Als collega's hun behoeften tegenover elkaar uitspreken en samen naar oplossingen zoeken in de samenwerking, gedragen ze zich professioneel. Uit het verhaal van Nancy (zie het kader 'Een professionele stap') blijkt dat:
› dit geen gemakkelijk proces is: er spelen altijd emoties over en weer, zoals in dit voorbeeld het gevoel de gebeten hond te zijn of de angst dat de relatie met de ouders verstoord raakt;
› je verbondenheid kunt ervaren als je het niet met elkaar eens bent: als je bespreekt waarom je dingen verschillend doet en durft te zeggen wat je daarbij ervaart en wat je van elkaar nodig hebt, komt er ruimte vrij om naar oplossingen te zoeken én ontstaat nieuw plezier in de samenwerking.

Reflecteren
Om optimaal te kunnen werken aan verbondenheid moeten alle teamleden bereid zijn te reflecteren op zichzelf, elkaar en de praktijk. Daar hoort bij dat iedereen:
› een open en nieuwsgierige houding wil ontwikkelen;
› actief wil luisteren;
› zich wil verplaatsen in het perspectief van de ander;
› bereid is van elkaar te leren en elkaar te ondersteunen.

Reflecteren betekent systematisch stilstaan bij jezelf, je team en de praktijk: hoe zit die praktijk in elkaar en wat zijn de consequenties van een beleid of handelwijze? Reflecteren doe je niet alleen met je ratio, je verkent ook je emoties en je motivatie. Het gaat om denken, voelen en willen. Reflecteren is een actief proces, iets wat je echt doet. Het doel van reflecteren is jezelf, je team of het kindercentrum als geheel positief te veranderen. Er zijn verschillende vormen:
› zelfreflectie (individueel);
› teamreflectie (gezamenlijk met jouw team);
› kritische reflectie (individueel en als team), met als doel sociale veranderingen (bijvoorbeeld participatie van alle kinderen en families) te realiseren.

Kritische reflectie is niet hetzelfde als kritiek geven, maar is een vorm van doorvragen die dieper gaat dan bij gewoon reflecteren. Als je kritisch reflecteert, vraag je bijvoorbeeld:
› Waarom doe ik dit zoals ik het doe? Wat is 'mijn waarheid' over deze situatie?
› Hoe komt het dat wij in ons team de dingen doen zoals we ze doen?
› Wie profiteert hiervan en wie niet? En waarom?
› Hoeveel andere manieren zijn er om dit te doen en te begrijpen? (MacNaughton 2004).

Kindercentra en teams hebben vaak afspraken en gewoonten waarover geen vragen meer gesteld worden. Bij kritische reflectie vraag je je samen af: hoort iedereen er echt bij? Bevorderen wij de participatie van álle families? Werken wij in onze praktijk democratisch?

> **PRAKTIJK EN TIPS**
>
> ### Aandacht voor alle ouders
> 'We werkten met de vraag: welke aandacht krijgen ouders die niét aan het ideaalplaatje voldoen? Ouders die verlegen en weinig communicatief zijn, weinig tijd hebben en weinig initiatief tonen. We constateerden dat behoorlijk wat ouders buiten ons blikveld vallen en we hebben ons voorgenomen meer aandacht aan deze ouders te gaan schenken.'
>
> Bron: Van Keulen & Del Barrio Saiz (2010).

Elkaars kwaliteiten benoemen

Teams worden sterker als er onderling veel aandacht is voor het positieve: daar zijn wij goed in! Teambegeleiders kunnen pedagogisch medewerkers ertoe stimuleren elkaars kwaliteiten te benoemen. Als je de kwaliteiten van de pedagogisch medewerkers in een team benoemt, wordt het team zich bewust van zijn kracht: dat zijn wij, dit kunnen we en daar zijn we trots op!

> **PRAKTIJK EN TIPS**
>
> ### Dat zijn wij!
> 'Wij hebben de kwaliteiten van de medewerkers binnen ons team in de peuterspeelzaal geïnventariseerd. Genoemd werden: stevig, complementair, goede communicatie, opgewekt, veelzijdig, creatief, eerlijk, kalm, consequent, stimulerend, direct, groei, invoelend, liefde voor de kinderen, betrokkenheid met kinderen. Het kwam allemaal op een flap te staan en het was mooi om dat zo eens allemaal bij elkaar te zien. Dat zijn wij!'
> – Eline, pedagogisch medewerker
>
> Bron: Van Keulen & Del Barrio Saiz (2010).

Een team waarin de pedagogisch medewerkers hun eigen en elkaars kwaliteiten benoemen, boekt winst op diverse gebieden, want:
› het motiveert teamleden ook kwaliteiten bij ouders en kinderen te benoemen;
› het stimuleert hen ook hun eigen zwakkere kanten te ontwikkelen;
› teamleden ontdekken nieuwe kwaliteiten bij zichzelf en elkaar;
› er ontstaat erkenning en herkenning: ik heb kwaliteiten en zwakke kanten, net als mijn collega's en net als ouders en kinderen;
› de samenwerking krijgt een positieve impuls.

Werken met een maatje

Werken met een maatje is een instrument dat leidinggevenden kunnen inzetten als pedagogisch medewerkers het veiliger vinden om te reflecteren met een maatje dan in een groot team. Werken met een maatje – of maatjesoverleg – wil zeggen dat je met één vaste collega geregeld praat over je werk, wat je daarin tegenkomt en wat je kunt verbeteren. Hoewel je in dit overleg met zijn tweeën praat, is het belangrijk de resultaten daarvan met het team te delen in het teamoverleg.

> **PRAKTIJK EN TIPS**
>
> Een pedagogisch medewerker zegt naar aanleiding van werken met een maatje: 'We zijn opener naar elkaar geworden, de drempel om iets aan elkaar te vragen is verlaagd.'
>
> Bron: Van Keulen & Del Barrio Saiz (2010).

Een maatje fungeert als een kritische vriend die met je meedenkt. Werken met een maatje biedt de mogelijkheid van de ander te leren en elkaar te ondersteunen. Dit vereist wel het bewust inzetten van je maatje. In een maatjesoverleg reflecteer je op ieders leerproces door bijvoorbeeld:
› elkaars kwaliteiten te benoemen;
› ervaringen uit te wisselen en elkaar feedback te vragen en te geven;
› twijfels en onzekerheden uit te spreken, ruimte te geven aan het 'even niet weten';
› elkaar vragen te stellen over jouw dagelijks handelen;
› bepaalde opdrachten samen te plannen, uit te voeren en te evalueren;
› de samenwerking te bespreken en afspraken met elkaar te maken (Van Keulen & Del Barrio Saiz 2010).

PRAKTIJK EN TIPS

Leerproces in een maatjesoverleg

'Ik ben een persoon die vrij eerlijk is en snel zegt wat ik ervan denk. Wat ik vaak dan niet besef, is dat ik soms mensen kwets, ook mijn collega's. Wat ik ben gaan doen als ik twijfelde aan mijn overkomen, is aan mijn maatje vragen hoe ik overkwam. Was ik te direct of te overheersend, dan had ik het met mijn maatje erover wat het dan precies was en dat kon ik dan weer meenemen in andere situaties.'

– Nancy, pedagogisch medewerker

Bron: Del Barrio Saiz (2010), training Deuren open voor ouders. DANA Trainingen.

Nancy (zie het kader 'Leerproces in een maatjesoverleg') gebruikt haar maatje om zich verder te ontwikkelen. Ze stelt de mening van haar collega op prijs en is bereid haar gedrag hierop aan te passen.

Contextgericht werken: van incident naar beleid

In een contextgerichte werkwijze zoek je naar verbanden en werk je van concreet en incidenteel naar een samenhangend en betekenisvol geheel. Je analyseert bijvoorbeeld eerst een individueel incident, waarbij maar een paar mensen betrokken zijn. Vervolgens verken je de rol en de achtergrond van het gedrag van de betrokken teamleden. Ten slotte neem je het beleid van het kindercentrum onder de loep: past dit beleid bij jullie praktijk? Zo nodig doe je dan voorstellen om dat beleid te veranderen. Door een thema zo aan te pakken geef je het professionele aandacht, bevorder je de kennis van alle betrokkenen en vergroot je het draagvlak voor beleid.

Contextgericht werken gaat het best met een concreet onderwerp, bijvoorbeeld het te laat brengen en ophalen van kinderen. Om dit thema contextgericht aan te pakken moet je eerst weten hoe mensen individueel met tijd omgaan. Dit wordt cultureel beïnvloed en heeft onder andere te maken met het omgaan met afspraken, het indelen van werkactiviteiten, het stellen van prioriteiten en het omgaan met tijdsdruk. Daarnaast vind je binnen elke cultuur ook verschillen: sommige mensen komen altijd op tijd en andere komen systematisch te laat. Elke organisatie kent ouders én pedagogisch medewerkers in deze twee categorieën. Het is handig om je dit te realiseren wanneer je als organisatie een pedagogisch beleid wilt vaststellen over de breng- en haaltijden en bewust met diversiteit wilt omgaan. Hierbij kunnen de volgende vragen ondersteunend zijn.

› Wat is de context van de families in het kindercentrum: zijn de vastgestelde tijden klantvriendelijk en aangepast aan hun behoeften of is daar geen zicht op?
› Wat is het beleid van de organisatie en welke handelingsruimte biedt de organisatie aan pedagogisch medewerkers als het gaat om haal- en brengtijden?
› Hoe gaan de teamleden hiermee om, wat zijn hun ervaringen en hoe kunnen ze elkaar ondersteunen? Welke begeleiding hebben ze vanuit de organisatie nodig?

> **KENNIS**
>
> ## Omgaan met tijd
> In de Nederlandse en ook in andere westerse samenlevingen leven we aan de hand van de klok, onze agenda en onze tijdsafspraken. We staan bijvoorbeeld doordeweeks om 07.00 uur op, zijn om 08.15 uur op het dagverblijf en om 09.00 uur op ons werk. De kinderen gaan om 19.30 uur naar bed en wijzelf om 23.00 uur. We voelen ons vaak gehaast om op tijd van het een naar het ander te gaan en hebben een hekel aan wachten. In Afrikaanse en veel andere niet-westerse samenlevingen gaan mensen heel anders met tijd om. Ook tussen Noord- en Zuid-Europa bestaan er wat dit betreft al heel grote verschillen. Niet de kloktijd, maar de dagelijkse behoeften en sociale verplichtingen bepalen dan het tijdsritme. Als een buurvrouw langskomt en hulp nodig heeft, kom je later op je werk. Een afspraak om 14.00 uur wil zeggen dat je in de loop van de middag komt, om 16.00 of 18.00 uur kan ook. Kinderen gaan gelijk met de ouders naar bed, want samen zijn wordt hoog gewaardeerd. Mensen voelen zich niet gehaast en gestrest, want wachten hoort erbij.
>
> Bron: Hermsen (2009).

Omgaan met emoties en conflicten

Een pedagogisch medewerker gaat in haar of zijn werk intensief om met kinderen, ouders en collega's. Emoties spelen daarbij een belangrijke rol en hebben een signaalfunctie. Bij conflicten merk je dat er een grens overschreden is; iets belangrijks heeft jezelf en/of de ander geraakt.

Als je in aanraking komt met onbekende zaken, met meningen en praktijken die je tegen de borst stuiten of die je niet kent, kan dit emoties oproepen, zoals angst, verontwaardiging of afkeuring. Hoe ga je hier professioneel mee om?

Als je niet stilstaat bij emoties, kunnen ze in de weg gaan zitten en jou te veel in beslag nemen, bijvoorbeeld doordat je geïrriteerd blijft of bang bent om erover te praten. Conflicten zijn niet leuk, waardoor je ze vaak niet aangaat. Toch kunnen ze een bron zijn van leren en verandering. Door een conflict wel aan te gaan schep je de mogelijkheid elkaar beter te leren kennen, het pedagogisch beleid beter te begrijpen en betere afspraken te maken.

Een conflict aangaan betekent níet dat je de ander vertelt hoe hij of zij zich anders moet gedragen. Een conflict begint bij jezelf. Geef ik-boodschappen. Die zijn effectiever en roepen minder weerstand op dan jij-boodschappen. In ik-boodschappen verwoord je alleen je eigen gevoel, waardoor je geen beschuldigend weerwoord oproept. Je kunt de gordonmethode (zie kader), die je ook gebruikt in jouw omgang met kinderen, dus ook toepassen op je collega's. Daar is moed voor nodig, maar zo creëer je ruimte. Je bewaart afstand tot wat er gebeurd is en richt je op het verhaal achter je emotie. Wie professioneel omgaat met conflicten, durft

> **PRAKTIJK EN TIPS**
>
> ## De gordonmethode
> De gordonmethode gaat uit van gelijkwaardigheid in relaties, zodat iedereen zichzelf kan zijn en zijn verantwoordelijkheid neemt, rekening houdend met de ander. In opvoedingsrelaties betekent dit dat de opvoeder het kind in zijn waarde laat en respectvol benadert. Eigenlijk zijn het de democratische principes die worden geïntroduceerd. Een belangrijk kenmerk is het geven van ik-boodschappen.
>
> ### *Voorbeelden jij- en ik-boodschappen: het verschil!*
> Jij-boodschap: 'Jij doet ook altijd zo geheimzinnig.'
> Ik-boodschap: 'Ik zou graag beter willen weten wat er speelt.'
> Jij-boodschap: 'Jij doet nooit wat ik vraag.'
> Ik-boodschap: 'Ik vind het erg vervelend dat de kinderboeken niet zijn geordend.'
>
> ### *Hoe geef je een ik-boodschap?*
> 1. Benoem het gevoel dat je hebt. De boodschap begint vaak met 'Ik...'. *'Ik vind het irritant...'*
> 2. Benoem de daden van de ander die tot dit gevoel leiden. Het is belangrijk hier geen waardeoordeel over uit te spreken. *'...dat je niets zegt tijdens ons overleg.'*
> 3. Benoem de reden waarom je dat gevoel krijgt. 'Ik zou graag willen weten wat er in jouw hoofd omgaat wanneer we bepaalde onderwerpen bespreken tijdens ons overleg.'
> 4. Geef aan hoe je het zou willen hebben.

opnieuw in gesprek te gaan, zonder dat daar winnaars of verliezers uit komen. Nieuwsgierig blijven naar de ander staat hierbij centraal.

Samen verschillend in het team

Vaak wordt diversiteit beschouwd als iets wat alleen gaat over anderen die anders zijn. Diversiteit heeft echter ook te maken met jouw identiteit en jouw eigenheid. Je bent uniek en je hebt verschillende groepsidentiteiten, bijvoorbeeld vrouw, moeder, dochter, vriendin, echtgenoot, Nederlands, Marokkaans, vakbondslid, volleybalspeelster én pedagogisch medewerker. Je leeft en je ontwikkelt je in al die verschillende contexten.

Vaak worden mensen omschreven op zichtbare aspecten of daar zelfs op vastgepind: de Marokkaanse collega, het slechthorende kind, de verlegen moeder, enzovoort. In het contact krijgt dit ene aspect dan alle aandacht. Mensen veranderen echter. Sommige van hun identiteitsaspecten veranderen in de loop van hun leven. Ook je collega's kunnen veranderen. Denk bijvoorbeeld nog even aan pedagogisch medewerker Nancy uit het voorbeeld over het maatjesoverleg. Zij reageerde te direct, maar vroeg bij haar collega/maatje hoe ze overkwam en probeerde daarop haar gedrag te veranderen. Dan is het erg belangrijk dat die verandering ook gezien wordt. Als haar collega's haar ondanks haar inspanningen toch blijven zien als een flapuit, wordt ze vastgepind op oud gedrag en kan dit haar ontmoedigen.

> **PRAKTIJK EN TIPS**
>
> ## Wat heeft diversiteit met jezelf te maken?
> 'Vorig jaar heb ik een training gevolgd en daar werd de vraag gesteld: "Wat heeft diversiteit met jezelf te maken?" Ik ben 34 jaar oud, maar ik had me dat nog nooit afgevraagd.'
> – Een teambegeleider
>
> Bron: Del Barrio Saiz (2007).

> **KENNIS**
>
> Sara is een resultaatgerichte medewerker. Zij raakt gefrustreerd door het feit dat soms dingen in de locatie langzaam gaan en dat er weinig samengewerkt wordt. Zij heeft het gevoel alleen te staan. Op een dag vertelt Sara haar collega's dat zij vroeger de succesvolle aanvoerster van een volleybalploeg was. Ineens ontstaat er een open gesprek in het team, er is interesse in haar sportervaringen en in de consequenties van wel of niet samenwerken voor 'het scorebord'. De communicatie en de samenwerking in het team werden daarna zichtbaar soepeler.

> **KENNIS**
>
> ## Jonge beroepsgroep werkzaam in de kinderopvang
>
> In Nederlandse kindercentra werken voornamelijk vrouwen met een mbo-opleiding. Zij hebben een overwegend monoculturele Nederlandse achtergrond, maar in de grote steden zijn er veel multiculturele teams. Ruim twee vijfde deel van de medewerkers is jonger dan 30 jaar. Ongeveer een zevende deel van de medewerkers is ouder dan 50 jaar. De beroepsgroep in de kinderopvang is gemiddeld jong en de sector is nauwelijks gevoelig voor de effecten van de vergrijzing.
>
> Bron: Werknemersonderzoek (2009).

> **REFLECTIE**
>
> ## Stilstaan bij ervaringen en waarden
>
> Denk eens aan een situatie die jou geraakt heeft. Je werd om iets boos of verdrietig of juist blij. Hoe hangt die situatie samen met:
> › de ervaringen die jou hebben gemaakt tot wie je nu bent?
> › de waarden die jij hebt overgenomen uit je opvoeding en je cultuur?
> › de organisatiewaarden die jij jezelf hebt eigen gemaakt?
> › de waarden waarvan je juist afstand hebt genomen?
>
> Hoe zouden je collega's op deze situatie reageren en wat heeft dat te maken met hun ervaringen en waarden?

Diversiteit binnen teams erkennen en benutten

Een team van pedagogisch medewerkers is per definitie divers. Je ziet echter niet gelijk hoe divers precies. Denk maar eens aan je eigen ervaringen op allerlei vlak, zoals je relatie met de mensen van wie je houdt, de opvoeding die je gekregen hebt, alle ervaringen in jouw opleiding en werk of de dingen die je graag doet. Al deze persoonlijke ervaringen maken mensen verschillend en zijn van invloed op hoe iedereen zijn rol invult en met anderen omgaat.

Ongelijkheid in teams is een gegeven. Het kan daarbij gaan om opleidings- of functieverschillen, verschillen in werkervaring en in salaris, leeftijdsverschillen of verschillen in cultuur en sekse. Deze verschillen, die een team divers maken, kunnen een bron van ongelijkheid en frustratie zijn indien ze niet benoemd en gewaardeerd worden. Dan kunnen machtsverschillen ontstaan in de relaties, wat leidt tot onzekerheid bij leidinggevenden, bij pedagogisch medewerkers en bij teams (Urban 2006).

> **PRAKTIJK EN TIPS**
>
> ## Ongelijkheid in teams: ervaringen uit de praktijk
>
> › 'Ik werk als invaller en dan zie ik grote verschillen in hoe ik door teams word benaderd.'
> › 'Ik ben een oude rot in het vak. Ik merk dat mijn jonge collega's zich aan de regeltjes willen vasthouden, terwijl ik zoiets heb van... het komt wel goed, heb geduld met ouders!'
> › 'De locatiemanager werkt hier maar kort, is hoogopgeleid, maar heeft geen ervaring in de kinderopvang. Ik werk al 25 jaar als pedagogisch medewerker!'
> › 'Daar heb je altijd die ouders die me aankijken alsof ik niets waard ben, en dat alleen omdat zij een universitaire opleiding hebben!'
> › 'Ik heb van die moeder te horen gekregen dat ik te jong ben. Wat wist ik eigenlijk van gescheiden ouders, zei ze. Ergens heeft ze gelijk, maar ik heb voor dit beroep een opleiding!'

Een teambegeleider kan ongelijkheid in teams productief maken door te stimuleren dat teamleden elkaar gelijkwaardig behandelen. Hiertoe kan zij of hij:
› de communicatielijnen verduidelijken (wie zegt wat tegen wie en wanneer), vooral als mensen met verschillende functies in één team samenwerken;
› de teamafspraken regelmatig checken;
› informatie toegankelijk maken voor alle betrokkenen, bijvoorbeeld door te checken of nieuwe medewerkers alle informatie krijgen die ze nodig hebben om te functioneren;
› de gelijkwaardigheid in de teaminteracties bewaken, bijvoorbeeld door erop te letten dat in een werkoverleg alle teamleden aandacht krijgen voor wat hen bezighoudt.

In het praktijkvoorbeeld in het kader 'Mijn collega viert geen verjaardagen' viert een pedagogisch medewerker geen verjaardagen. Daardoor moeten haar collega's het werk soms van haar overnemen. Dit roept frustratie, irritatie en boosheid op. Ook hebben haar collega's een mening over wat wel en niet bij de functie van pedagogisch medewerker in de kinderopvang hoort. Hoe kan een team leren met een dergelijke situatie om te gaan en er lering uit te trekken? Hoe ga je op een gelijkwaardige manier om met een collega die zich op een bepaald punt niet gedraagt zoals jij vindt dat het hoort? En hoe kun je daarbij contextgericht werken? Dit vereist dat je de aandacht verschuift van de individuele collega naar de teamleden en het team en van het incident met deze ene collega naar het organisatiebeleid voor het vieren van feesten.

Professioneel leren om te gaan met een collega die vanuit haar of zijn overtuiging bepaalde taken niet wil doen,

PRAKTIJK EN TIPS

Mijn collega viert geen verjaardagen

In een kindercentrum werkt een pedagogisch medewerker die Jehova's getuige is. Volgens haar geloofsovertuiging mag ze geen verjaardagen vieren. Haar collega's zijn hier niet gelukkig mee. Zij vinden het lastig en zeggen: 'Tja, dan had ze geen pedagogisch medewerker moeten worden. Feestvieren hoort nu eenmaal bij dit beroep.'

vraagt om reflectie in het team, waarbij de teambegeleider het voortouw neemt:

› REFLECTEREN OP EMOTIES
Welke emotie ervaar je bij dit praktijkvoorbeeld? Welke consequenties heeft de houding van jouw collega op jouw werk? Is jouw emotie gericht op jouw collega of op de organisatie?

› EEN NIEUWSGIERIGE EN ONDERZOEKENDE HOUDING AANNEMEN
Hoe vier jij verjaardagen en andere feesten? Houd je ervan? Welke overeenkomsten en verschillen zijn er op dit punt in het team? Weet je waarom Jehova's getuigen geen verjaardagen vieren?

› KRITISCHE VRAGEN STELLEN EN STELLING NEMEN TEGEN VOOROORDELEN
Wat is het beleid van de organisatie voor het vieren van verjaardagen en andere feesten en wat vinden jullie als team daarvan? Worden er diverse (religieuze) feesten gevierd? Houd je rekening met álle kinderen? Hoe zorg je ervoor dat feesten en tradities die niet gevierd worden, toch erkend worden in het kindercentrum?

Door zo te reflecteren op de opstelling van een collega, wordt deze geen zondebok maar blijft zij of hij volwaardig lid van het team – een team dat in dialoog gaat en samen zoekt naar meer kennis om bewuster met het beleid om te gaan. Hiermee creëer je verbondenheid en dat is een basis om taken te verdelen en afspraken te maken.

Leren van collega's uit andere culturen
Als de culturele verschillen in een team bespreekbaar worden gemaakt, leren de teamleden elkaar beter kennen, begrijpen en waarderen. Door openhartig met elkaar te praten over verschillen, leer je van elkaar en verruim je je blik.
In alle culturen wordt een balans gezocht tussen ruimte voor het individu en functioneren in de groep. Daar horen de opvoedingsdoelen 'verbondenheid' en 'autonomie' bij. In sommige culturen wordt een groot belang gehecht aan samen delen en aan functioneren in en bijdragen aan de groep. Kinderen van 6 jaar helpen bijvoorbeeld al in het huishouden. In andere culturen is er meer ruimte voor individuen om eigen doelen na te streven. Pedagogisch is het een uitdaging bij de samenwerking in de groep hiertussen een balans te vinden. Een voorbeeld: het rode autootje is favoriet in de groep; alle kinderen willen ermee spelen

> **KENNIS**
>
> ### Aandacht voor de gezamenlijkheid
> Om van elkaars culturen te leren is het nodig de eigen manier van opvoeden niet als de enig juiste te zien, stelt pedagoog-onderzoeker Sanne Huijbregts: 'Turkse en Marokkaanse ouders vinden het belangrijk dat hun kinderen leren dat ze onderdeel zijn van een groep. Maar uit een recent onderzoek van het Nederlands Consortium Kinderopvang Onderzoek blijkt dat Nederlandse pedagogisch medewerkers dat helemaal niet zo stimuleren. Marokkaanse pedagogisch medewerkers zijn daar wel bedreven in, zo blijkt uit mijn onderzoek. Betrek hen dan ook bij het opstellen van het beleid daarover.'
>
> Bron: Pijl (2010).

en er ontstaat steeds ruzie om. In zo'n situatie zijn Nederlandse medewerkers meer geneigd de autonomie van het individu te benadrukken: ieder mag op zijn beurt spelen met het autootje en op je beurt wachten is de regel. Marokkaanse medewerkers en moeders zijn eerder geneigd verbondenheid en samenspel te benadrukken: het autootje is van niemand persoonlijk, maar van iedereen. Zij stimuleren dat verscheidene kinderen samen met het autootje spelen.

> **KENNIS**
>
> 'Als ik vroeger thuis iets moest doen, moest dat ook echt gebeuren. Daar werd niet over onderhandeld of gediscussieerd. In de Nederlandse opvoeding wordt er meer aan kinderen toegegeven. Dat zie ik terug bij Nederlandse collega's. Ik zie het ook bij de ouders.'
> – Rachida, pedagogisch medewerker van Marokkaanse afkomst
>
> Bron: Pijl (2010).

In de praktijk van de kinderopvang zijn mensen vaak al volop bezig met samen verschillend zijn. Ook het onderzoek van Huijbregts toont aan dat leren van elkaars visies de realiteit is in de kinderopvangpraktijk: 'Hoe gemengder het team, hoe meer de opvattingen naar elkaar toe groeien' (Verbeek 2009). Helemaal hetzelfde hoeven die opvattingen natuurlijk niet te worden, want kinderen mogen best weten dat pedagogisch medewerkers verschillend zijn.

PRAKTIJK EN TIPS

Jullie houden niet van kinderen

'Er werken hier pedagogisch medewerkers die niet van kinderen houden. De kinderen moeten hier zelf hun jasjes dichtmaken en zelf hun veters strikken. Ook als ze het nog niet kunnen. Wij doen dat altijd voor kleine kinderen.'
– Emine, een Turks-Nederlandse moeder

Stel je voor, je werkt al jaren in de kinderopvang, je hebt een drukke dag achter de rug en dan maakt een moeder een opmerking zoals Emine in het kader 'Jullie houden niet van kinderen'. Hoe reageer je dan? In trainingen stellen we deze vraag regelmatig aan pedagogisch medewerkers. Sommigen van hen zeggen dan dat ze geschokt zullen zijn en moeite zullen hebben een professionele houding aan te nemen. Anderen denken dat ze uitleg zullen geven over het pedagogisch beleid en het belang van zelfstandigheid voor kinderen. Enkele pedagogisch medewerkers zeggen dat het luisteren vooral belangrijk is.

Als jij goed naar een moeder luistert en snapt waarom ze iets belangrijk vindt, zal ze ook naar jou willen luisteren. In de reacties van pedagogisch medewerkers komt steeds hetzelfde beleidsaspect terug: zelfstandigheid en zelfredzaamheid bij kinderen bevorderen. Hiermee wordt zichtbaar wat de medewerkers vanuit hun achtergrond belangrijk vinden. De vraag is hoe ze deze moeder kunnen bereiken. En hoe ze deze dubbele pedagogische opdracht – zelfredzaamheid stimuleren en liefdevol met kinderen omgaan – helder aan ouders kunnen overdragen. Opvoedingsdoelen krijgen verschillende prioriteiten in verschillende culturen. Zo spelen in de Nederlandse opvoeding meer ruimte en autonomie voor het individu een grotere rol dan in de Belgische of Marokkaanse opvoeding. In de ene cultuur wordt van kinderen verwacht dat ze al jong helpen in het huishouden, terwijl het in een andere cultuur als teken van liefdeloosheid wordt gezien als jonge kinderen moeten leren zelf hun schoenen aan te trekken. Binnen culturen zijn er ook grote verschillen. Daarom gaat het om luisteren naar elkaar en zoeken naar het gemeenschappelijke. De pedagogische doelen 'kinderen leren samenwerken' en 'oog hebben voor elkaar' krijgen prioriteit in bijna alle culturen. Kindercentra hebben de opdracht een balans te vinden tussen enerzijds individuele ruimte en autonomie en anderzijds gezamenlijkheid en wederzijdse betrokkenheid in de groep. Beide pedagogische doelen zijn opgenomen in *Pedagogisch kader kindercentra 0-4 jaar* en *Pedagogisch kader kindercentra 4-13 jaar*.

Omgaan met cultureel bepaalde kritiek van ouders vraagt om reflectie in het team, waarbij de teambegeleider het voortouw neemt. Daarbij is belangrijk:

› **REFLECTEREN OP DE EIGEN EMOTIE**
Wat wordt bij jou geraakt door een kritische opmerking van een ouder? En bij je collega's? Zijn er overeenkomsten en verschillen? En hoe verklaar je die?

› **EEN NIEUWSGIERIGE HOUDING AANNEMEN EN JE INLEVEN**
Je probeert je te verplaatsen in de gedachtewereld van de ouder en echt naar haar of zijn verhaal te luisteren, zonder te oordelen.

› **KRITISCHE VRAGEN STELLEN OVER HET BESTAANDE PEDAGOGISCH BELEID**
Vanuit welk referentiekader of vanuit welke culturele achtergrond kijkt de ouder naar het kindercentrum? Op welke manier laten we in ons kindercentrum merken dat we van kinderen houden en dat kinderen er leren elkaar te helpen?

Zo doen we het hier!

'Zo doen we het hier!' is een houding die uitgaat van ongeschreven normen en regels, vaak zonder je af te vragen: waarom doen we het eigenlijk zo? Dat is lang niet altijd slecht. In elke organisatie en in elk team bouwen mensen allerlei vanzelfsprekendheden op. Al die gewoonten samen vormen hun routine en daar werken ze lekker bij. 'Zo zijn onze manieren' (zoals in het kinderliedje) is prima, zolang een team daarbinnen maar geregeld naar zichzelf durft te kijken, soepel kan inspelen op veranderingen en bepaalde onderdelen van de routine zo nodig kan veranderen.

'Zo zijn onze manieren' is echter geen goede houding wanneer de leden van een team star vasthouden aan hun vanzelfsprekendheden en ze daarbinnen niet naar zichzelf willen kijken en bot weigeren om in te spelen op anderen. Dan wordt één bepaalde manier van denken, voelen en handelen overheersend in een team of organisatie. Bijvoorbeeld de Nederlandse opvoedings- en communicatiecultuur. Op allerlei gebied kan een team zichzelf dan gaan zien als de norm, die ook aan anderen wordt opgelegd. Als de normen van de meerderheid overheersend worden, blijft er onvoldoende ruimte over voor diversiteit. Medewerkers met een biculturele achtergrond kunnen in een loyaliteitsconflict terechtkomen. Een voorbeeld is Khadija die van haar Nederlandse collega te horen krijgt: 'Je bent intussen zo lang in Nederland dat je je wat meer assertief zou kunnen gedragen.' Daarmee krijgt zij een grote kans om in een loyaliteitsconflict terecht te komen,

> **REFLECTIE**
>
> Louise Derman-Sparks kwam na jarenlang werken met diversiteit tot de volgende conclusie: 'Een dominante houding is nadelig voor zowel de minderheid als de meerderheid in een team of organisatie. De meerderheid kan een superieure houding aannemen, de minderheid kan zich verongelijkt, minderwaardig en slachtoffer gaan voelen.'
> Herken je deze conclusie voor de meerderheid en de minderheid? Bespreek de conclusie in jouw team.
>
> Bron: Derman-Sparks (2007).

want wie mag zij zijn? Aan de ene kant wordt aanpassing van haar verwacht en aan de andere kant wordt haar anders-zijn als een enorme meerwaarde gezien, bijvoorbeeld in de contacten met ouders van verschillende culturele achtergronden.

'Het ene moment mag je zijn wat op een ander moment niet op prijs wordt gesteld.' Zo omschrijft Van den Broek (2009) deze spagaat. 'Om geen uitzonderingspositie te krijgen, zijn biculturele beroepskrachten [...] soms bereid zich als kameleon te gedragen.' Dat je zowel Nederlands als Marokkaans kunt zijn, wordt dan vaak niet herkend, ook niet door henzelf.

Als één soort opvatting of één norm overheerst, is dit niet alleen nadelig voor alle volwassenen, maar ook voor alle kinderen. Zij groeien dan op in een eenzijdig denkpatroon en worden niet voorbereid op een diverse samenleving. Diversiteit inzichtelijk maken (ook bij jonge kinderen) is een opdracht voor de kinderopvang. Daarbij is het belangrijk een enkeling niet te stereotyperen en de kracht van het team te gebruiken.

Leren van mannen

Het beroep van pedagogisch medewerker heeft voornamelijk aantrekkingskracht op vrouwen. Mannen worden moeilijk bereikt door het overheersende beeld dat vrouwen beter voor kinderen kunnen zorgen dan mannen, het lage maatschappelijk aanzien, de geringe beloning, de vrouwelijke uitstraling van het beroep en de angst om van pedofilie beschuldigd te worden. Dit leeft in verschillende landen (Peeters 2008).

Als mannen zich beter in het beroep zouden herkennen, bijvoorbeeld door meer nadruk te leggen op sport- en

> **PRAKTIJK EN TIPS**
>
> ### Biculturele spagaat
>
> Patricia Simon, een Nederlandse psychologe met een Indische achtergrond, zegt naar aanleiding van deze spagaat: 'Een terugkerend gespreksonderwerp tijdens werkoverleg en in functioneringsgesprekken is dat ik directiever moest zijn, duidelijk moest zeggen wat ik vond. Mij werd verweten te omzichtig te zijn en ik was onduidelijk en moeilijk te peilen. Het door hen gevraagde gedrag bleek voor mij moeilijk aan te leren te zijn. Het leverde strijd op met mijn leidinggevende, maar leidde ook tot waardering en acceptatie. We hadden hetzelfde doel, maar verschilden in de weg ernaartoe.'
>
> Bron: Hoffman, Aartsma & Tjoa (2009).

> **PRAKTIJK EN TIPS**
>
> 'Doet een man dit werk net zo goed als een vrouw? Ja, vaders kunnen toch ook voor hun kinderen zorgen. Maar er is wel een verschil in aanpak.'
> – Harrie, pedagogisch medewerker op een babygroep
>
> Bron: Overduin (2011).

buitenactiviteiten, zou hun belangstelling voor het vak toenemen (Peeters 2008). Maar dat is gemakkelijker bij de buitenschoolse opvang dan bij de kinderdagverblijven. Bij het verzorgen van baby's hoort knuffelen en intiem lichamelijk contact tijdens het verschonen, naar bed brengen en voeden. Vaak wordt verondersteld dat het contact met vaders zou verbeteren als meer mannen in de kinderopvang zouden werken, maar dit is door onderzoek niet bevestigd (Peeters 2008). Wel is in de praktijk merkbaar dat de communicatie tussen vrouwelijke pedagogisch medewerkers en vaders niet optimaal verloopt en dat er een zekere argwaan onder ouders bestaat tegenover mannen in de baby- en peuteropvang. Dit laatste is gevoed door incidenten van seksueel misbruik in de kinderopvang.

Aan de andere kant is er een duidelijke tendens dat vaders zich steeds intensiever met de opvoeding van hun kinderen gaan bezighouden. Vaders die thuis baby's verzorgen en op straat met baby's en peuters lopen, zijn heel normaal geworden. Vaders hebben bijvoorbeeld een 'papadag' en nemen op die dag de volledige verantwoording voor de zorg van hun kind. Deze tendens biedt de kindercentra kansen om het contact met vaders te verbeteren en om mannelijke pedagogisch medewerkers meer kansen te bieden.

> **REFLECTIE**
>
> ## Omgaan met vaders, hoe is dat voor jullie?
>
> Ga met de andere teamleden bij elkaar zitten en lees de volgende uitspraak: 'Vaders voelen zich in de kinderopvang toch wel een vreemde eend in de bijt... en vrouwelijke pedagogisch medewerkers voelen zich ook weleens ongemakkelijk bij vaders. Dit is vaak niet bespreekbaar.' Herken jij deze uitspraak? Hoe voel jij je in het contact met vaders? Omgaan met vaders, hoe is dat voor jullie? Praat hierover met elkaar.

> **KENNIS**
>
> ## Mannelijke rolmodellen nodig
>
> 'Mannen: we hebben jullie nodig! Benoem gerust de essentiële rol van mannen bij de opvoeding van kinderen... Het zien van weinig mannen in belangrijke opvoedingsomgevingen buiten het gezin komt bij jongetjes best hard aan. Dit is geen mannenwereld, denken ze. Ze zien alleen maar vrouwen om zich heen, eerst in de kinderopvang en later op de basisschool.'
> – Hoogleraar kinderopvang Tavecchio
>
> Bron: Velsink (2011).

In veel landen zijn mannelijke medewerkers sterk ondervertegenwoordigd in de kinderopvang. Mannen vinden ook niet vanzelf de weg naar de kinderopvang, zo blijkt uit onderzoek: 'Alleen een openstelling van het beroep voor mannen en verder een afwachtende houding aannemen, levert niets op,' aldus Peeters (2008). Campagnes om meer mannen te werven moeten over een langere periode op alle niveaus ingrijpen, inclusief de overheid. In Vlaanderen is in 2003-2004 campagne gevoerd voor meer mannelijke medewerkers; hun percentage steeg in de opleiding van 6,5 naar 20 procent. Ook in de Scandinavische landen hebben campagnes effect gehad: daar is een op de vijf werknemers in de buitenschoolse opvang een man. Soms spreken ouders hun voorkeur uit voor een bepaalde pedagogisch medewerker en bekritiseren daarbij openlijk een collega, bijvoorbeeld omdat hij een man is. Wat doe je dan? Negatieve opmerkingen van ouders over collega's brengen je in verlegenheid en in een loyaliteitsconflict. Ineens zit je met informatie die je niet gemakkelijk aan je collega kunt doorgeven en je hebt antwoord nodig op de vraag: wat is ons beleid en hoe kunnen we dat verwoorden tegenover ouders? Het is aan te bevelen om in complexe situaties zoals deze, altijd advies en steun te vragen van je leidinggevende.

Een organisatie die een inclusief beleid hanteert en participatie van mannelijke collega's waardeert, verwacht van haar pedagogisch medewerkers dat zij dit beleid

> **PRAKTIJK EN TIPS**
>
> ## Mijn collega is een man
>
> 'De moeder van Floris kwam naar mij toe (ik ben haar favoriete pedagogisch medewerker, zo zegt zij vaak) en vroeg heel vriendelijk of ik ervoor kon zorgen dat alleen ik en echt niemand anders voortaan haar zoontje zou verschonen. Ik doe het zo goed, ze vindt mij zo professioneel en zorgzaam! Ze wil niet dat mijn collega Michiel het doet, zelfs niet als zij van andere ouders hoort dat die nieuwe pedagogisch medewerker een heel vriendelijke man is.'
> – Hanneke, pedagogisch medewerker
>
> Bron: DANA Trainingen (2010).

> **KENNIS**
>
> ## Preventie seksueel misbruik in kindercentra
>
> Naar aanleiding van een zedenzaak in een kinderopvang te Amsterdam (in 2011) heeft de commissie-Gunning (Onafhankelijke Commissie Onderzoek Zedenzaak Amsterdam) een aantal aanbevelingen gedaan om seksueel misbruik te voorkomen.
> - Op de groep moeten altijd twee volwassenen aanwezig zijn die de kinderen kunnen zien of eventueel horen (het vierogenprincipe).
> - Risicosignalen moeten meer aandacht krijgen: ouders en beroepskrachten moeten signalen beter kunnen herkennen. Daartoe is meer voorlichting voor ouders nodig en meer aandacht in de beroepsopleidingen.
> - Alle kindercentra moeten gebruikmaken van de meldcode en het protocol Kindermishandeling (www.protocolkindermishandeling.nl).
> - De opleiding van medewerkers moet een kwaliteitsimpuls krijgen: binnen de teams zou een medewerker opgeleid moeten zijn in het herkennen van opvallend gedrag.
> - Bij werving en selectie van personeel moeten referenties scherp worden nagetrokken.
> - Gemeentebesturen en de GGD moeten hun toezicht en handhaving verscherpen.
> - Kindercentra zijn er niet louter voor opvang, maar ook voor ontplooiing en opvoeding.
>
> Bron: commissie-Gunning (2011).

uitdragen. De leidinggevende zal er ook voortdurend op toezien dat dit gebeurt. De leidinggevende zal dit beleid aan alle ouders moeten uitleggen, waarbij zij of hij aangeeft wat de grenzen van het kindercentrum zijn en stelling neemt tegen vooroordelen.

Reageren op ouders die een mannelijke collega bekritiseren, vraagt om reflectie in het team, waarbij de teambegeleider het voortouw neemt. Daarbij zijn belangrijk:

› TEAMREFLECTIE OVER PARTICIPATIE VAN MANNELIJKE COLLEGA'S

Welke ervaringen, waarden en normen hebben de teamleden wat betreft de participatie van mannen in de kinderopvang? Hoe belangrijk vinden zij die? Kan iedereen het beleid van de organisatie op een professionele manier verwoorden?

› EEN NIEUWSGIERIGE HOUDING AANNEMEN EN JE INLEVEN

Waarom wil deze ouder een mannelijke medewerker mijden? Spelen incidenten met kindermisbruik in de kinderopvang en de berichtgeving daarover een rol? Pedagogisch medewerkers moeten een balans vinden tussen het luisteren naar de zorg van ouders en het uitleggen van het kindercentrumbeleid. Wat vind jij het lastigst hierbij en wat zou je bij jezelf willen verbeteren?

› KRITISCHE REFLECTIE

Stel dat niet de moeder van Floris de mannelijke medewerker afwijst, maar de moeder van Khalid. Hoe reageer je dan? Deze vraag roept een extra vraag op: is deze moeder door haar cultuur beïnvloed? Bedenk ook dat mensen niet alleen beïnvloed worden door hun cultuur, maar ook door hun persoonlijke ervaringen. Toon belangstelling voor hun totale verhaal.

› EENDUIDIGHEID EN ELKAAR AANSPREKEN

De leidinggevende let erop dat het inclusieve organisatiebeleid eenduidig naar buiten toe wordt verwoord en spreekt zo nodig medewerkers daarop aan. Dit gebeurt in het teamoverleg, in een intervisiebijeenkomst of in een persoonlijk gesprek.

Handvatten om samen verschillend te zijn in het team

Kwalitatief goede kinderopvang vraagt om teams waarin de leidinggevende en de pedagogisch medewerkers zich bewust zijn van hun eigen rol in de kinderopvang en ook sociaal geëngageerd zijn. Zij kunnen dan een bijdrage leveren aan het democratiseren van de

pedagogisch praktijk – een praktijk die de stemmen van alle betrokkenen hoort, waardeert en erkent. De competenties die daarvoor nodig zijn, verwerven beroepskrachten in een permanent leerproces. Dit proces begint in de opleidingsfase en wordt in de beroepspraktijk voortgezet.

Hoe werk je als pedagogisch medewerker aan diversiteit?

› Werk vanuit een open en nieuwsgierige houding, luister actief, verplaats je in het perspectief van de ander en wees bereid van de ander te leren.
› Wen eraan te reflecteren op emoties en leer deze te reguleren, want omgaan met diversiteit betekent emoties (pijn, verdriet, onzekerheid, boosheid, maar ook vrolijkheid en blijdschap) tegenkomen en daarmee kunnen omgaan.
› Creëer verbondenheid met collega's en met de kinderen en hun ouders.
› Kijk vanuit die verbondenheid en veilige omgeving naar diversiteit; maak deze zichtbaar en bespreekbaar.
› Verzamel kennis over bijvoorbeeld diverse gezinsachtergronden (cultuur, armoede, gezinsvormen) en kwetsbare kinderen.
› Heb oog voor beeldvorming en vooroordelen bij jezelf, bij collega's, bij kinderen en bij hun familie; maak ze bespreekbaar.
› Leer om te gaan met ongelijkwaardige relaties en zorg ervoor dat je niet terechtkomt in de aanklagerrol, de slachtofferrol of de redderrol.
› Wees flexibel; leer om te gaan met onzekere situaties en met veranderingen.

Hoe werk je als leidinggevende aan diversiteit?

Om in een team deze vaardigheden te kunnen oefenen is tijd en teambegeleiding nodig. Als teambegeleider kun je hieraan bijdragen door:
› een rustige relaxte sfeer te creëren waarin medewerkers met nieuw gedrag durven te experimenteren en van elkaar willen leren;
› transparante communicatie te bevorderen door communicatielijnen te verduidelijken, teamafspraken regelmatig te checken en informatie toegankelijk te maken voor alle betrokkenen;
› ruimte en tijd te creëren voor reflectie: werken met een maatje stimuleren, regelmatig een inhoudelijk werkoverleg organiseren;

› expliciet en geregeld de kwaliteiten en kracht van een team te benoemen;
› oog te hebben voor ongelijkheid in een team en voor vooroordelen en uitsluiting;
› ruimte te bieden om conflicten en emoties uit te spreken;
› medewerkers ondersteuning te bieden bij het systematisch reflecteren op de eigen identiteit en rol als professional;
› medewerkers te herinneren aan gezamenlijk afgesproken regels en normen en hen daarop aan te spreken;
› expliciet en geregeld te benoemen hoe jullie visie op diversiteit zichtbaar kan worden gemaakt in de dagelijkse praktijk, en de medewerkers hierin ook te begeleiden.

Diversiteitscompetenties verwerven, te beginnen in de opleidingen

In de vorige paragrafen zijn handvatten gegeven aan pedagogisch medewerkers en leidinggevenden die willen werken aan diversiteit. Daar hebben beroepskrachten allerlei competenties bij nodig. Die verwerven ze in een permanent leerproces. Dit proces begint, zoals eerder gezegd, in de opleidingsfase en loopt door in de beroepspraktijk. We bevelen aan dat (aankomend) pedagogisch medewerkers zich kunnen bekwamen in kind- en oudergebonden competenties, organisatiegebonden competenties en professiegebonden competenties, zie het kader op de volgende bladzijde.

KENNIS

Competenties

Kind- en oudergebonden competenties

Onder kind- en oudergebonden competenties verstaan we alles wat de (aankomend) beroepskracht moet leren om alle ouders en kinderen tot hun recht te laten komen in de kinderopvang, zoals:

Het eigen referentiekader en dat van de gezinnen in kaart brengen, door:
- te reflecteren op de eigen diversiteit;
- de verschillende diversiteitsaspecten van ouders en kinderen te erkennen;
- te weten dat er meer waarden en normen naast elkaar kunnen bestaan.

Een vertrouwensrelatie opbouwen met kinderen en hun ouders, door:
- inlevingsvermogen en empathie te laten zien;
- actief te luisteren en nieuwsgierig te zijn naar ouders en kinderen.

Vertrouwen bieden aan kinderen en ouders, door:
- vertrouwen te tonen in de kracht van kinderen;
- voort te bouwen op ideeën en kwaliteiten van kinderen en ouders.

Barrières in de communicatie overwinnen en effectief communiceren, door:
- de ervaringsdeskundigheid van ouders te erkennen;
- partnerschap te zoeken met ouders;
- nieuwsgierigheid te tonen voor nieuwe inzichten.

In een context van diversiteit alle ouders en kinderen informeren, door:
- informatie te geven aan ouders en kinderen met een ander referentiekader of kennisniveau;
- eraan bij te dragen dat ouders begrijpen welke keuzen ze hebben.

Gezinnen ondersteunen bij opvoed- en opgroeivraagstukken, door:
- mee te denken bij diversiteit in opvoedingsstijlen en opvoedingswaarden;
- eraan bij te dragen dat kinderen zich kunnen ontwikkelen in een gezonde opvoedsituatie.

Signaleren in een context van diversiteit, door:
- oog te hebben voor gezinnen met specifieke behoeften;
- eraan bij te dragen signalen tijdig op te pakken.

Stelling nemen tegenover vooroordelen en discriminatie, door:
- een dialoog hierover op gang te brengen;
- bij te dragen aan manieren om vooroordelen en discriminatie te bestrijden.

Organisatiegebonden competenties

- Onder organisatiegebonden competenties verstaan we alles wat de (aankomend) beroepskracht moet leren om goed te functioneren in haar of zijn organisatie, zoals:
- *Kritisch reflecteren, individueel en als team*: kritische reflectie is een voorwaarde voor een volwaardige professionele en persoonlijke ontwikkeling. Goed reflecteren betekent buiten de eigen referentiekaders kunnen treden en het eigen handelen aan een kritisch onderzoek kunnen onderwerpen.
- *Reflecteren op de eigen stereotypen, vooroordelen en discriminatie in de kinderopvang en in de maatschappij*.
- *Deskundigheid blijven bevorderen en een onderzoekende houding ontwikkelen*, want met samen verschillend zijn ben je nooit klaar. Diversiteit heeft veel kanten en een diverse omgeving is voortdurend in beweging. Dit betekent dat beroepskrachten:
  - hun praktijk en hun kennis over diversiteit steeds vernieuwen en aanpassen;
  - permanent samenwerken met kinderen, ouders en collega's;
  - een onderzoekende houding aanleren, om verschillende interventies te proberen en de juiste interventies te vinden.

Professiegebonden competenties

Onder professiegebonden competenties verstaan we alles wat de (aankomend) beroepskracht moet leren om aan de buitenwereld te laten zien dat de kinderopvang een professionele sector is, waarin bekwame professionals hun beroep goed uitvoeren. Daar hoort omgaan met diversiteit bij. Concrete professiegebonden competenties zijn:
- uitleggen wat het beroep inhoudt en er een goede definitie van geven;
- uitleggen dat de kinderopvang een serieuze professie is met een duidelijke plaats in het maatschappelijk beroepsveld;
- zich er bewust van zijn dat de kinderopvang onderdeel is van de omgeving en de samenleving;
- nieuwe ideeën en werkwijzen willen introduceren en proberen, om de kinderopvang een duidelijkere plek te geven.

Bronnen: DECET/ISSA (2011), Nederlands Jeugdinstituut/Movisie (2010), Van Keulen & Del Barrio Saiz (2010).

PRAKTIJK EN TIPS

Verder lezen

DECET/ISSA (2011), *Diversity and social inclusion: Exploring competences for professional practice in early childhood education and care.* DECET/ISSA, Brussel.

Hoffman, E., M. Aartsma & T. Tjoa (2009), 'Wat is het Indische?' (hoofdstuk 5). In: Aartsma, M., E. Hoffman & W. Reynaart (red.), *De stille kracht van leiderschap. Een Indisch perspectief.* Garant, Antwerpen/Apeldoorn.

Keulen, A. van & A. del Barrio Saiz (2010), *Permanent leren. Van zelfreflectie naar teamreflectie.* Uitgeverij SWP, Amsterdam.

Nederlands Jeugdinstituut/Movisie (2010), *Naar interculturele competentieprofielen in het preventieve en ontwikkelingsgerichte jeugdbeleid.* Nederlands Jeugdinstituut, Utrecht.

Peeters, J. (2008), *De warme professional. Begeleid(st)ers kinderopvang construeren professionaliteit.* Academia Press, Gent.

PORTRET 8

Babyopvang, is dat wel goed?

Janneke, pedagogisch medewerker bso en moeder van Elijah (2,5 maand), vertelt: 'Eerst wilde ik liever niet blijven werken. Ik vond het beter om zelf voor mijn kind te zorgen. Nu denk ik: fiftyfifty. Ik moet werken voor het geld. En de hele dag thuis valt me zwaarder dan ik had gedacht. Ik kom nergens aan toe, omdat ie constant aandacht vraagt. Drinken, schone luier, andere kleertjes, met hem rondlopen als ie niet kan slapen. Je wílt ook die aandacht geven. Maar na drie dagen wil je ook weleens afwassen. Dan valt ie eindelijk in slaap, valt er iets in de keuken en wordt ie weer wakker. Ik kan pas iets anders doen als mijn vriend thuiskomt. Dat is zwaar. Elijah vindt het prima in de babygroep. Voor mij is het moeilijker. Ik ken mijn collega's en het is niet moeilijk hem hier achter te laten. Maar om zelf weg te gaan... Daarom ben ik nu al begonnen met wennen. Ik vind het fijner alles weer in balans te hebben als ik weer ga werken.'

PORTRET 9

Alleen op studiedagen valt Jaco op

Jaco is pedagogisch medewerker in een natuur-bso: 'Als beeldend kunstenaar had ik een baantje in de tussenschoolse opvang. Als vader heb ik met 0- tot 4-jarigen gewerkt in een ouderparticipatiecrèche. Ik ontdekte dat het werken met kinderen heel boeiend is. Momenteel werk ik met drie vrouwelijke collega's in een natuur-bso. Dat mannen in de kinderopvang bijzonder zijn, voel ik alleen op studiedagen, wanneer de zaal vol vrouwen zit.
Mannen in de kinderopvang vind ik niet belangrijk vanwege die stereotiepe ideeën over stoeien met de jongens. Zogenaamde mannendingen zijn voor de meisjes ook heel erg leuk: zagen, timmeren, in bomen klimmen, voetballen. Ik heb zelf plezier in meebouwen, bijvoorbeeld met de kaplablokjes. Maar koken met de kinderen vind ik ook heerlijk. Mijn filosofie is dat de bso als een groot gezin is waar het altijd lekker naar eten ruikt. Als beeldend kunstenaar heb ik geleerd dat niets onmogelijk is. Ga maar aan de slag. Kijk naar wat er wél is. Denk niet in stereotypen.
Toen bekend werd dat jonge kinderen seksueel waren misbruikt in de kinderopvang, is ook hier veel gediscussieerd. Ik heb het altijd voor mijn mannelijke collega's opgenomen. Daar is heel erg veel misgegaan. Hoe kan het dat de collega's elkaar niet hebben aangesproken? Waarom heeft de leidinggevende niets gedaan? Wij als collega's werken intensief samen, we praten over en met de kinderen, hebben goed contact met de ouders. In een open en goed functionerend team is er altijd toezicht en kan zoiets vreselijks niet ongemerkt blijven.
Veel mannen willen belangrijk werk doen, willen een leaseauto, status, macht. Ik hecht daar niet aan. Werken met kinderen is avontuurlijk. Ook met de allerjongsten. Bij baby's kom je in een droomwereld terecht, in een heel ander tempo. Je wordt afgeremd, minder gehaast. Het is een gezellige tijd, gezellig verschonen, voeden en die mooie processen van de eerste woordjes.'

HOOFDSTUK 7

Kinderopvang als actieve speler in de wereld

De Zevensprong is een centrum voor buitenschoolse opvang met een duidelijk diversiteitsbeleid. Toen dat werd ingevoerd, waren de medewerkers bang dat het extra werk zou betekenen: regels en formulieren en zo. Maar na een paar jaar blijkt het tegendeel waar te zijn. 'Ons diversiteitsbeleid is breed en biedt ons echt houvast,' vertelt Jannick. 'We zoeken bewust aansluiting bij de buurt en we werken steeds nauwer samen met de scholen. Als er iets met een kind aan de hand is, hebben we een korte lijn met het Centrum voor Jeugd en Gezin. We staan hier dus midden in de maatschappij en benutten de netwerken in de buurt. Daardoor heeft deze bso ook een heel goede naam.'

De kern

In *Samen verschillend* zien we het kindercentrum als een ontmoetingsplaats. Dit beeld kun je doortrekken naar de kinderopvangorganisatie en zelfs naar de hele kinderopvang. Binnen de centra gaat het om de ontmoeting met kinderen en ouders en de kinderopvang treedt ook naar buiten in ontmoetingen met de buurt en in samenwerkingsverbanden met instellingen voor onderwijs, zorg en opvoedingsondersteuning. Een belangrijk maatschappelijk punt is ook dat het personeelsbestand divers is in bijvoorbeeld leeftijd, sekse, etnische afkomst en talenten. Dit verhoogt de kwaliteit van het kinderopvangaanbod. Als kinderopvangorganisaties zich open en actief opstellen voor samenwerking en diversiteit, geven ze vorm aan hun maatschappelijke functie. Ze volgen dan ook de internationale beleidslijn van de OESO (Organisatie voor Economische Samenwerking en Ontwikkeling). In haar rapport *Starting strong* bepleit de OESO aandacht voor deze maatschappelijke functie: 'Het is belangrijk dat bredere sociaalmaatschappelijke belangen worden gereflecteerd in kinderopvangvoorzieningen, inclusief kinderrechten, diversiteit en een verhoging van de toegankelijkheid voor kinderen met speciale behoeften.' *Starting strong* pleit er ook voor de economische functie van de kinderopvang meer in balans te brengen met de pedagogische en maatschappelijke functies.

De buitenwereld naar binnen halen

In inclusieve kinderopvang hoort iedereen erbij, wordt iedereen gezien en gerespecteerd en zo nodig bij de groep gehouden. Dit brengt een organisatie tot uitdrukking in een inclusief kinderopvangbeleid dat gebaseerd is op een duidelijke visie. Ook in haar personeelsbeleid kan een organisatie laten zien dat ze bereid is de gediversifieerde buitenwereld naar binnen te halen. Daarbij zijn veel meer relaties denkbaar dan alleen de formele arbeidscontracten, bijvoorbeeld opleidingsplaatsen en structurele taken voor vrijwilligers en ouders uit de buurt.

> **KENNIS**
>
> ## De Nederlandse kinderopvang en zijn verschillende functies
>
> Als functies van de kinderopvang onderscheiden we:
> - de economische functie;
> - de pedagogische functie;
> - de maatschappelijke functie.
>
> In de Nederlandse kinderopvang stond lange tijd de *economische functie* centraal: het buitenshuis werken van ouders mogelijk maken. Bij de peuterspeelzalen en de voorzieningen voor voor- en vroegschoolse educatie stond de pedagogische functie voorop. Inmiddels krijgt ook de *pedagogische functie* prioriteit in de kinderopvang. Ten slotte wordt in de sector serieus nagedacht over de *maatschappelijke functie* van de kinderopvang. Een groep betrokken kinderopvangdirecteuren vroeg bijvoorbeeld in de initiatiefgroep Context Kinderopvang landelijk aandacht voor zowel de pedagogische als de maatschappelijke opdracht van de kinderopvang in de *Notitie Context Kinderopvang*. Deze initiatiefgroep gaat ervan uit dat kindercentra er zijn voor álle kinderen en álle ouders en dat zij gemeenschapszin kunnen bevorderen. De opvoeding van kinderen tot – in aanzet – democratische burgers is daarbij een belangrijke pedagogische verantwoordelijkheid.
>
> Het maatschappelijk belang van de kinderopvang heeft de initiatiefgroep benadrukt in *Manifest! De betekenis van de kinderopvang en de opdracht die dit meebrengt*.
>
> Bron: Schepers (2008), Verschuur (2008), www.contextkinderopvang.nl.

Inclusief kinderopvangbeleid op basis van visie

In hoofdstuk 1, 'De basis', hebben we uitgelegd dat diversiteit geen neutraal begrip is, maar dat je er op verschillende manieren tegenover kunt staan (MacNaughton 2006). In hoofdstuk 1 vind je vier visies op diversiteit in een uitgebreid schema en toegespitst op de opvoeding van

> **KENNIS**
>
> ## Vier visies op diversiteit ten aanzien van het personeel
>
> | 1
We zijn allemaal hetzelfde | 2
Speciale behoeften en aanpassing (doelgroepgericht) | 3
Jij bent anders dan ik | 4
Gelijke kansen, antidiscriminatie |
> |---|---|---|---|
> | *Uitgangspunt*
Alle medewerkers zijn gelijk. Diversiteit wordt gezien als een probleem. | Veranderingen zijn gericht op medewerkers die afwijken van de norm en gericht op kwaliteitshandhaving. | Respect voor diversiteit is begrip voor overeenkomsten en verschillen. | Respect voor diversiteit is het bestrijden van misbruik van macht en van visies die ongelijkheid versterken. |
> | *Doelen*
Veranderingen niet nodig; minderheden passen zich aan. | Iedereen gelijke kansen geven binnen het reguliere systeem. | Begrip bij het individu en begrip tussen groepen medewerkers vergroten. | Gelijke kansen creëren voor iedereen en onrechtvaardigheid bestrijden. |
> | *Praktijk*
Alle medewerkers hetzelfde behandelen en verschillen negeren. | Medewerkers 'upgraden' tot de norm, zodat zij beter passen in het team, en hen ondersteunen bij het handhaven van kwaliteit. | Medewerkers leren om te gaan met onderlinge (vooral uiterlijke) verschillen. | Alle medewerkers ondersteunen in hun zelfrespect. Iedereen mag de beste zijn. |

kinderen. Diezelfde vierdeling kun je ook hanteren in het denken over diversiteit onder medewerkers, zoals je ziet in de tabel op de vorige pagina.

Visie 1, 'We zijn allemaal hetzelfde', kun je toepassen als het gaat om gelijke wettelijke rechten. Voor medewerkers kan dit gaan om het inkomen en de arbeidsvoorwaarden. Visie 2 gaat over gelijke kansen en de handhaving van kwaliteitsnormen binnen het systeem, waarbij je voor medewerkers kunt denken aan bijscholing in de Nederlandse taal. Een risico binnen deze visie is dat Nederlands leren de norm wordt en andere talen genegeerd of afgekeurd worden. Bij visie 3 leren medewerkers (en kinderen en ouders) oog te hebben voor overeenkomsten en verschillen en maken ze daar ook gebruik van. Bij visie 4 worden de eigenheden en talenten van iedereen gezien en gebruikt en worden buitensluiten, pesten en discriminatie tegengegaan. In *Samen verschillend* gaan we ervan uit dat er binnen kwaliteitskaders en regelgeving (visie 1 en 2) actief ruimte wordt gegeven aan respect voor diversiteit (visie 3 en 4).

Voorwaarden voor een inclusief kinderopvangbeleid

Een organisatie die inclusief beleid voert, stuurt op inclusieve waarden en is bereid veranderingen door te voeren als die nodig zijn om deze waarden beter tot uitdrukking te brengen in de organisatie. Volgens internationaal en nationaal onderzoek moet inclusief kinderopvangbeleid voldoen aan de volgende voorwaarden.

› CULTUUR VAN DE ORGANISATIE

In een gezamenlijke visie staan verbondenheid en het tegengaan van uitsluiting centraal.

› BELEID

Bij inclusief beleid wordt iedereen (medewerkers, kinderen, ouders) betrokken en wordt iedereen ondersteund, en niet alleen één bepaalde achtergestelde groep. Dit komt tot uiting in:
» het toelatingsbeleid;
» het personeelsbeleid;
» competentieversterking van de medewerkers;
» partnerschap met de ouders;
» de relaties met externe partners.

› AANBOD EN PEDAGOGISCHE PRAKTIJK

In de pedagogische methoden, het pedagogisch handelen en de inrichting van de ruimten is er aandacht voor diversiteitsaspecten, zoals overeenkomsten en verschillen, verscheidene perspectieven, vooroordelen en discriminatie, jongens/meisjes, kwetsbare kinderen en allochtone kinderen.

› **PARTNER IN DE JEUGDKETEN**
Samenwerking met andere organisaties in het werken met ouders en kinderen van 0 tot 13 jaar.

Bron: Booth & Ainscow (2006), Thijs, Langberg & Berlet (2009).

Het is belangrijk dat *leidinggevenden* en *beleidsverantwoordelijken* deze voorwaarden ondersteunen, want zij spelen een sleutelrol in het stellen van de normen voor diversiteitsbeleid. In organisaties met een succesvol diversiteitsbeleid levert het management ook altijd een actieve bijdrage aan het opzetten van nieuw beleid en aan het uitvoeren van diversiteitsbeleid.

Inclusief personeelsbeleid

Om haar maatschappelijke functie te vervullen moet een kinderopvangorganisatie ook ruimte maken voor diversiteit in het personeelsbeleid. Daarbij gaat het erom ieder personeelslid in staat te stellen optimaal te werken, naar haar of zijn volle vermogen. Er wordt aandacht gevraagd voor alle vormen van culturele en persoonlijke diversiteit binnen organisaties, met als uiteindelijk doel de kwaliteit van de kinderopvang te verhogen. Als diversiteit goed wordt gemanaged, wordt al het personeel beter benut, zowel nieuwkomers als oudgedienden (Van Keulen 2011).

Aanbevolen stappen
In de managementliteratuur worden de volgende stappen aanbevolen om een inclusief personeelsbeleid in gang te zetten (Van Keulen 2011).

› **MOTIEVEN VERHELDEREN**
Diversiteit benutten verhoogt de kwaliteit van de kinderopvang en past bij de maatschappelijke functie van de kinderopvang.

› **VISIE VERHELDEREN**
Een heldere visie is een goede start om diversiteit te managen, vooral de onuitgesproken visie boven tafel krijgen en deze kritisch bezien. Diversiteitsmanagement gaat verder dan gelijke kansen bieden en werkt vanuit de vraag: welke aanvulling biedt nu nog ontbrekend personeel (bijvoorbeeld mannen, ouderen of allochtonen) aan onze organisatie? Het uitgangspunt is een omgeving te creëren waarin iedereen het beste werk aflevert. Dit komt overeen met de eerdergenoemde visie 4.

› **ORGANISATIECULTUUR ONDERZOEKEN EN ZO NODIG WIJZIGEN**
Diversiteit in personeel gaat niet alleen over etniciteit, sekse en leeftijd, maar ook over verschillen in functie,

---

KENNIS

Geloof in een mix

Kwaliteitsmedewerker: 'Toen ik manager was, zorgde ik voor een gemixte samenstelling van de groep wat betreft de leeftijd – een goede mix tussen mannen en vrouwen wordt wat moeilijker – en ik zorgde ervoor dat ik ook pm'ers met een andere afkomst in mijn team had. Dat deed ik altijd heel bewust, want ik geloof dat een mix van mensen bij elkaar alleen maar rijkdom geeft.'

Manager: 'Met een divers aanbod aan personeel krijg je een veel breder beeld en je begrijpt soms de kinderen en de ouders beter. Niet dat je per definitie dan gaat doen wat vanuit die cultuur belangrijk is, want dat kan niet, je bent een groepsopvang. Maar je hebt wel meer begrip voor de ouders en kinderen door inzicht in hun ervaringsachtergrond; je kunt dan beter uitleggen waarom je doet zoals je doet.'

Bron: Arjun, ongepubliceerd onderzoek (2011).

KENNIS

Omgaan met onzekerheid

Organisaties die onzekerheid accepteren als een normaal verschijnsel, oefenen minder druk uit op het denken en tolereren meer diversiteit. Dit tonen Hofstede & Hofstede aan in internationaal onderzoek. Organisaties die een hoge mate van onzekerheid toelaten (niet alles is vastgelegd in protocollen, niet alles is controleerbaar), beschouwen culturele conflicten als een normaal en leerzaam verschijnsel in plaats van als iets disfunctioneels of iets om te vermijden. Uit onderzoek blijkt dat bedrijven die onzekerheid niet vermijden, tolerant staan tegenover afwijkende en innovatieve ideeën. Hun houding is: wat anders is, is interessant. Dit komt overeen met het concept van de 'lerende organisatie' en het permanent leren in teams. Organisaties met een sterke neiging tot het vermijden van onzekerheid hebben doorgaans een meer beheersmatig management en laten zich leiden door de gedachte: wat anders is, is gevaarlijk.

Bron: Hofstede & Hofstede (2005).

opleiding en persoonlijkheid. Het gaat niet om een aanpassing aan de dominante cultuur; het doel is een nieuwe heterogene cultuur te creëren uit deze diversiteit. Organisaties die kunnen omgaan met onzekerheid en het leerzaam vinden risico's te nemen kunnen beter omgaan met diversiteit (zie het kader 'Omgaan met onzekerheid').

Opvattingen en instrumenten zo nodig bijstellen
Hoe kunnen (personeels)managers diversiteit integreren in hun personeelsbeleid? In de eerste plaats moeten ze stimuleren dat de opvattingen in de organisatie zo nodig worden bijgesteld. Als de instelling bijvoorbeeld meer mannelijke medewerkers wil werven, kan dit op weerstand stuiten bij het zittende vrouwelijk personeel. Om een dergelijk diversiteitsbeleid in te voeren en deze weerstanden weg te nemen is een actieve bijdrage nodig van het management. De rol van het middenmanagement is hierbij cruciaal; hier zitten de mensen die het diversiteitsbeleid uitvoeren.
In de tweede plaats moeten ook personeelsbeleidsinstrumenten als beoordeling, selectie, promotie en begeleiding zo nodig worden bijgesteld. In die instrumenten kunnen bepaalde opvattingen onbewust doorklinken. Zo kan er bij de selectieprocedure van nieuw personeel verwacht worden dat sollicitanten goed kunnen uitleggen hoe zij pedagogisch werken. Sommige kandidaten zijn echter verbaal minder sterk of vinden het lastig complexe zaken uit te drukken in het Nederlands. Zij kunnen dan beter in de praktijk laten zien hoe zij met kinderen werken. Kijk kritisch of elk personeelsbeleidsinstrument wel werkt voor alle medewerkers.
De betrokken managers zijn de bemiddelaars bij veranderingen. Zij moeten deze doorvoeren en alle medewerkers ontwikkelingsmogelijkheden bieden. Deze managers zijn pioniers en pionieren gaat gepaard met conflicten en fouten maken. Daarom moeten experimenteren en risico's nemen positieve criteria zijn in een veranderingstraject, waarop managers ook positief beoordeeld worden.

Kinderopvang als partner in de jeugdketen

De kinderopvang heeft een belangrijke positie in de jeugdketen. Dit wordt bevestigd in diverse rapporten en resultaten van pilotprojecten (CMO 2010, Van Yperen & Stam 2010). De kinderopvang draagt bij aan de

PRAKTIJK EN TIPS

Personeelsdifferentiatie en talenten benutten

Steeds meer kinderopvangorganisaties zien de waarde in van het benutten van de talenten van hun pedagogisch medewerkers. De cao biedt weinig mogelijkheden voor personeelsdifferentiatie, behalve op het gebied van management. Voor differentiatie in pedagogische taken en begeleidingstaken hebben organisaties inmiddels creatieve oplossingen bedacht. Daarbij worden pedagogisch medewerkers gestimuleerd hun talenten verder uit te bouwen en te professionaliseren, zodat deze ten goede komen aan de hele organisatie. Er zijn medewerkersplus, kartrekkers en leidsters met Topklas die gespecialiseerd zijn in bijvoorbeeld spelbegeleiding, muziek, sport, natuur, pedagogische coaching of video-interactiebegeleiding. Pedagogisch medewerkers krijgen de mogelijkheid zich bij te scholen en hebben soms extra uren beschikbaar om aan hun specialisatie te besteden. Hun talent zetten zij niet alleen in op hun eigen locatie, maar veelal ook breder in de organisatie: zij voeren sport- of natuuractiviteiten uit op andere locaties of verzorgen workshops voor hun collega's. In *Pedagogisch kader kindercentra 4-13 jaar* zijn hiervan meer voorbeelden te vinden.

KENNIS

De jeugdketen: zorgcircuit rondom kinderen en gezinnen

De jeugdketen is het geheel van zorg rondom kinderen en gezinnen. De ouders hebben de ouderlijke macht en staan hierbij centraal. De kinderopvang is een belangrijke schakel bij het opgroeien en opvoeden van kinderen. Een schakel tussen ouders en werk, tussen kind en buitenwereld, maar ook tussen beleid en de praktische uitvoering daarvan. Bovendien is de kinderopvang een belangrijke schakel in de keten van gemeente, onderwijs en jeugdzorg. Een integraal jeugdbeleid kan zich pas echt ontwikkelen als alle partners, de ouders inclus, een gelijkwaardige positie innemen.

Bron: CMO (2010).

doorgaande ontwikkeling van kinderen. Dit gebeurt in de eerste plaats gewoon in de dagelijkse samenwerking met ouders en met de buurt. Sommige kinderen of gezinnen hebben extra hulp of ondersteuning nodig. Die zoeken ze dan allereerst in hun eigen familie- en vriendenkring. Een goede tweede optie daarbij zijn de pedagogisch medewerkers, aan wie de ouders en kinderen immers al gewend zijn. Soms hebben gezinnen daarnaast hulp nodig van instellingen. Ook dan kan de kinderopvang een belangrijke rol vervullen door samen te werken met het onderwijs en jeugdzorginstellingen en door mee te doen in projecten voor opvoedingsondersteuning. De kinderopvang is tevens een gesprekspartner in het gemeentelijk jeugdbeleid, in het preventief jeugdbeleid zoals genoemd in de Wet maatschappelijke ondersteuning en de Wet op de jeugdzorg, in de Centra voor Jeugd en Gezin en bij de Lokale Educatieve Agenda.

In pilotprojecten en onderzoek is gekeken naar hoe de kinderopvang zijn rol in de jeugdketen vervult. Daarbij komt als belangrijkste succesfactor naar voren dat kinderopvangorganisaties meer zijn gaan kijken naar hun eigen organisatie en hun rol en positie in het jeugdveld: *zij zijn zich meer bewust geworden van hun eigen rol in de jeugdketen.* Dit positieve zelfbeeld zorgt ervoor dat de kinderopvang de buitenwereld tegemoet treedt met een krachtige uitstraling. Een positief effect hiervan is dat ook andere partners in de jeugdketen meer inzicht krijgen in de taken en functie van de kinderopvang.

Om de kinderopvang als volwaardige partner te laten meedraaien in de jeugdketen is het belangrijk dat:
› de rol van de kinderopvang in de jeugdketen duidelijk wordt beschreven in landelijke wet- en regelgeving;
› de betekenis van de kinderopvang op lokaal niveau glashelder is bij de ketenpartners;
› de kinderopvang en de andere partners in de jeugdketen duidelijke afspraken maken over onderlinge verwijzing;
› gemeenten duidelijk inzicht hebben in datgene wat de kinderopvang kan bijdragen aan hun beleidsdoelen (CMO 2010).

PRAKTIJK EN TIPS

'We zijn meer in beeld'

'We hadden een underdogpositie ten opzichte van de partners in de jeugdketen,' vertelt een directeur van een kinderopvangorganisatie. 'Geen enkele partner in de regio zag ons. We vonden dat we meer moesten laten zien wat er op de kinderopvang en in de bso gebeurt. In het project met CMO hebben we veel externe contacten gelegd met bijvoorbeeld sportclubs, maar ook met de jeugdgezondheidszorg, de gemeenten en scholen. Het resultaat is dat we meer in beeld zijn bij de scholen en dat we samenwerkingsafspraken hebben gemaakt met diverse instellingen. Alle medewerkers kunnen nu middels de scholing laten zien en verwoorden dat we een serieuze partner zijn. En onze partners weten nu waar we voor staan en dat we op professionele wijze met ons vak bezig zijn.'

Bron: CMO (2010).

Kinderopvang en onderwijs

Kinderopvang is een zeer actieve partner in de samenwerking met het onderwijs, bijvoorbeeld bij de invoering van het dagarrangement. Bovendien wordt de kinderopvang bij de Lokale Educatieve Agenda een steeds belangrijkere gesprekspartner op het gebied van de doorgaande lijn tussen school en kindercentrum. In de kinderopvang wordt gesignaleerd welke kinderen voor voor- en vroegschoolse educatie (vve) in aanmerking komen en er worden vve-programma's uitgevoerd (CMO 2010). Gemeenten hebben een regierol in het bevorderen van de samenwerking tussen onderwijs en kinderopvang, onder andere bij dagarrangementen. De meeste gemeenten moeten nog een integrale beleidsvisie ontwikkelen op de samenwerking tussen kinderopvang, onderwijs en jeugdzorg. Het onderwijs kan er nog beter van doordrongen worden dat samenwerking met de kinderopvang noodzakelijk is voor een goed en sterk pedagogisch klimaat. Samenwerking tussen de kinderopvang en het onderwijs biedt bijvoorbeeld ook kansen om brede scholen te ontwikkelen en Centra voor Jeugd en Gezin te vormen (Van Yperen & Stam 2010).

Het onderwijs in ons land biedt een rijk scala aan voorzieningen voor kinderen die extra steun of aandacht nodig hebben. Er zijn allerlei vormen van speciaal onderwijs en ook het reguliere onderwijs biedt voorzieningen waardoor kinderen met beperkingen gewoon naar school kunnen. Bijna alle kinderen in ons land genieten hierdoor onderwijs en internationaal scoort het Nederlandse onderwijs op dit gebied heel hoog.

De kinderopvang heeft op dit terrein nog een inhaalslag te maken. Momenteel bestaan er nog geen landelijke regelingen en financieringssystemen voor kinderen met specifieke behoeften, waaraan hun ouders rechten kunnen ontlenen. Kinderopvangorganisaties mogen kinderen met beperkingen en gedragsproblemen weigeren en gemeenten of regio's zijn niet verplicht alternatieve opvang te verzorgen. De regelgeving en financieringsmogelijkheden verschillen lokaal sterk en veranderen voortdurend. Nederland heeft wel het internationale Verdrag inzake de rechten van het kind ondertekend. Daarin staat in de artikelen 28 en 29 dat overheden zich ertoe verplichten voor kinderen met beperkingen belemmeringen weg te nemen om deel te kunnen nemen aan het onderwijs en gemeenschapsleven (Verenigde Naties 1989). Mensen die zich inzetten voor gelijke participatie van en gelijke onderwijskansen voor kinderen met beperkingen, kunnen zich op dit VN-recht beroepen.

Kinderopvang en jeugdzorg

Ouders en kinderen kunnen in de kinderopvang binnenkomen met problemen. Die merken de pedagogisch medewerkers dan op in de groep, ze praten daarover met de ouders en samen wordt nagedacht over oplossingen. Een oplossing kan dan zijn om hulp in te roepen bij een Centrum voor Jeugd en Gezin (CJG) – om er vroeg bij te zijn of om het probleem niet erger te laten worden. Als externe hulp wordt gezocht, moet de drempel daartoe bij voorkeur zo laag mogelijk zijn. Dat kan bijvoorbeeld door een inlooppunt van een Centrum voor Jeugd en Gezin te vestigen bij een kindercentrum. Als de kinderopvang goed samenwerkt met de jeugdgezondheidszorg en vooral met het consultatiebureau, kan dit een grote meerwaarde bieden in de ondersteuning van gezinnen met een last of met problemen.

Als professionele hulp nodig is, is dat een hele stap. Bij ouders van kinderen gaat dat vaak in contact met de school, bij jonge kinderen kan de kinderopvang voor ouders een bemiddelende rol spelen. Als kinderopvang fungeer je dan als 'ingang' tot de jeugdzorg. In haar advies om de toegankelijkheid van de jeugdzorg te vergroten noemt ook de Vereniging van Nederlandse Gemeenten (VNG) het belangrijk bestaande ingangen te gebruiken om kinderen uit verschillende leeftijds- en doelgroepen door te verwijzen (Van Yperen en Stam 2010).

Wil je precies weten welke regelingen en voorzieningen voor jeugdzorg en jeugdhulpverlening er zijn in jouw buurt of regio? Kijk dan op de website van de gemeente.

Om de rol van de kinderopvang in het signaleren, doorverwijzen en uitvoeren te versterken heeft het Nederlands Jeugdinstituut in pilotprojecten die

---

PRAKTIJK EN TIPS

Samen onder één dak

Een peuterspeelzaal en het Centrum voor Jeugd en Gezin zijn in hetzelfde gebouw ondergebracht. De peuterspeelzaal biedt ouders de mogelijkheid aan gebruik te maken van de opvoedingsondersteunende diensten van dit centrum. Veel ouders doen dit en zien de opvoedingsondersteuner als verlengstuk van de hun vertrouwde peuterspeelzaal.

Bron: CMO (2010).

PRAKTIJK EN TIPS

In de pilotprojecten van Alert4you werkten ouders, de kinderopvang en de jeugdhulpverlening samen. Afhankelijk van de lokale situatie werden de projecten verschillend vormgegeven. Betrokkenen bij de pilot 'Samenspel' geven op grond van hun ervaringen de volgende adviezen.
› *Neem de tijd om elkaar te leren kennen.*
Pedagogen van de jeugdhulpverlening kwamen bijvoorbeeld op bezoek op de dagverblijven. Gezamenlijk werd gepraat over de verschillen en overeenkomsten tussen de pedagogische doelen en de werkwijze van de reguliere en medische kinderdagverblijven.
› *Bundel je expertise over kinderen die extra aandacht behoeven.*
De pedagogen van de jeugdhulpverlening gaven adviezen en zochten samen met de pedagogisch medewerkers naar een aanpak voor kinderen die speciale aandacht nodig hebben, waarbij deze aanpak binnen het gewone werk op de groep past.
› *Doe over en weer je voordeel met elkaars expertise.*
De pedagogisch medewerkers voelden zich gesterkt doordat ze werden bijgeschoold. Ook in hun contact met de ouders. De medewerkers van de jeugdhulpverlening die hen begeleidden, lieten de contacten met ouders en kinderen over aan de pedagogisch medewerkers in de kinderopvang; zij namen deze niet van hen over, ook niet de gesprekken met de ouders.

georganiseerd werden vanuit het programma Alert4you, gekeken naar hoe het ervoor staat met:
- de vroegsignalering van kinderen met opvallend gedrag (0-4 jaar);
- de samenwerking met hun ouders;
- de begeleiding van deze kinderen in de kinderopvang (Chênevert & Balledux 2011).

Uit deze pilotprojecten blijkt dat deze signalering en begeleiding van kinderen en de samenwerking met ouders beter gaat als:
- pedagogisch medewerkers worden ondersteund in het toepassen van effectieve opvoedingsstrategieën (dus de kinderopvang versterken in plaats van direct doorverwijzen naar de jeugdzorg);
- de jeugdzorg en kinderopvang werken vanuit een gezamenlijke visie;
- pedagogisch medewerkers structureel worden gecoacht (in plaats van op afroep);
- de jeugdzorg en kinderopvang gelijkwaardig samenwerken: de jeugdzorgmedewerker coacht de pedagogisch medewerker op basis van gelijkwaardigheid. (Beiden van hen waren in deze pilots professionals en groepsleiders en deelden dus een referentiekader. Pedagogisch medewerkers vonden hun werk leuker worden door deze samenwerking.)

PRAKTIJK EN TIPS

Alliantie met jeugdzorg

Aad de Booij, directeur van kinderopvangorganisatie Partou, ziet grote voordelen in het samenwerken met de jeugdzorg: 'De samenwerking met de jeugdzorg is voor ons om verscheidene redenen van belang. Wij zoeken versterking van onze expertise op het terrein en het duiden van een afwijkende ontwikkeling van jonge kinderen (en dat is echt een vak apart!). Door samen te werken met de jeugdzorg borgen we ook de beste zorg daarna, voor zover dat dan nodig is. Naast praktische pedagogische adviezen is dat mogelijk een opvoedcursus voor ouders of steun van het maatschappelijk werk. En als het moet, kunnen we ook snel verwijzen naar de opvang van een medisch kinderdagverblijf. Ik denk dat we in deze fase veel aan een alliantie met de jeugdzorg kunnen hebben.'

Bron: Meyknecht (2009).

KENNIS

Steun bij de opvoeding: soms gewoon een oogje in het zeil

Uit het Gezinsrapport 2011 komt naar voren dat ouders steeds meer uren aan hun kinderen besteden en dat de meeste ouders ook gebruikmaken van een netwerk van vrienden en familie om opvoedingszaken te bespreken. Toch hebben veel gezinnen extra steun nodig bij de opvoeding. Ongeveer een op de vijf ouders heeft soms het gevoel de opvoeding niet goed in de hand te hebben en circa een op de zeven ouders heeft vaak het gevoel de opvoeding niet aan te kunnen. Veel ouders hebben behoefte aan een laagdrempelige opvoedingsondersteuning. Daarin kan de buurt fungeren als medeopvoeder: mensen in de buurt kunnen bijvoorbeeld een oogje in het zeil houden wanneer kinderen buitenspelen en de ouders zelf geen toezicht kunnen houden. Ook professionals in de kinderopvang kunnen een rol spelen bij laagdrempelige opvoedingsondersteuning, door ouders een luisterend oor te bieden, opvoedcursussen in het centrum aan te bieden of door te verwijzen naar opvoedsteun bij Centra voor Jeugd en Gezin.

Bron: Bucx (2011).

Kinderopvang en opvoedingsondersteuning via sociale netwerken

De Raad voor Maatschappelijke Ontwikkeling en de Raad voor de Volksgezondheid & Zorg hebben in 2009 een rapport uitgebracht over opvoedondersteuning, onder de titel *Investeren rondom kinderen*. Volgens deze twee raden zijn we met alsmaar meer hulpverlening en controle niet op de goede weg. We moeten de kracht van de sociale omgeving beter benutten. Dit is in het belang van gezinnen die extra steun nodig hebben, en dus in het belang van kinderen.

Hoe kunnen we de omgeving betrekken bij een gunstig opgroeiklimaat voor kinderen? Dit vraagt om een omgevingsgericht beleid, waarin gezinnen en kinderen worden ondersteund bij het opvoeden en opgroeien. Van gemeenten vergt dit een heel wijkgerichte manier van werken, waarin ook de kinderopvang een eigen plek krijgt. Daarbinnen moeten de school, de kinderopvang

en de jeugdzorg (de professionals rondom kinderen) zich goed op de hoogte laten stellen van de omgeving waarin het kind opgroeit. Dan kunnen ze de sociale omgeving en de familie bij problemen snel inschakelen en activeren. Deze benadering zou een vanzelfsprekend onderdeel moeten zijn van beroepsmatig handelen (Raad voor Maatschappelijke Ontwikkeling & Raad voor de Volksgezondheid & Zorg 2009).

KENNIS

Kwetsbare gezinnen moeilijk te bereiken

Kwetsbare gezinnen en ouders, bijvoorbeeld werkende armen en mensen die zich sociaal moeilijk kunnen redden, worden vaak niet bereikt door hulpverleningsinstanties of kunnen de weg daarheen niet vinden. Om deze doelgroepen goed te ondersteunen en informeren moeten professionals over de juiste informatie en de juiste vaardigheden beschikken.

Bron: Integraal Toezicht Jeugdzaken (2011).

KENNIS

Programma's en cursussen voor opvoedingsondersteuning

Programma's en cursussen voor opvoedingsondersteuning zijn bedoeld om bij ouders vaardigheden te versterken die hen helpen bij de verzorging en opvoeding van hun kind(eren). Voorbeelden zijn: Home-Start, Moeders informeren moeders, Opvoeden & Zo, Stevig Ouderschap en Triple P. Daarnaast zijn er gezinsgerichte programma's die ouders erin ondersteunen de ontwikkeling van hun kind te stimuleren. Voorbeelden zijn: Instapje, Opstap en Opstapje. Varianten van deze programma's zijn speciaal afgestemd op bijvoorbeeld Marokkaans-Nederlandse of Antilliaans-Nederlandse ouders.

Op www.nji.nl en www.jso.nl vind je een overzicht van de programma's. Informeer bij de GGD, bij een Centrum voor Jeugd en Gezin of bij een welzijnsinstelling welke programma's bij jou in de buurt worden uitgevoerd.

PRAKTIJK EN TIPS

Steun in de opvoeding: alle mogelijkheden benutten

Als er op wijkniveau grote problemen zijn met de opvoeding, kunnen soms oplossingen worden gevonden die buiten de kaders vallen van het gewone werk van kinderopvangorganisaties, scholen of clubs. Pedagogisch medewerkers, leerkrachten, ouders, buurtbewoners, club- of buurtwerkers, gemeenteambtenaren en de politie kunnen dan samen oplossingen bedenken. Voorbeelden zijn:

- koffieochtenden voor moeders om hun isolement te doorbreken, met kinderopvang voor de kleintjes;
- incidentele kinderopvang, gekoppeld aan cursussen voor moeders of vaders om hun positie op de arbeidsmarkt te versterken;
- toegang tot kinderdagverblijven en buitenschoolse opvang voor kinderen van niet-werkende ouders, vanwege opvoedingsproblemen in het gezin of omdat de kinderen uit verveling op straat ongein uithalen;
- opvanggezinnen voor kinderen uit gezinnen waar er sprake is geweest van kindermishandeling – als de ouders weten dat ze het heel moeilijk hebben, kunnen ze hun kinderen een paar nachtjes laten logeren in het vaste opvanggezin;
- Moeders voor Moeders: moeders worden als vrijwilligster opgeleid om op bezoek te gaan bij andere moeders nadat er een kind is geboren;
- ouders kunnen als vrijwilliger helpen in het dagverblijf of op de bso;
- vrijwilligers kunnen zich met behulp van certificaten verder ontwikkelen en op den duur toegang krijgen tot opleidingen tot assistent-pedagogisch medewerker en pedagogisch medewerker.

Zowel in ons land als in diverse buitenlandse projecten is op dit gebied veel ervaring opgedaan. Belangrijk is dat goed naar ouders en kinderen wordt geluisterd: wat helpt om hun situatie te verbeteren en hoe krijgen ze meer grip op hun eigen situatie. Anderzijds moeten er bij de inzet van vrijwilligers een goede screening en controle zijn om kinderen te beschermen tegen misbruik of onverantwoord gedrag.

Bron: Whalley & The Pen Green Centre Team (2007).

PRAKTIJK EN TIPS

Kinderen volgen in hun context

Interviewer: 'Wat bedoelt u met: "*It takes a village to raise a child*"?'

Manager: 'De hele woonomgeving, de hele leefomgeving van een kind speelt daarin mee. Die proberen wij daar zo veel mogelijk in te betrekken. Dus niet alleen het kinderdagverblijf, maar ook: wat vindt de omgeving, wat voor contacten leg je daarin? Hoe werkt de samenwerking met scholen en ouders, hoe werk je samen met andere organisaties? Werk je ook samen met sportorganisaties of de bso? Zo zoek je onophoudelijk, ook in de omgeving. We leggen daar contacten en proberen het breder te houden dan alleen maar het programma binnen het kinderdagverblijf.

We hebben een kindvolgsysteem ontwikkeld, waarin heel nauwgezet het kind wordt gevolgd en waarin de ouders ook betrokken worden. Een kind komt binnen als baby en wordt gevolgd totdat het als 4-jarige naar school gaat. Dan is er een heel boekwerk gemaakt en dat wordt ook gebruikt in de overdracht naar school.'

Bron: Arjun, ongepubliceerd onderzoek UvA (2011).

Handvatten voor inclusief beleid

- Baseer inclusief beleid op een duidelijke visie op diversiteit. Denk als organisatie eerst na wat de eigen visie hierop is en kijk kritisch of deze voldoet en werkbaar is.
- Creëer een organisatiecultuur waarin verbondenheid en het tegengaan van uitsluiting centraal staan.
- Betrek iedereen bij inclusief beleid: medewerkers, kinderen en ouders. Richt het inclusieve beleid op iedereen, niet op één bepaalde achtergestelde groep.
- Besteed aandacht aan diversiteitsaspecten in de pedagogische methoden, het pedagogisch handelen en de inrichting van de ruimten.
- Maak ruimte voor diversiteit in het personeelsbeleid, zodat ieder personeelslid optimaal kan werken, naar haar of zijn volle vermogen.
- Stimuleer dat de rol van de kinderopvang in de jeugdketen duidelijk wordt beschreven in landelijke wet- en regelgeving.
- Maak de betekenis van de kinderopvang op lokaal niveau heel duidelijk: laat de gemeente en partners weten wat de kinderopvang doet en kan.
- Benut de kinderopvang als een goede 'ingang' voor doorverwijzing naar vormen van jeugdzorg.
- Ondersteun pedagogisch medewerkers in het toepassen van effectieve opvoedstrategieën (versterk de kinderopvang in plaats van direct door te verwijzen naar de jeugdzorg).
- Werk samen met de jeugdzorg, vanuit een gezamenlijke visie en op gelijkwaardige basis.
- Werk mee aan een omgevingsgericht beleid, waarin gezinnen en kinderen worden ondersteund in het bevorderen van de opvoedkwaliteit.

> **PRAKTIJK EN TIPS**
>
> ## Verder lezen
> CMO (2010), *Kinderopvang, schakel in de jeugdketen*. Centrum voor Maatschappelijke Ontwikkeling, Groningen.
> Doornenbal, J., S. van Oenen & W. Pols (2012), *Werken in de brede school. Een pedagogische benadering*. Coutinho, Bussum/Naarden.
> Kimpe, C. de, K. Govaert, e.a. (2009), *Kinderopvang met sociale functie. Een plaats waar kinderen, ouders, medewerkers en buurt elkaar ontmoeten*. Uitgeverij SWP, Amsterdam.

PORTRET 10

De pedagogisch medewerkers kun je vertrouwen

Ifraah is 7 jaar. Ze komt vier dagen in de week op de bso die gehuisvest is in hetzelfde gebouw als haar school. Lekker gemakkelijk dus! Ze gaat naar de voorschoolse opvang van 07.30 uur tot 08.30 uur en ze is na schooltijd op de bso. Awil, de vader van Ifraah, is heel tevreden over de bso: 'De medewerkers communiceren goed en je kunt ze vertrouwen. Mijn vrouw en ik werken beiden, dus dan is een vertrouwde opvang heel belangrijk. Bovendien heeft Ifraah het hier naar haar zin.'

Het is goed te zien dat Ifraah geniet op de bso; ze is actief, heeft er vriendinnen. Ze is intensief bezig met een papieren bloemenboeket voor Vaderdag. Spontaan zingen de drie vriendinnen een paar liedjes uit de schoolmusical.

'Mag ik vertellen over je ziekte?' vraagt Awil aan Ifraah.

'Ja, hoor,' zegt ze.

'Ongeveer anderhalf jaar geleden is diabetes ontdekt bij Ifraah. Daardoor heeft ze speciale zorg nodig en mag ze zich niet te druk maken. Ze heeft dan een insulinespuit nodig. Dat inspuiten kan ze zelf al heel goed. De medewerkers hier moeten ook goed weten wat ze dan moeten doen, en ik weet dat ze daarin te vertrouwen zijn.'

Ifraah wil zelf niet te veel aandacht aan haar ziekte geven. 'Ze hoeven allemaal niet steeds te zien dat ik ga spuiten. Dan ga ik even apart,' zegt ze. 'Ik ga gewoon even naar Ellen in het bureau. Die weet het wel.'

Literatuur

Amerongen, C. van (2010), *Discrimineren is pesten met wie je écht bent. Discriminatie in het primair onderwijs in Amsterdam. Stand van zaken, ervaringen en aanbevelingen*. Eduquality, Amsterdam.

Aureli, F. & F.B.M. de Waal (red.) (2000), *Natural conflict resolution*. University of California Press, Berkeley/ Los Angeles.

Balledux, M., M. de Lange, C. Chênevert & S. Kwok (2010), *Samen kunnen we meer! Deel I. Een tussenstand van de samenwerking tussen kinderopvang en jeugdzorg*. Nederlands Jeugdinstituut, Utrecht.

Berge, I. ten & E. Geurts (2009), *Als opvoeden even lastig is. Informatie voor ouders over opvoeden zonder geweld*. NJI, Utrecht (gratis te downloaden op www.watkanikdoen.nl/pdf/Als_opvoeden_even_lastig_is%5B2%5D.pdf).

Booth, T. & M. Ainscow (2006), *Index for inclusion: Developing play, learning and participation in early years and childcare*. CSIE, Bristol.

Boudry, C. & M. Vandenbroeck (2001), *Spiegeltje, spiegeltje… Een werkboek voor de kinderopvang over identiteit en respect*. Uitgeverij SWP, Amsterdam.

Broek, L. van den (2009), *De ironie van de gelijkheid. Over etnische diversiteit op de werkvloer*. Proefschrift. Universiteit van Tilburg, Tilburg.

Brooker, L. & M. Woodhead (2008), *Developing positive identities. Diversity and young children*. Open University, Walton Hall. Gratis te downloaden op www.bernardvanleer.org.

Bucx, F. (red.) (2011), *Gezinsrapport 2011. Een portret van het gezinsleven in Nederland*. SCP, Den Haag.

Chênevert, C. & M. Balledux (2011), *Samen kunnen we steeds meer. Deel II. Monitoring Alert4you*. Nederlands Jeugdinstituut, Utrecht.

Child Care International (2012), *OpStap naar de samenleving. Over diversiteit en sociale inclusie in voorzieningen voor jonge kinderen*. Uitgeverij SWP, Amsterdam.

CMO (2010), *Kinderopvang, schakel in de jeugdketen*. Centrum voor Maatschappelijke Ontwikkeling, Groningen.

Commissie-Gunning (2011), *Rapport onafhankelijke Commissie Onderzoek Zedenzaak Amsterdam*.

Context Kinderopvang (2008), *Manifest! De betekenis van de kinderopvang en de opdracht die dit meebrengt*. Zie www.contextkinderopvang.nl/manifest.pdf.

DANA Trainingen (2010), *Deuren open voor ouders*. DANA Trainingen.

Dasberg, L. (1975), *Grootbrengen door kleinhouden als historisch verschijnsel*. Boom, Meppel.

DECET (2007), *Zin verlenen aan praktijk. Gelijkwaardigheid en respect voor diversiteit*. DECET, Brussel (te downloaden op www.decet.org).

DECET (2010), *Toowey, toowey. Playing, singing, drawing for diversity*. Dvd. Zie www.decet.org.

DECET/ISSA (2011), *Diversity and social inclusion: Exploring competences for professional practice in early childhood education and care*. DECET/ISSA, Brussel.

Del Barrio Saiz, A. (2007), *What has diversity to do with you? Challenging questions for ALL*. European Conference DECET Network, Brussel.

Delfos, M. (2002), *Zoek de verschillen. Over verschillen tussen jongens en meisjes*. Uitgeverij SWP, Amsterdam.

Delfos, M. (2011), *Luister je wel naar mij? Gespreksvoering met kinderen tussen 4 en 12 jaar*. Uitgeverij SWP, Amsterdam.

Derks, B. (2007), *Social identity threat and performance motivation: The interplay between ingroup and outgroup domains*. Proefschrift. Universiteit Leiden, Leiden.

Derman-Sparks, L. (2007), What if all children are white? Current developments in the anti-bias work in the USA. That's not fair! Equity and respect for diversity in child care provisions. Final conference of the national dissemination project Kinderwelten. Berlijn.

Derman-Sparks, L. & J. Olsen Edwards (2010), *Anti-bias education for young children and ourselves*. NAEYC, Washington.

Doeleman, W. (2006), *Families in beeld. Via beeldmateriaal werken aan een open en respectvol klimaat in kindercentra en (voor)scholen*. Uitgeverij SWP, Amsterdam.

Doornenbal, J., S. van Oenen & W. Pols (2012), *Werken in de brede school. Een pedagogische benadering*. Coutinho, Bussum/Naarden.

Erkert, A. (2009), *Rust en ontspanning met spelletjes. Voor kinderen van 3-8 jaar*. Panta Rhei, Katwijk.

Frost, J. (2010), *Supernanny. Eerste hulp bij opvoeden*. Spectrum, Houten.

Gareis, U. (2009), *Creatief werken met portret en zelfportret (met kinderen van 6-13 jaar)*. Panta Rhei, Katwijk.

Graaff, F. de, E. Singer & W. Devillé (2006), *Onderzoek diversiteit en ouderbetrokkenheid in kindercentra*. NIVEL, Utrecht.

Haan, D. de (2009), 'Taal en communicatie' (hoofdstuk 18). In: E. Singer & L. Kleerekoper, *Pedagogisch kader kindercentra 0-4 jaar*. Elsevier gezondheidszorg, Maarssen.

Hanson, M.J., P. Wolfberg, C. Zercher, M. Morgan, S. Gutierrez, D. Barnwell, e.a. (1998), 'The culture of inclusion: recognizing diversity at multiple levels'. In: *Early Childhood Quarterly* 13, nr. 1, pp. 185-209.

Hermsen, J.J. (2009), *Stil de tijd. Pleidooi voor een langzame toekomst*. De Arbeiderspers, Amsterdam.

Hilliard, L.J. & L.S. Liben (2010), 'Differing levels of gender salience in preschool classrooms: Effects on children's gender attitudes and intergroup bias'. In: *Child Development* 81, pp. 1787-1798.

Hoex, J. & F. Kunseler (2008), *Tis knap lastig. Omgaan met lastig gedrag in de buitenschoolse opvang*. Uitgeverij SWP, Amsterdam.

Hoffman, E., M. Aartsma & T. Tjoa (2009), 'Wat is het Indische?' (hoofdstuk 5). In: M. Aartsma, E. Hoffman & W. Reynaart (red.), *De stille kracht van leiderschap. Een Indisch perspectief*. Garant, Antwerpen/Apeldoorn.

Hofstede, G. & G.J. Hofstede (2005), *Allemaal andersdenkenden. Omgaan met cultuurverschillen*. Contact, Amsterdam.

Hoogdalem, A. van, E. Singer, L. Wijngaards & D. Heesbeen (2012, in druk), 'The role of familiarity and similarity in friendship relationships in toddlers in Dutch day care centers'. In: *European Early Childhood Education Research Journal*, 20.

Hove, G. van, E. de Schauwer, K. Mortier, S. Bosteels, G. Desnerck & J. van Loon (2009), 'Working with mothers and fathers of children with disabilities: Metaphors used by parents in a continuing dialogue'. In: *European Early Children Education Research Journal* 18, pp. 187-201.

Huijbregts, S.K. (2009), *Cultural diversity in center-based child care: Differences and similarities in caregivers' cultural beliefs*. Proefschrift. Universiteit van Amsterdam, Amsterdam.

Integraal Toezicht Jeugdzaken (2011), *Het kind van de rekening. Hulp aan kinderen die leven in armoede*. Integraal Toezicht Jeugdzaken, Utrecht.

Jehoel-Gijsbers, G. (2009), *Kunnen alle kinderen meedoen? Onderzoek naar de maatschappelijke participatie van arme kinderen*. SCP, Den Haag.

Jongepier, N. (2004), *Kwetsbare kinderen in de kinderopvang. Een handleiding voor beleid en praktijk.* 2e druk. NIZW, Utrecht.

Kemner, C. (2011), *Het sociale leven van baby's en de spectaculaire groei van de hersenen in het eerste levensjaar.* Balans, Amsterdam.

Kernan, M. & E. Singer (2011), *Peer relationships in early childhood education and care.* Routledge, Londen.

Keulen, A. van (2004), *Jonge kinderen discrimineren niet?! Omgaan met diversiteit in kindercentra en op school.* Uitgeverij SWP, Amsterdam.

Keulen, A. van (red.) (2006), *Partnerschap tussen ouders en beroepskrachten. Handboek voor kindercentra en scholen.* Uitgeverij SWP, Amsterdam.

Keulen, A. van (2011), 'Het managen van diversiteit. Variatie in personeel biedt meerwaarde en kwaliteit'. In: A. Hol & M. Vaes, *Handboek management kinderopvang.* Uitgeverij SWP, Amsterdam.

Keulen, A. van & A. del Barrio Saiz (2010), *Permanent leren. Van zelfreflectie naar teamreflectie.* Uitgeverij SWP, Amsterdam.

Keulen, A. van, A. van Beurden & W. Doeleman (2003), *Poppen zoals wij. Methodisch werken aan respect voor diversiteit met jonge kinderen.* Uitgeverij SWP, Amsterdam.

Keulen, A. van, A. van Beurden & T. Pels (2010), *Van alles wat meenemen. Diversiteit in opvoedingsstijlen in Nederland.* Coutinho, Bussum.

Kimpe, C. de, K. Govaert, e.a. (2009), *Kinderopvang met sociale functie. Een plaats waar kinderen, ouders, medewerkers en buurt elkaar ontmoeten.* Uitgeverij SWP, Amsterdam.

Klein, M.D. & D. Chen (2001), *Working with children from culturally diverse backgrounds.* Delmar, Albany (VS).

Koomen, H., J. Spilt, D. Roorda, F. Oort & J. Thijs (2011), *Onderzoek naar affectieve relaties van leraren met individuele leerlingen.* Publieksrapportage. POW-Universiteit van Amsterdam, Amsterdam.

Krawatschek, D. & G. Krawatschek (2005), *Pesten op school. Adequaat optreden tegen pestgedrag.* Panta Rhei, Katwijk.

MacNaughton, G.M. (2004), 'Hoe kunnen we leren van kinderen over sociale identiteit?'. In: A. van Keulen (red.), *Jonge kinderen discrimineren niet?!* Uitgeverij SWP, Amsterdam.

MacNaughton, G.M. (2005), *Doing Foucault in early childhood studies.* Routledge, Londen.

MacNaughton, G.M. (2006), *Respect for diversity. An international overview.* Bernard van Leer Foundation, Den Haag.

Meyknecht, G. (2009), 'Kinderopvang en jeugdzorg bundelen krachten in Alert4you. Slimme allianties nodig voor zorgenkinderen'. In: *BBMP* 5, pp. 29-31.

MUTANT (2006), Samen spelen, botsen en verzoenen. Training. Zie www.mutant.nl.

MUTANT, K2 (2008), De Kunstkar. Kunst als voertuig voor gelijke kansen in de samenwerking met ouders. Cd-rom.

MUTANT (2011), Kindercentrum als democratische oefenplaats. Project. Zie www.mutant.nl.

Nederlands Jeugdinstituut/Movisie (2010), *Naar interculturele competentieprofielen in het preventieve en ontwikkelingsgerichte jeugdbeleid.* Nederlands Jeugdinstituut, Utrecht.

OECD (2006), *Starting strong. Early childhood education and care.* OECD Publishing, Parijs.

Oers, B. van, Y. Leeman & M. Volman (2009), *Burgerschapsvorming en identiteitsontwikkeling.* Van Gorcum, Assen.

Opmeer, K. (2008), *Erwtensoep in augustus. Kinderen en armoede.* Uitgeverij SWP, Amsterdam.

Overduin, C. (2011), 'Goede mix is een sprookje', portret in rubriek DIT BEN IK! In: *Kinderopvang*, nr. 1.

Peeters, J. (2008), *De warme professional. Begeleid(st)ers kinderopvang construeren professionaliteit.* Academia Press, Gent.

Pels, T. (2000), *Opvoeding en integratie. Een vergelijkende studie van recente onderzoeken naar gezinsopvoeding en pedagogische afstemming tussen gezin en school*. Van Gorcum, Assen.

Pels, T. (2010), *Opvoeden in een multi-etnische stad*. Vrije Universiteit, Amsterdam.

Pels, T., K. Lünnemann & M. Steketee (2011), *Opvoeden na partnergeweld. Ondersteuning van moeders en jongeren van diverse afkomst*. Van Gorcum, Assen.

Pijl, M. (2010), 'Kinderopvang in een gekleurde samenleving'. In: *Kiddo* 2.

Putten, M. van der (2010), *Pedagogische medewerkers en docenten: attitudes ten aanzien van roze ouderschap*. Masterafstudeerscriptie; afdeling POWL (afstudeerrichting Opvoedingsondersteuning). Universiteit van Amsterdam, Amsterdam.

Raad voor Maatschappelijke Ontwikkeling & Raad voor de Volksgezondheid & Zorg (2009), *Investeren rondom kinderen*. RMO/RVZ, Den Haag.

Rieffe, C. (2010), *Emoties móét je leren*. Oratie bijzonder hoogleraar sociale en emotionele ontwikkeling bij kinderen met auditieve en/of communicatieve beperkingen. Rijksuniversiteit Leiden, Leiden.

Roest, A., A.M. Lokhorst & C. Vrooman (2010), *Sociale uitsluiting bij kinderen. Omvang en achtergronden*. Sociaal en Cultureel Planbureau, Den Haag.

Rogers, C. (2007), *Parenting inclusive education. Discovering difference, experiencing difficulty*. Palgrave Macmillan, Houndsmill.

Rose, A.J. & R.L. Smith (2009), 'Sex differences in peer relationships'. In: K.H. Rubin, W.M. Bukowski & B. Laursen (red.), *Handbook of peer interactions, relationships and groups*. Guilford Press, New York.

Ruben, L.B. (2007), *Het onverwoestbare kind*. Ambo|Anthos, Amsterdam.

Scheele, A. (2010), *Home language and mono- and bilingual children's emergent academic language: A longitudinal study of Dutch, Moroccan-Dutch and Turkish-Dutch 3-6 year olds*. Dissertatie. Universiteit Utrecht, Utrecht.

Schepers, W. (2008), 'Van maatschappelijke opdracht naar pedagogiek. Het manifest en het curriculum kinderopvang'. In: *BBMP* 10.

Schreuder, L., M. Boogaard, R. Fukkink & J. Hoex (2011), *Pedagogisch kader kindercentra 4-13 jaar. Springplank naar een gefundeerde aanpak in de buitenschoolse opvang*. Reed Business, Amsterdam.

Seery, M.D., E.A. Holman & R.C. Silver (2010), 'Whatever does not kill us: Cumulative lifetime adversity, vulnerability and resilience'. In: *Journal of Personality and Social Psychology* 99, pp. 1025-1041.

Sikcan, S. (2007), 'De beperkingen van mijn taal beperken mijn toegang tot de wereld. Meertalige kinderen in een eentalige opvang'. In: *Kinderen in Europa* 11.

Singer, E. & D. de Haan (2006), *Kijken, kijken, kijken. Een boek over samenspelen, botsen en verzoenen bij jonge kinderen*. Uitgeverij SWP, Amsterdam.

Singer, E. & L. Kleerekoper (2009), *Pedagogisch kader kindercentra 0-4 jaar*. Elsevier gezondheidszorg, Maarssen.

Singer, E., J. Doornenbal & K. Okma (2004), 'Why children resist or obey their foster parents? The inner logic of children's behaviour during discipline'. In: *Child Welfare* 83, pp. 581-610.

Singer, E., A. van Hoogdalem, A. van Eek & D. Heesbeen (2012, in druk), 'Friendship in young children: Construction of a behavioural sociometric method'. In: *Journal of Early Childhood Research* 10.

Singer, E., A. van Hoogdalem, D. de Haan & N. Bekkema (2012, in druk), 'Day care experiences and the development of conflict strategies in young children'. In: *Early Child Development and Care* 182.

Sleeboom, J., J. Hermanns & V. Hermanns (2010), *Meedoen leer je door mee te doen. Een inventarisatie van de wijze waarop in zorg voor kinderen van 0 tot 12 jaar met beperkingen aandacht besteed wordt aan (toekomstige) maatschappelijke participatie*.

ZonMw/CrossOver, Den Haag/Nieuwegein. Zie http://dare.uva.nl/document/225685.

Spruijt, E. & H. Kormos (2010), *Handboek scheiden en de kinderen. Voor de beroepskracht die met scheidingskinderen te maken heeft*. Bohn Stafleu van Loghum, Houten.

Stassen Berger, K. (2007), 'Update on bullying at school: Science forgotten?'. In: *Developmental Review* 27, pp. 90-126.

Steketee, M., J. Mak & B. Tierolf (red.) (2010), *Kinderen in Tel Databoek 2010. Kinderrechten als basis voor lokaal jeugdbeleid*. Verwey-Jonker Instituut, Utrecht.

Thijs, A., M. Langberg & I. Berlet (2009), Leren omgaan met culturele diversiteit. Aandachtspunten voor een kansrijke aanpak. SLO, Enschede.

Thorne, B. (1993), *Gender play. Girls and boys in school*. Rutgers University Press, Toronto.

Tulleners, A. (2007), *Pesten. Mijn boek over durf en zelfvertrouwen*. Uitgeverij SWP, Amsterdam.

Urban, M. (2006), Strategies for change. Diversity as a challenge for the early year's profession. Paper presented in DECET's European Seminar on Respect for Diversity, Equity and Social Inclusion. Barcelona (mei 2006).

Urban, M. (2010), 'Duurzame verandering: professioneel leren in een kritische leergemeenschap'. In: A. van Keulen & A. del Barrio Saiz, *Permanent leren. Van zelfreflectie naar teamreflectie*. Uitgeverij SWP, Amsterdam.

Vandenbroeck, M. (1999), *De blik van de yeti. Over het opvoeden van jonge kinderen tot zelfbewustzijn en verbondenheid*. Uitgeverij SWP, Amsterdam.

Vandenbroeck, M. (2002), *Familie. Een vormingspakket om te praten over gezinnen*. VBJK-DECET, Gent.

Vandenbroeck, M., C. Boudry, K. De Brabandere & N. Vens (2007), *Handleiding inclusie van kinderen met specifieke zorgbehoeften*. VBJK, Gent (gratis te downloaden op www.vbjk.be/files/handleiding_inclusie.pdf).

Velsink, M. (2011), 'Mannen, we hebben jullie nodig'. In: *Kinderopvang*, januari 2011.

Verbeek, A. (2009), 'Cultuur rond de zandbak'. In: *Parool*, 15 oktober 2009.

Verenigde Naties (1989), *Verdrag inzake de rechten van het kind*. Zie ook wetten.overheid.nl/BWBV0002508.

Verschuur, A. (2008), 'De betekenis van de kinderopvang en de opdracht die dit meebrengt'. In: *BBMP* 10.

Visser, A. (2011), 'Tien geboden'. In: *Trouw*, 18 juni 2011.

Visser, M., E. Singer, P.L.C. van Geert & S.E. Kunnen (2009), 'What makes children behave aggressively? The inner logic of Dutch children in special education'. In: *European Journal of Special Needs Education* 24, pp. 1-20.

Voorst, R. van (2010), *Jullie zijn anders als ons. Jong en allochtoon in Nederland*. De Bezige Bij, Amsterdam.

VPRO-gids (2010), Achterwerk, nr. 32.

Webster-Stratton, C. (2009), *Pittige jaren. Praktische gids bij het opvoeden van jonge kinderen*. Bohn Stafleu van Loghum, Houten.

Wels, R. (2010), 'Altijd al een buitenbeentje'. In: *Trouw*, 23 december 2010.

Werknemersonderzoek (2010). *Onderzoeksprogramma Arbeidsmarkt Zorg en Welzijn. Werknemersonderzoek Zorg en WJK 2009. Een monitor van de kenmerken en omstandigheden van de werknemers in Zorg en WJK*. Utrecht.

Westerbeek, K., V. Duijnhouwer, L. Greven & E. Rietveld (2007), Buitenschoolse opvang voor kinderen met een beperking. Behoeften, aanbod, knelpunten en successen. Sardes/CED-Groep, Utrecht/Rotterdam. Zie www.werkgroeponderwijskinderopvang.nl/files/pdf/sardesrapportbso.pdf.

Whalley, M. & The Pen Green Centre Team (2007), *Involving parents in their children's learning*. 2e editie. Paul Chapman Publishing, Londen.

Winter, M. de (2011), *Verbeter de wereld, begin bij de opvoeding. Vanachter de voordeur naar democratie en verbinding*. Uitgeverij SWP, Amsterdam.

Wolzak, A. (2009), *Kindermishandeling: signaleren en handelen. Basisinformatie voor mensen die werken met kinderen.* Uitgeverij SWP, Amsterdam.

Wong, S. (2002), *Sophia's children.* Duo, Rotterdam.

Ykema, F. (2011), *Rots en water. Een psychofysieke training voor jongens en meisjes.* Uitgeverij SWP, Amsterdam.

Yperen, T.A. van & P.M. Stam (2010), Opvoeden versterken. Onafhankelijk advies in opdracht van de Vereniging van Nederlandse Gemeenten. Vereniging van Nederlandse Gemeenten, Den Haag.

Zeijl, E., M. Crone, K. Wiefferink & M. Reijneveld (2005), *Kinderen in Nederland.* Sociaal en Cultureel Planbureau, Den Haag/Leiden.

PRAKTIJK EN TIPS

Websites

› **www.achterderegenboog.nl**
Site met tips en informatie over hoe je kinderen en jongeren kunt ondersteunen bij verliesverwerking en rouw.

› **www.alert4u.nl**
Alert4you is een project dat gericht is op het vroegtijdig signaleren van problemen en op hulp aan kinderen door samenwerking tussen de jeugdhulpverlening en kinderopvangorganisaties. Op de site staat onder meer informatie over pilots waarin verschillende vormen van die samenwerking worden onderzocht en geëvalueerd.

› **www.balansdigitaal.nl**
Balans is een vereniging voor ouders van kinderen met ontwikkelingsstoornissen bij leren en/of gedrag, zoals ADHD, dyslexie of autisme. Deze website biedt veel informatie die ook voor pedagogisch medewerkers interessant kan zijn.

› **www.bernardvanleer.org**
De Bernard van Leer Foundation ondersteunt wereldwijd projecten voor jonge kinderen en hun gezinnen. De website biedt veel internationale onderzoeken en projectbeschrijvingen; deze zijn ook te downloaden.

› **www.contextkinderopvang.nl**
Site over de maatschappelijke en pedagogische opdracht van de kinderopvang.

› **www.decet.org**
Europese site over diversiteit in de kinderopvang. Belangrijk issue: de promotie van democratische kinderopvang, teneinde rekening te houden met alle kinderen en hun families. DECET is een afkorting van Diversity in Early Childhood Education and Training.

› **www.devreedzameschool.net**
Site over een programma voor sociale competentie en democratisch burgerschap in de (brede) school. In dit programma wordt er veel aandacht besteed aan kinderparticipatie, kinderen leren bemiddelen bij conflicten, democratisch beslissen en plannen maken in de hele groep. Op dezelfde website vind je ook informatie over 'de vreedzame wijk'.

› **www.huiselijkgeweld.nl**
Deze site verschaft informatie over het voorkomen van huiselijk geweld, waaronder partnermishandeling en kindermishandeling. Tevens is er achtergrondinformatie en worden effectieve vormen van interventie genoemd.

› **www.kcco.nl**
Deze website van CrossOver bevat informatie over verenigingen voor ouders van kinderen met diverse vormen van beperkingen en ontwikkelingsproblemen en over vormen van ouderbegeleiding en -steun.

› **www.kennislink.nl/publicaties/verschillende-opvoeding-voor-jongens-en-meisjes**
Op deze internetpagina wordt een overzicht gegeven van onderzoek naar (vermeende) verschillen tussen jongens en meisjes.

› **www.kindenechtscheiding.nl**
Site met tips en informatie over hoe je kinderen kunt ondersteunen bij problemen door een echtscheiding en bij de verwerking van deze echtscheiding.

› **www.kindermishandeling.nl**
Deze site is gericht op kindermishandeling en gaat over het voorkomen en de vormen ervan, over kindermishandeling signaleren en melden en over hulpverlening bij kindermishandeling.

>>

> **PRAKTIJK EN TIPS**

> **www.kinderopvangsamenverschillend.nl**
> Deze website toont de opzet en totstandkoming van *Samen verschillend*. Je kunt hier tevens een nieuwsbrief downloaden.
> **www.kinderrechten.nl**
> Bevat veel informatie over de rechten van het kind. Er is een aparte toegang voor kinderen, jongeren dan wel volwassenen.
> **www.kleurrijkescholen.nl**
> Site over het mengen van zwarte en witte buurtscholen, met als doel te bevorderen dat kinderen niet gescheiden maar samen opgroeien.
> **www.mutant.nl**
> De website geeft informatie over publicaties en over de training 'Permanent leren als team', een methodiek voor de lerende organisatie. Tevens worden initiatieven en literatuur vermeld op het gebied van het kindercentrum als democratische oefenplaats.
> **www.nji.nl**
> Het Nederlands Jeugdinstituut biedt op www.nji.nl onder meer informatie over steun aan ouders vanuit de kinderopvang. Daarnaast gaat deze site in op diversiteit in opgroeien en opvoeden in Nederland. Je vindt er programma's gericht op opvoedingsondersteuning en stimuleringsprogramma's in de kinderopvang.
> **www.onzeklasmijnwereld.nl**
> Site met tips voor leerkrachten en pedagogisch medewerkers die met behulp van digitale middelen willen werken aan identiteit en positieve sociale relaties in de groep.
> **www.oudersonline.nl**
> Breed platform op internet waar ouders terechtkunnen met hun vragen en antwoorden op het gebied van opvoed- en opgroeikwesties bij kinderen.
> **www.pedagogischkader.nl**
> Website die alle informatie biedt over de Pedagogische kaders voor kinderdagverblijven en de bso.
> **www.peuterplace.nl/pesten/voorkomen-bestrijden-pesten.htm**
> Site over het voorkomen en bestrijden van pesten bij kinderen van 2 tot 12 jaar. Met tips over signalering, het versterken van zelfvertrouwen bij kinderen en bruikbare boeken.

Romans over diversiteit in Nederland

De hierna opgenomen romans zijn geschreven door met name allochtone auteurs en beschrijven het leven in zowel Nederland als het land van herkomst.

› Abdolah, K. (1997), *De reis van de lege flessen*. De Geus, Breda.
Een vluchteling probeert in Nederland een nieuw bestaan op te bouwen door herinneringen uit Iran aan de nieuwe werkelijkheid te verbinden, tot op het moment dat dit niet meer voldoende is.
› Abdolah, K. (2006), *Het huis van de moskee*. De Geus, Breda.
Over veranderingen in de Iraanse samenleving wanneer vertegenwoordigers van de radicale islam op gewelddadige manier de macht grijpen.
› Allas, Y. (2010), *Een nagelaten verhaal*. De Bezige Bij, Amsterdam.
Een jonge vrouw reist na drieëntwintig jaar voor het eerst terug naar haar geboorteland. Het blijkt een ontluisterend weerzien.
› Alsanea, R. (2009), *De meiden van Riaad*. Archipel, Amsterdam.
Debuutroman van Saudisch-Amerikaanse studente die vertelt over de belevenissen, liefdes en roddels van vier vriendinnen uit de hogere Saudische kringen.
› Benali, A. (red.) (2001), *Belofte aan de wereld*. De Geus/Novib, Breda.
Bloemlezing over het kind, met bijdragen van veertien allochtone auteurs.
› Bijlhout, P. (2008), *Meer dan een dag*. Aspekt, Soesterberg.
› Bloem, M. (2001), *Games4Girls*. De Arbeiderspers, Amsterdam.
Over moderne communicatie en oude vriendschapsbanden.
› Dis, A. van (1994), *Indische duinen*. Meulenhoff, Amsterdam.
Familiegeschiedenis van repatrianten uit Indië.
› Eddaoudi, A. (2000), *Hollandse nieuwe. Drie generaties Marokkanen aan het woord*. Ad. Donker, Rotterdam.

- Laroui, F. (2001), *Vreemdeling, aangenaam*. Van Oorschot, Amsterdam.
  De in Marokko geboren schrijver vervreemdt van zijn geboorteland, voelt zich in Frankrijk 'hoogstens een halve Fransman' en kiest voor het Nederlanderschap.
- Ramdas, A. (2000), *Het geheugen van de stad*. Balans, Amsterdam.
  Tien verhalen van Rotterdamse families uit alle windstreken.
- Tang, Z. (1999), *Tranen over Tian-An-Men*. BZZTôH, Den Haag.
  De auteur was boerendochter, staakster op het Plein van de Hemelse Vrede en nu moeder en huisvrouw in Den Bosch.
- Werker, W. (2010), *Een makamba op Curaçao*. Free Musketeers, Zoetermeer.
  Columns over het leven en werken op Curaçao.
- Westerman, F. (2004), *El Negro en ik*. Atlas, Amsterdam.
  Een reisrapportage over ras, cultuur en identiteit.
- Yerli, N. (2000), *Turkse troel. Columns en brieven van haar lezers*. De Arbeiderspers, Amsterdam.
  Ontregelt en ontroert. Geestige, open en scherpe blik op de twee culturen die de schrijfster hebben gevormd.
- Yerli, N. (2001), *De garnalenpelster*. De Arbeiderspers, Amsterdam.
  De rijkdom van twee culturen in een ontroerende roman over moederliefde.
- Zalica, A. (2001), *Gele sneeuw*. Meulenhoff, Amsterdam.
  Gevlucht uit Bosnië, wonend in Nederland – schrijver tussen twee culturen.

Dankwoord

Samen verschillend is tot stand gekomen met steun van velen! Allereerst gaat onze dank uit naar de opdrachtgever, de Bernard van Leer Foundation in Den Haag, die het project financieel mogelijk maakte. Dank is er ook voor het Bureau Kwaliteit Kinderopvang (BKK); door het BKK wordt *Samen verschillend* een integraal onderdeel van het pedagogisch kader kinderopvang.

We bedanken de medeauteurs Ana del Barrio Saiz (Ana del Barrio Training & Consulting) en Clarine de Leve (Vyvoj) voor hun bijdragen aan de thema's 'omgaan met diversiteit in het team' respectievelijk 'omgaan met kwetsbare kinderen en ouders'.

Dank aan de steungroep, die met niet-aflatende aandacht teksten becommentarieerde en kritische vragen stelde: Anja Hol (Kinderopvang Humanitas), Loes Kleerekoper (medeauteur *Pedagogisch kader kindercentra 0-4 jaar*), Tineke Linssen (Kinderopvang Korein) en Liesbeth Vonk (Fontys Hogescholen).

Verder bedanken we alle leden van de meedenkgroepen: Frank Bulthuis (Stichting Leerplanontwikkeling), Ietje Corman (Kinderopvang Korein), Janita van Dinther (Kinderopvang Korein), Isabell Drewes (Vyvoj), Ouafila Essayah (Verwey-Jonker Instituut), Fuusje de Graaff (Bureau MUTANT), Dorian de Haan (Hogeschool InHolland), Sanne Huijbregts (Hogeschool van Amsterdam), Monika Katinger (Kinderopvang Tinteltuin), Margaret Kernan (ICDI), Eefje Kersten (Universiteit van Amsterdam), Mieke van der Kop (Stichting Kinderopvang Enschede), Jeanet van de Korput (Bernard van Leer Foundation), Meta Lemmen (Stichting KIJK), Lya Mac Donald (Partou Kinderopvang), Mersija Mercanovich (Kinderopvang Humanitas), Gerdi Meyknecht (Alert4you), Lidiwien van Noorden (K2, Brabants Kenniscentrum Jeugd), Jantine Peters (Kinderopvang Ludens), Annelies Roelandt (VCOK, Gent), Amina Rourou (Unal Zorg), Greet Ruigrok (Speelwerk), Liesbeth Schreuder (Nederlands Jeugdinstituut), Lonneke Sonder (Kleurrijke Scholen), Rita Swinnen (consultant), Heleen Verstegen (Sardes), Veerle Vervaet (VBJK, Gent), Serv Vinders (consultant) en Annemiek Waage (Triodus).

Ten slotte dank aan de volgende kindercentra voor hun medewerking om foto's te maken: Kinderopvang Rolykids in Rotterdam, Kinderopvang Ludens in Utrecht en Stichting Kinderopvang Enschede. En natuurlijk zijn we de ouders en kinderen dankbaar die zich wilden laten portretteren voor dit boek.

Anke van Keulen
Elly Singer

Over de auteurs

Anke van Keulen is sociaal pedagoog en oprichter en partner van Bureau MUTANT. Zij is gespecialiseerd in pedagogische kwaliteit in kindercentra en in het omgaan met diversiteit. Ze ontwikkelt methodieken en trainingen en publiceerde diverse boeken, zowel nationaal als internationaal. Recente thema's in haar boeken zijn: jonge kinderen en democratisch burgerschap, partnerschap tussen ouders en beroepskrachten, diversiteit in opvoedingsstijlen, professionalisering in de lerende organisatie en professionalisering in lerende teams. Anke van Keulen heeft ruime internationale ervaring en is medeoprichter en bestuurslid van het Europese netwerk DECET (Diversity in Early Childhood Education and Training), waaraan elf landen deelnemen. Zij is bestuurslid van Childcare International, een organisatie die de internationale uitwisseling van kennis en ervaring in de kinderopvang stimuleert.
a.vankeulen@mutant.nl en www.mutant.nl

Elly Singer is pedagoog en ontwikkelingspsycholoog, verbonden aan de Universiteit Utrecht en de Universiteit van Amsterdam. Ze promoveerde op een onderzoek naar de moeder-kindrelatie en het ontstaan van een pedagogiek in kindercentra en kleuterscholen. Ze is internationaal bekend om haar observatieonderzoek naar de sociaal-emotionele ontwikkeling van kinderen in kindercentra, met thema's als vriendschap, conflicten, humor, rituelen, imitatie, symbolisch spel en spelbetrokkenheid. Ook deed ze onderzoek op basis van interviews met kinderen, om zo te achterhalen wat hun visie is op allerlei sociaal-emotionele vraagstukken.

Ze was projectleider en medeauteur van *Pedagogisch kader kindercentra 0-4 jaar* en publiceerde verscheidene Nederlands- en Engelstalige boeken en artikelen. Haar werk is geworteld in de Nederlandse kinderopvang en in internationale ontwikkelingen op dit gebied. Ze zit onder meer in de redactie van de tijdschriften *Journal of Early Childhood Research* en *European Early Childhood Education Research Journal* en is bestuurslid van de European Early Childhood Education Research Association.
e.singer@uu.nl

Ana del Barrio Saiz is ontwikkelingspsycholoog en werkt sinds 1996 vanuit haar bureau Ana del Barrio Training & Consulting. Ze heeft zich gespecialiseerd in diversiteitsvraagstukken en samenwerking binnen teams in kinderopvangorganisaties. Recent heeft zij zich gericht op het democratisch burgerschap en kinderparticipatie in kinderopvang- en buitenschoolorganisaties. In het Europese netwerk DECET heeft zij meegewerkt aan een internationaal onderzoek naar competenties onder pedagogisch medewerkers in kindercentra (*Diversity and social inclusion*, DECET/ISSA 2011). Ana del Barrio Saiz is medeauteur van *Permanent leren. Van zelfreflectie naar teamreflectie*.
www.anadelbarrio.nl

Clarine de Leve is pedagoge en in 1982 aan de Rijksuniversiteit Utrecht afgestudeerd. Zij volgde verschillende postdoctorale studies. In 1990 is zij opgenomen in het beroepsbekwaamheidsregister van de Nederlandse Vereniging van Pedagogen, Onderwijskundigen en Andragogen

(N.V.O.). Clarine heeft een ruime ervaring opgebouwd: enerzijds in de zorg als pedagoge bij een audiologisch centrum en als leidinggevende bij een instelling voor kinderen en jongeren met meervoudige beperkingen, anderzijds op het snijvlak van zorg en kinderopvang als projectleider van diverse projecten, zoals het provinciale samenwerkingsproject Zorg en Onderwijs Drenthe, het project Risicokinderen binnen de reguliere kinderopvang en het project Samen naar de kinderopvang. Ze is lid van het Landelijk Pedagogenplatform Kinderopvang. Sinds september 2004 is Clarine partner bij Vyvoj. Vyvoj doet onderzoek en adviseert bij beleids- en managementvraagstukken in de kinderopvang en het onderwijs.
c.de.leve@vyvoj.nl en www.vyvoj.nl

MIX
Papier aus verantwortungsvollen Quellen
Paper from responsible sources
FSC® C105338

If you have any concerns about our products,
you can contact us on
ProductSafety@springernature.com

In case Publisher is established outside the EU,
the EU authorized representative is:
**Springer Nature Customer Service Center GmbH
Europaplatz 3, 69115 Heidelberg, Germany**

Printed by Libri Plureos GmbH
in Hamburg, Germany